Antifeminismus in Bewegung

»Substanz«

Juliane Lang, Ulrich Peters (Hg.)

Antifeminismus in Bewegung

Aktuelle Debatten um Geschlecht und sexuelle Vielfalt

Marta
press

Die Deutsche Bibliothek verzeichnet diese Publikation
in der Deutschen Nationalbibliografie.
Detaillierte bibliografische Daten sind im Internet abrufbar unter
http://dnb.d-nb.de

Besuchen Sie uns im Internet:
www.marta-press.de

1. Auflage Februar 2018
© 2018 Marta Press UG (haftungsbeschränkt), Hamburg, Germany
www.marta-press.de
© Umschlaggestaltung: Niels Menke, Hamburg
Printed in Germany.
ISBN 978-3-944442-52-5

Danksagung

Das Buch wäre nicht zu Stande gekommen ohne die Mitwirkung und die vor allem unendliche Geduld aller beteiligter Autor_innen. Einen wichtigen Anteil an der Entstehung des Buches hat außerdem unser langjähriger Freund und Kollege Robert Claus – auch er soll hier nicht unerwähnt bleiben. Ein herzlicher Dank gilt unserer Verlegerin Jana Reich. Sie war uns Gesprächspartnerin, Lektorin, Beraterin und nicht zuletzt große Stütze im Entstehungsprozess dieses Buches. Unser Dank gilt nicht zuletzt unseren Liebsten, Freund_innen und Genoss_innen, die uns dazu ermutigt haben, den vorliegenden Sammelband zu realisieren, uns auf dem Weg dahin unterstützt haben und uns in manch schwierigem Moment zur Seite standen.

Inhalt

I Antifeminismus

Juliane Lang, Ulrich Peters

Antifeminismus in Deutschland
Einführung und Einordnung des Phänomens[1]

>*»Der Gender-Wahnsinn ist nicht mehr*
>*als eine kostspielige Ideologie.*
>*Eine groteske Ideologie breitet sich in Deutschland aus.*
>*Sie behauptet, Geschlecht sei ein ‚Konstrukt',*
>*verdirbt die Sprache und frisst Steuergelder.«*

Birgit Kelle[2]

Antifeministische Inhalte und Argumentationsmuster finden sich in trauter Regelmäßigkeit in gesellschaftlichen Debatten um die Ordnung der Geschlechter im 21. Jahrhundert. Geschlechterkonservative Akteure unterschiedlicher politischer Gruppierungen erfinden einen »Gender-Wahn« und eine angeblich dahinter stehende Ideologie. Sie instrumentalisieren gesamtgesellschaftlich geführte Debatten um geschlechter- und gleichstellungspolitische Inhalte für polemische Angriffe und lancieren Kampagnen. So gelang es der rechten Populistin Gabriele Kuby mit einer von ihr initiierten Intervention bereits 2007, einen Elternratgeber zu kindgerechter Sexualaufklärung, verantwortet durch die Bundeszentrale für gesundheitliche Auf-

---

[1] Wir danken Sebastian Scheele für wertvolle Anmerkungen zu diesem Beitrag.
[2] Birgit Kelle (2015): Gender mich nicht voll!, in: Focus Magazin, Heft 10/2015 vom 28.02.2015.

klärung, vom Markt zu drängen.[3] 2012 dann startete die konservative Journalistin Birgit Kelle einen Aufruf gegen ein sexualpädagogisches Grundlagenwerk und löste eine emotionalisierte Diskussion um eine angebliche ‚Frühsexualisierung‘ von Kindern im Vorschulalter aus. Die Verabschiedung der *Ehe für alle* im Juli 2017 im Deutschen Bundestag und Bundesrat wurde begleitet von polemisch geschürten Angstszenarien und der Behauptung, mit der Öffnung der Ehe für gleichgeschlechtliche Partnerschaften werde das Ende der Familie besiegelt. Dies schafft neue Herausforderungen für Institutionen und geschlechterpolitisch Aktive.

Es sind Themen rund um geschlechterpolitische Liberalisierungen einst konservativ eng gefasster Geschlechter- und Sexualitätsdispositive. Und es ist die Ablehnung eines als omnipotent und machtvoll verstandenen Feminismus, der extrem Rechte zusammen bringt mit verbrämten Konservativen, enttäuschte Sozialdemokrat_innen mit frustrierten Scheidungsvätern, christliche Fundamentalist/innen mit Gewaltfetischist/innen und Hooligans.[4] Was sie eint ist die Vorstellung einer machtvollen »Femi-« oder gar »Homolobby«. die ihnen verbieten wolle, ihr Leben so zu gestalten, wie es vermeintlich überhistorisch, milieu- und kulturübergreifend schon immer der

---

[3] Vgl. Badenschier, Franziska: Körper, Liebe, Doktorspiele. Experten haben an umstrittener Broschüre nichts auszusetzen. Spiegel Online vom 6.8.2007. Online: http://www.spiegel.de/politik/deutschland/koerper-liebe-doktorspiele-experten-haben-an-umstrittener-broschuere-nichts-auszusetzen-a-498393.html (Abruf: 13.10.2017).

[4] Sofern nicht anders gekennzeichnet, verwenden wir in diesem Band den Gender-Gap, um auf die Vielfalt geschlechtlicher Identitäten jenseits eindeutig weiblicher und männlicher Geschlechter hinzuweisen. Ein streng zweigeschlechtliches Denken ist konstitutiv für extrem rechtes Denken – und für Teile der in diesem Band betrachteten antifeministischen Akteure. Bei Akteuren, die qua Handeln und/oder entlang ihres weltanschaulichen Hintergrundes die Existenz von Geschlechteridentitäten jenseits der Zweigeschlechternorm für sich ausschließen, verwenden wir in diesem Band den Schrägstrich – und verweisen damit darauf, dass sich in antifeministischen Netzwerken Frauen wie Männer engagieren.

»Natur der Dinge« entsprochen habe. Dass Geschlechterverhältnisse nie »naturgegeben«, sondern immer Ergebnis sozialer Aushandlung waren, wird von den Protagonist/innen zurückgewiesen – um die sozialromantische Erzählung eines in sich harmonischen Friedens zwischen den Geschlechtern zu verbreiten, der durch moderne Dekadenzen in Form feministischer Politiken der Vielfalt geschlechtlicher, sexueller und familialer Lebensweisen zerstört würde.

Alte Muster – neue Feindbilder

Es lohnt der Blick zurück, um festzustellen, dass die Rede von einer angeblichen »Genderisierung« westlicher Gesellschaften ihre Wurzeln in gesellschaftlichen Debatten der vergangenen zehn bis zwanzig Jahre hat. Ein Wiedererstarken fundamentalistischer Strömungen innerhalb der Amtskirchen, Debatten um Scheidungsväter und männliche Bildungsverlierer, zunehmende Hetze gegen frauenpolitische Themen und Frauenförderung in unterschiedlichen politischen Spektren: Dies alles ist Ausdruck, Produkt und Motivation eines sich manifestierenden organisierten Antifeminismus um die Jahrtausendwende.

Der Antifeminismus als Abgrenzung zu feministischer Theorie und Praxis hingegen ist so alt wie der Feminismus selbst. Essays, mit denen die Feministin Hedwig Dohm zu Beginn des 20. Jahrhunderts auf Angriffe gegen die Frauenemanzipation reagiert, zeigen frappierende Parallelen zu heutigen Debatten um Geschlechterpolitiken. Wenn Dohm davon schreibt, wie

»unentwegt wiederholte Behauptungen (...) beinah wie die Riesenreklamen für irgendein Mittel, die uns in großen Städten oft jahrelang von allen Mauern, Säulen, Zäunen entgegengrinsen [wirken], bis sie uns förmlich hypnotisieren und – fast gegen unsern Willen – kaufen wir« (Dohm 1902, 9), so beschreibt dies ebenso heutige Auseinandersetzungen um Behauptungen, ein angeblicher »Gender-Wahnsinn« bedrohe die Gesellschaft. Weiter heißt es bei Dohm:

> »Im wesentlichen besteht ihre Beweisführung – wenn wir von gelegentlichen ethischen und ästhetischen Gefühlsschaudern absehen – in Behauptungen. Und immer behaupten sie dasselbe – dasselbe. Der Tropfen höhlt den Stein, wieviel mehr das weiche Menschenhirn.« (ebd.)

Auch hier fallen die Parallelen zur Strategie organisiert antifeministischer Akteure ins Auge: über stete Behauptungen dessen, wofür »Gender« stehe, werden Diskurse geprägt.

Doch ebenso wie sich feministische Theorie und Praxis weiterentwickelte – in Abgrenzung zu antifeministischer Rhetorik wie unabhängig davon[5], verschoben sich auch Teile antifeministischer Argumentationsmuster und Feindbilder. Paula-Irene Villa und Sabine Hark stellen heraus, dass sich der moderne Antifeminismus

> »im Unterschied zu den historischen Vorläufern des Anti-Feminismus in erster Linie eben nicht als generelle Anfechtung von Feminismus und der Idee der Gleichheit präsentiert« (Hark/ Villa 2017, 90).

Beide Autorinnen beziehen sich hierbei explizit auf rechte Populistinnen wie Birgit Kelle, Gabriele Kuby oder Frauke Petry, die nicht die Forderung aufstellen, Frauen ‚zurück an den Herd zu schicken, sondern sagen,

> »Frauen und Männer seien gleich an Rechten und doch von Natur aus grundsätzlich, wesenhaft, offensichtlich ontologisch verschieden. Und genau dieser ontologisch verbürgten Differenz müsse der Feminismus Rechnung tragen.« (ebd.)

---

[5] Vgl. Schrupp, Antje (2017): Warum Antifeminismus mich nicht interessiert. https://antjeschrupp.com/2017/08/02/warum-antifeminismus-mich-nicht-interessiert/ (Abruf: 13.10.2017).

Derartige Positionen unterscheiden sich von klassisch differenz-feministischen Positionen in einer vom modernen Antifeminis-mus behaupteten Wesenhaftigkeit von Geschlecht – und sind sich zugleich einig mit diesen in der Ablehnung geschlechter-dekonstruktiver Ansätze zugunsten eines Feminismus, der ein-zig und allein das Subjekt »Frau« kennt. Genau jene Gefahr, die angeblich naturgegebene Verschiedenheit von Männern und Frauen, von Männlichkeit und Weiblichkeit in ihrer Absolutheit in Frage zu stellen, manifestiert sich im selbsternannten Anti-Genderismus, der aktuellen Spielart des Antifeminismus, zum Kern der Argumentation.

> »'Der Feminismus' ist für viele ein Feindbild – unabhängig da-von, wie sehr Feminist_innen immer wieder die Unterschiedlich-keit der Feminismen betonen und darauf hinweisen, dass der kleinste gemeinsame Nenner dieser Feminismen doch die Frei-heit aller Menschen sei, ihr Leben nach den eigenen Wünschen zu gestalten.«

schreibt die Journalistin Margret Karsch (Karsch 2016, 289) – und benennt hierbei sowohl den ursprünglichen Anti-Feminismus als auch die moderne Variante des Antifeminis-mus, der sich gegen die Ablehnung geschlechtlicher Vielfalt wendet. Auch wir charakterisierten den modernen Antifemi-nismus bereits an anderer Stelle als Akteurskonstellation, die sich

> »in organisierter Form – in expliziter Gegnerschaft zu einem von ihnen als omnipotent beschriebenen Feminismus positionier[t] und/ oder sich in Diskussionen um familien-, geschlechter- und sexualitätsbezogene Themen heteronormativ gegen die Ausplura-lisierung sexueller, geschlechtlicher und familialer Lebensformen und eine damit einhergehende Anerkennung derselben in ihrer Vielfalt stell[t]« (vgl. Lang/ Peters 2015).

Antifeminismus beschränkt sich damit nicht allein auf die ver-bal-radikale Distanzierung von »dem Feminismus«, im klassischen Verständnis eines Anti-Feminismus. Es handelt sich um keine in sich geschlossene Ideologie, sondern ein ideologisches Versatzstück unterschiedlicher Akteure mit jeweils eigenen weltanschaulichen Verhaftungen. Er richtet sich

> »gegen jene Theorien und deren Vertreter_innen, die für eine Gleichstellung der beiden Geschlechter eintreten bzw. diese und darauf beruhende vertraute Weltbilder und Gewohnheiten in Frage stellen« (Karsch 2016, 293).

Für ein analytisches Verständnis des Phänomens »Anti-Genderismus« als moderne Spielart des Antifeminismus lohnt es, auf die ihm zugrunde liegenden Begründungszusammenhänge zu blicken. Wenn Hedwig Dohm bereits für den Antifeminismus der Jahrhundertwende festhielt, es handele sich um jene,

> »die den Gedankeninhalt vergangener Jahrhunderte für alle Ewigkeit festzuhalten für ihre Pflicht erachten. Zum eisernen Bestand ihrer Argumentation gehört der liebe Gott und die Naturgesetze.« (Dohm 1902, 11),

so haben sich auch hier Begründungsmomente erweitert. Diese werden heute etwa in einer göttlichen Ordnung, einem essentialisierenden Biologismus oder einer volksgemeinschaftlichen Ordnung der Gesellschaft gesucht. Einig sind sich die Akteure in ihrer Ablehnung liberaler Geschlechterpolitiken und dem von ihnen als Feindbild besetzten Begriff »Gender«.

Akteurskonstellation im organisierten Antifeminismus

Antifeminismus ist damit kein einheitliches politisches Projekt: viel mehr wird er vom organisierten Antifeminismus zu diesem gemacht. Die einzelnen Spektren und Akteursgruppen sind dabei nicht in eins zu setzen, verfügen jedoch nicht zufällig über personelle Schnittmengen. Regina Frey und andere (2014, 17ff.)

benennen prinzipiell fünf Akteursgruppen, die in ihren antife-
ministisch-motivierten Angriffen gegen »Gender« und die
emanzipatorische Geschlechter- und Gleichstellungspolitik in
Gänze gemeinsam diskursprägend sind: eine »journalistische
Gender-Gegnerschaft«, sogenannte »Wissenschaftlichkeits-
wächter[6]«, der »christliche Fundamentalismus«, »explizit antifeministische Akteur_innen« und »rechte Organisationen«.
Nicht explizit benannt sind christlich-konservative Akteure, die
sich weder in der Gruppe der »journalistischen Gender-
Gegner_innen« wiederfinden, noch unter rechten Organisationen subsummieren lassen. Zudem lässt sich insbesondere die
Gruppe der »rechten Organisationen« vor dem Hintergrund der
enormen Entwicklungen der letzten Jahre präziser ausdifferen-
zieren, etwa in ein völkisch-neonazistisches Milieu, ein neu-
rechtes-diskursorien-tiertes Milieu und einen parlamentsorien-
tierten Rechtspopulismus. Hinzu kommen explizite Netzwerk-
projekte, bei denen mehrere der benannten Akteursgruppen
punktuell und in einem i.d.R. abgrenzbaren zeitlichen und thematischen Rahmen gemeinsam agieren, wie am Beispiel der
sogenannten *Demo für alle* zu sehen ist (vgl. Billmann 2015).

Das Beispiel Männerpolitik

Die Entwicklung von Männergruppen, weg von pro-feministi-
schen, am politischen Ideal der Geschlechtergerechtigkeit orientierten Positionen, hin zu einer den Feminismus angreifenden
und diffamierenden Politik, steht paradigmatisch für die Radikalisierung antifeministischer Milieus zu Beginn des 21. Jahrhunderts. So entstanden in Abgrenzung zu ursprünglich an
emanzipatorischen Idealen eines gleichberechtigten Miteinan-

---

[6] Hiermit beschreiben Frey et al. Akteure, die sich in erster Linie auf den
Vorwurf der Unwissenschaftlichkeit gegenüber den Geschlechterstudien
beziehen. Kritik kommt hierbei sowohl aus den Sozial- wie auch aus den
Natur- und Technikwissenschaften.

ders im Verhältnis der Geschlechter orientierte Männergruppen zunehmend maskulistische Initiativen, Gruppen und Netzwerke, die gegen eine angebliche Übermacht feministischer Politiken polemisierten.

Die Abschaffung der Straffreiheit von Vergewaltigung in der Ehe 1997 war eine der letzten großen Errungenschaften feministischer Politik – auf die über Jahrzehnte hinweg hingearbeitet worden war. Antifeministische Reflexe in Reaktion hierauf schienen zu schlummern und auf ein Ventil zur Artikulation zu warten. Einen ersten Aufschlag machte der einstige *Spiegel*-Redakteur Matthias Mattusek 1998 mit seinem Buch »Die vaterlose Gesellschaft«:

> »Erst wenn erkannt wird, daß Väter für die Erziehung von Kindern genauso wichtig sind wie Mütter, und daß die vaterlose Gesellschaft ein reales Katastrophenszenario ist, wird es eine neue Gemeinsamkeit geben. Wenn sich herumgesprochen hat, daß die Ausgrenzung von Vätern Gewalt an Kindern bedeutet. Und wenn insgesamt die Herabwürdigung von Männern genauso sozial geächtet wird wie die von Frauen.«[7]

Derartige Beiträge brachten Debatten, welche die Soziologin Susan Faludi bereits 1991 in ihrem Buch »Backlash. Die Männer schlagen zurück« für den US-amerikanischen Kontext beschrieb, nun auch nach Deutschland.[8] Debatten um die »Bildungsverlierer Jungen«[9] gossen zu Beginn des Jahrtausends Öl in die Feuer der sich gründenden maskulistischen Vereine: 2001 ging ein Vorläufer des maskulistischen Forums *Wieviel Gleichberechtigung verträgt das Land* (wgvdl) ans Netz. 2004 gründete sich der Verein »Manndat«, der von einer (strukturell ver-

---

[7] *Der Spiegel* / Matthias Mattusek (2017): Die Frauen sind schuld. *Spiegel-Special* vom 1.5.1998. http://www.spiegel.de/spiegel/spiegelspecial/d-7719685.html (Abruf: 13.10.2017).

[8] Vgl. Faludi, Susan (1995): Backlash. Die Männer schlagen zurück. Hamburg: Rowohlt.

[9] Exemplarisch: Das *Spiegel*-Heft unter dem Titel »Schlaue Mädchen, dumme Jungen« (Spiegel 21/2004).

antworteten und gewollten) »bildungspolitischen Benachteiligung von Jungen als Frauenfördermittel«[10] – und so das schlechtere Abschneiden von Jungen bei Bildungsstudien zum Leseverständnis deutscher Jugendlicher beklagte. Was die Debatte durchzog war die Rede von einer feministisch dominierten, männerfeindlichen Gesellschaft. Gemeinsamkeiten mit heutigen antifeministischen Argumentationen finden sich in Behauptungen, wofür Feminismus angeblich stehe. Die Argumentation schuf ein Narrativ des Feminismus als männerfeindliches Projekt – und die Männer als kollektive Opfergruppe aus dem Ruder gelaufener Feminist_innen.

Antifeminismus als Netzwerkprojekt

In zeitlicher Parallelität hierzu waren es evangelikale und pietistische Kreise, die vermehrt die eigene Sichtbarkeit und Teilhabe an gesellschaftlichen Debatten einforderten (vgl. Stange 2014). Mit ihrem Kernanliegen, der Verhinderung der Möglichkeit straffreier Schwangerschaftsabbrüche (vgl. Achtelik in diesem Band), suchten sie öffentlich den Schulterschluss mit konservativen Parteien und Politiker_innen sowie Einflussnahme auf gesetzgeberische Verfahren und die Praxis von Beratungseinrichtungen und medizinischen Anlaufstellen.

Die kampagnenförmigen Angriffe gegen »Gender« und die daraus resultierende Diskursverschiebung ist auf den Sommer 2006 zu datieren. Die Debatten begannen damit erst zeitlich versetzt zur Verabschiedung von Gender Mainstreaming als

---

[10] Manndat (2015): Bildungspolitische Benachteiligung von Jungen als Frauenfördermittel. https://manndat.de/jungen/bildungspolitische-benachteiligung-von-jungen-als-frauenfoerdermittel.html (Abruf: 13.10.2017).

gleichstellungspolitischer Strategie.[11] Damit verbunden war, dass der den Sozialwissenschaften entlehnte Begriff »Gender« erstmals einer breiteren Anzahl von Menschen erklärbar gemacht werden musste. Doch entgegen allem fortan Behauptetem stellen

> »[w]eder die Gleichstellungspolitik noch Gender-Mainstreaming (...) die Zweigeschlechtlichkeit der Menschen infrage oder verändern die politischen Strukturen grundlegend« (Karsch 2016, 294).

Volker Zastrow, konservativer Redakteur der *Frankfurter Allgemeinen Sonntagszeitung*, hingegen behauptete das Gegenteil und veröffentlichte am 20. Juni 2006 einen Artikel unter dem Titel »Gender Mainstreaming. Die politische Geschlechtsumwandlung«. Er griff dabei fast alles vorweg, was der Geschlechterpolitik, der Geschlechterpädagogik sowie den Geschlechterstudien in den Folgejahren vorgeworfen werden sollte.

> »Das Ziel greift hoch hinaus: Es will nicht weniger als den neuen Menschen schaffen, und zwar durch die Zerstörung der ‚traditionellen Geschlechtsrollen'. Schon aus diesem Grunde muß das als Zwangsbegriff verneinte ‚Geschlecht' durch ‚Gender' ersetzt werden. Und möglichst schon in der Krippenerziehung soll mit der geistigen Geschlechtsumwandlung begonnen werden.«[12]

Der Vorwurf einer ideologiegeleiteten Interessenpolitik einer als homosexuell benannten Minderheit war im Raum – und die Geschlechtergleichstellungspolitik hatte sich fortan dazu zu

---

[11] Gender Mainstreaming als von der Europäischen Union 1998 im Vertrag von Amsterdam verabschiedete, 2003 in bundesdeutsches Recht gegossene gleichstellungspolitische Strategie hielt seitdem im Top-Down-Verfahren Einzug in deutsche Amtsstuben. Zu den zeitlich versetzten Wechselwirkungen von Gender Mainstreaming als gleichstellungspolitischer Strategie und den Angriffen gegen selbige siehe: Scheele 2015.

[12] *FAZ/* Zastrow, Volker (2006): ‚Gender Mainstreaming': Politische Geschlechtsumwandlung. Frankfurter Allgemeine Zeitung vom 19.6.2006. http://www.faz.net/aktuell/politik/gender-mainstreaming-politische-geschlechtsumwandlung-1327841.html (Abruf: 13.10.2017)

verhalten. In den Tagen und Wochen später folgten Angriffe gegen Gender und Gender Mainstreaming sowohl in bürgerlichen Blättern wie dem *Spiegel* als auch in rechten und extrem rechten Publikationen wie der *Jungen Freiheit* und der *Deutschen Stimme.*

Der Artikel Zastrows muss damit als diskursmächtiges Ereignis gesehen werden, der eine erste Welle antifeministischer Angriffe gegen Gender und eine an geschlechtlicher und sexueller Vielfalt orientierten Gleichstellungspolitik auslöste (vgl. Lang 2015). Gekennzeichnet war diese erste Welle der organisierten Angriffe durch geteilte Feindbilder in Sprache und politischem Gegenüber (vgl. Roßhart 2007). Feminismus beziehungsweise das, was der organisierte Antifeminismus zu diesem erklärte, galt als männerfeindlich und widernatürlich – wirke es doch daraufhin, Männer als Väter und Jungen in der Bildungslandschaft zu benachteiligen. Der Vorwurf des Widernatürlichen knüpfte sich an den Vorwurf, »Gender« richte sich gegen eine a priori gesetzte »Natur der Dinge« – sei gar ein machtvolles Instrument, die traditionelle Geschlechterordnung abzuschaffen. Die Argumentationsstränge verknüpften sich miteinander in der Erfindung des Terminus »Genderismus«: Geprägt von sich selbst als »Anti-Genderisten« begreifenden antifeministischen Akteuren, drückt der Begriff den Anwurf einer angeblichen machtvollen Umwälzung der Gesellschaft nach den Prinzipien geschlechtlicher und sexueller Vielfalt aus. In antikommunistischer Tradition wurde verschiedentlich von der Erfindung eines »neuen Menschen« durch »Gender Mainstreaming« gesprochen[13] und behauptet:

> »Gender Mainstreaming heißt im Klartext kompletter Umbau der Gesellschaft und Neuerfindung der Menschheit. Gender Main-

---

[13] *Der Spiegel/* Pfister, René: Der neue Mensch. In: Spiegel Heft 01/2007.

streaming ist eine Art totalitärer Kommunismus in Sachen Sex und Geschlechterbeziehung.«[14]

Der organisierte Antifeminismus richtete sich somit in den Angriffen gegen »Gender« und Gender Mainstreaming von Beginn an gegen einen angeblich männerfeindlichen Feminismus und einen von diesem getriebenen, widernatürlichen »Genderismus«.

Kontinuitäten und Wellen antifeministischer Angriffe

Die Angriffe gegen Feminismus und Geschlechterpolitiken verloren in den Jahren 2010 und 2011 an Lautstärke und Intensität – nicht jedoch an ideologischer Konstanz. Darüber war es möglich, dass 2013 anlässlich neuer medial beachteter Anlässe wie der Twitter-Kampagne *#Aufschrei*,[15] in welcher vorwiegend Frauen Erfahrungen sexistischer Übergriffe und sexualisierter Gewalt öffentlich machten, die Angriffe erneut aufflammten. Stellvertretend für andere antifeministische Angriffe auf die von jungen Netzfeminist_innen getragene Kampagne formulierte die konservative Journalistin Birgit Kelle: »Dann mach doch die Bluse zu«. Sie argumentierte hierin gegen eine angebliche Männerfeindlichkeit feministischer Politiken, die alle Männer per se zu sexuellen Triebtätern erkläre. Gleichzeitig greift Kelle auf einen Biologismus zurück, der Männer und Frauen als von Natur aus verschieden behauptet, wenn sie schreibt:

> »Auch nach weiteren 100 Jahren Feminismus werden die Männer nicht in der Lage sein, Gedanken zu lesen. Werden sie uns Frauen falsch verstehen, falsch behandeln und falsch ansprechen.

[14] Röhl, Bettina: Die Gender Mainstreaming-Strategie. In: *Cicero. Magazin für politische Kultur.* Cicero Online Spezial, April 2005.
[15] Vgl. Wiczorek, Anne (2014): Weil ein Aufschrei nicht reicht: Für einen Feminismus von heute. Berlin: Fischer-Verlag.

Selbst wenn sie es gut meinen. Weil wir unterschiedlich sind, unterschiedlich denken, unterschiedliche Erwartungen haben.«[16]

In zeitlicher Parallelität skandalisierten antifeministische Protagonist/innen, unter ihnen Birgit Kelle, einen Sammelband zur »Sexualpädagogik der Vielfalt« – der bereits einige Jahre zuvor, ohne mediales Aufsehen zu verursachen, erschienen war.[17] Die Auseinandersetzungen um den Band schlugen Wellen, was folgte waren wüste Empörungen bis hin zu persönlichen Beschimpfungen gegen die Autor_innen – und eine Breitseite gegen die Geschlechterstudien und andere verwandte Disziplinen. Alte Argumentationsmuster des Familismus bzw. Familialismus (vgl. Notz 2015) mischten sich in die Argumentation der Gender-Gegner_innen. Fortan galt es nicht nur allgemein die Gesellschaft vor den Gefahren des Feminismus zu bewahren, sondern Kinder und Jugendliche vor einer drohenden »Frühsexualisierung« zu schützen (vgl. Schmincke 2015). Es erfolgte eine »diskursive Verknüpfung des Kindes oder Kindeswohls mit drei Themen: Gleichstellung der Geschlechter, Gleichstellung homosexueller Partner_innenschaften, Sexualpädagogik«. Die Setzung des Motives vom ‚unschuldigen Kind' geriet zum Mobilisierungsfaktor (ebd.) – und das Schlagwort »Frühsexualisierung« trat eine eigendynamische Entwicklung »im Namen des Kindes« los (vgl. auch: Laumann/ Debus in diesem Band). Eine differenzierte Auseinandersetzung, nicht zuletzt um Fragen von Gewaltprävention und die Unterstützung von Betroffenen, wurde massiv erschwert von jenen Akteuren, die im Namen eines angeblichen Kindeswohls ihre antifeministische Agenda verbreiterten (vgl. Fobian/ Ulfers in diesem Band).

---

[16] *The European/* Kelle, Birgit (2013): Dann mach doch die Bluse zu! In: The European vom 29.1.2013. http://www.theeuropean.de/birgit-kelle/5805-bruederle-debatte-und-sexismus?page=38#comment_23747 (Abruf: 13.1.2017).
[17] Vgl. Timmermann, Stefan/ Tuider, Elisabeth (2008): Sexualpädagogik der Vielfalt. Praxismethoden zu Identitäten, Beziehungen, Körper und Prävention für Schule und Jugendarbeit. Weinheim: Juventa Verlag.

Polarisierung geschlechterpolitischer Debatten

In der Praxis führten jene Debatten dazu, dass die Angriffe auf pädagogische Programme und Konzepte, welche die Gleichstellung der Geschlechter, die Infragestellung heteronormativer Lebensweisen und/oder sexualpädagogische Konzepte zum Inhalt hatten, zunahmen. Nur ein prominentes Beispiel: Zeitgleich zum Beginn der aktuell zweiten Welle der organisiert antifeministischen Angriffe konstituierte sich in Baden-Württemberg ein heterogenes Bündnis antifeministischer Akteure zu einer *Demo für alle*. In Anlehnung an die französische *Manif pour tous*, bei der sich hunderttausende Franzos/innen zum Protest gegen die Regierung und der tatsächlichen Gleichstellung homosexueller Partnerschaften auch im Adoptionsrecht zusammen fanden, mobilisierten deutsche Antifeminist_innen zu verschiedenen Demonstrationen in Stuttgart (vgl. Billmann 2015). Das Feindbild »Gender« blieb neben dem Mythos der »Frühsexualisierung« das zentrale Mobilisierungsmoment:

> »Deshalb sind alle willkommen, die sich den verhängnisvollen Entwicklungen der letzten Jahre entgegenstellen wollen: Anhänger aller Religionen, Konfessionen, politischen Einstellungen und Wertesysteme, soweit sie die Gender-Mainstreaming-Ideologie ablehnen und die Zerstörung der Familie aufhalten.«[18]

Die *Demo für alle* steht beispielhaft für ein Netzwerkprojekt, das aus unterschiedlichen Spektren des organisierten Antifeminismus getragen wird – und welches die Kontinuitäten in den Argumentationssträngen aufzeigt. Andere personelle Kontinuitäten antifeministischer Netzwerke sind es ebenso: so äußerte der bereits erwähnte Matthias Mattusek, der 1998 Debatten um die Männerfeindlichkeit des Feminismus anschob, im Jahre 2017 seine Bewunderung für die extrem rechte *Identitäre Be-*

---

[18] Aus: Aufruf der Initiative »*Demo für alle*« zur Demonstration am 01.03.2014 in Stuttgart.

wegung[19], die u.a. aufgrund ihrer plakativ antifeministischen Selbstinszenierung Popularität im neurechten wie auch neonazistischen Spektrum genießt.

Mit der Gründung der Partei *Alternative für Deutschland* (AfD) erhielt der organisierte Antifeminismus eine parteipolitische Bühne: Akteur/innen aus antifeministischen Netzwerken waren von Beginn an in Ämtern und Funktionen der Partei aktiv, eine Ablehnung geschlechtlicher, sexueller und familialer Vielfalt wurde in den Angriffen gegen »Gender« und eine angebliche »Frühsexualisierung« von Kindern zum Parteiprogramm erhoben. So verwundert es auch nicht, dass die AfD weitreichende Verschärfungen der gesetzlichen Regelung zum Schwangerschaftsabbruch und ein Ende gleichstellungspolitischer Maßnahmen fordert – und sich aggressiv gegen die Geschlechterstudien und eine Sexualpädagogik der Vielfalt wendet. Anhand des Gründungsmitgliedes Beatrix von Storch lässt sich aufzeigen, wie langjährig aktive antifeministische Personen zu Schlüsselfiguren in der Partei wurden: Mit dem in Berlin ansässigen Verein *Zivile Koalition* unterstützt sie seit Jahren die Forderung der selbsternannten »Lebensschützer« nach einem generellen Verbot von Schwangerschaftsabbrüchen. Sie gehört heute dem Bundessprecherrat der AfD an, saß für die Partei zunächst im Europaparlament und ist aktuell Abgeordnete im Deutschen Bundestag. Zusammen mit ihrem Mann unterhält von Storch unter dem Dach der *Zivilen Koalition* weiterhin zahlreiche Online-Seiten, die gegen Geflüchtete und Muslime, gegen Schwangerschaftsabbrüche, gegen die *Ehe für Alle* und den Euro mobil machen. Das diese Angriffe als politisches Konzept verstanden werden müssen, das sich u.a. rassistisch begründet, zeigen auch die Aussagen des AfD-Fraktions-

---

[19] Vgl. Frankfurter Rundschau/ Katja Thorwart: Offen auf Basis des Ariernachweises. Online:
http://www.fr.de/politik/meinung/kolumnen/identitaere-bewegung-offen-auf-basis-des-ariernachweises-a-1292598 (Abruf: 13.10.2017).

mitglieds Hans-Thomas Tillschneider aus Sachsen-Anhalt, in einem Interview, das 2016 mit dem maskulistischen Verein *Manndat* geführt wurde. Darin heißt es:

> »Eine Welt aus atomisierten, allseits kompatiblen, komplett diversifizierten und also geschlechtslosen Individuen ist für mich eine mindestens ebenso scheußliche Horrorvision wie eine monokulturelle Einheitswelt aus lauter multikulturellen Gesellschaften. Nein, Männer und Frauen sollen gleichberechtigt sein, aber sie sind nicht gleich in ihrer Wesensart.«[20]

Der Einzug der AfD als explizit antifeministische Akteurin in den Deutschen Bundestag stellt geschlechterpolitische Debatten vor neue Herausforderungen. Denn ähnlich wie andere Akteur/innen im organisierten Antifeminismus zeigte sich die Partei in der Vergangenheit nicht an konstruktiv-differenzierten Auseinandersetzungen um Gleichstellungspolitik interessiert, sondern polemisierte und erschwerte eben diese.

Aufbau des Bandes

Die organisiert antifeministischen Mobilisierungen gegen Gender und eine an sexueller und geschlechtlicher Vielfalt orientierte Gleichstellungspolitik dauern mittlerweile über ein Jahrzehnt an. Der Sammelband unternimmt den Versuch, Analysen zu antifeministischem Denken in unterschiedlichen Spektren mit den jeweiligen Öffentlichkeitsfeldern der Akteure im deutschsprachigen Raum zusammenzudenken.[21] Der einleitende

---

[20] https://manndat.de/interview/hans-thomas-tillschneider-mdl-sachsen-anhalt-fordert-im-manndat-interview-eine-neuorientierung-der-geschlechterpolitik. html (Abruf: 13.10.2017).

[21] Der vorliegende Band beschränkt sich auf den deutschsprachigen Raum. Für darüber hinausgehende Analysen sei hier verwiesen auf: Petö, Andrea/ Kovac, Esther (2015): Gender as a symbolic glue. Herausgegeben von der Friedrich-Ebert-Stiftung Budapest; Kuhar, Roman/ David Paternotte, David (Hg.) (2017): London: Rowman&Littlefield.

Beitrag zum Antifeminismus in Deutschland wird deswegen ergänzt um eine Betrachtung gender-feindlicher Diskurse und Akteure in Österreich. Stefanie Mayer, Edma Ajanovic und Birgit Sauer untersuchen Funktion und Inhalt der Rede von einer angeblichen »Gender-Ideologie«. Hierfür dechiffrieren die Autor_innen die spezifische Missinterpretation von »Gender« durch gezielt antifeministisch agierende Netzwerke und untersuchen zentrale Deutungsmuster in einem Diskurs um Geschlechterpolitik, den sie in weiten Teilen als rechtspopulistisch beschreiben.

Im weiteren Verlauf des Bandes werden Auftritt und ideologische Hintergründe einzelner Akteur/innen des organisierten Antifeminismus analysiert. Ausgehend von der Annahme, dass es sich beim organisierten Antifeminismus nicht um ein in sich homogenes Projekt handelt, sondern er vielmehr ein heterogenes Spektrum unterschiedlicher Akteure darstellt, das sich in ihren Positionen zu geschlechtlicher, sexueller und familialer Vielfalt auf geteilte Versatzstücke antifeministischer Diskurse bezieht, untersuchen die versammelten Beiträge einzelne repräsentative Akteursgruppen.

Den Anfang machen Gideon Botsch und Christoph Kopke mit einer Analyse extrem rechter Kampagnenpolitik. Sie zeigen, wie in Kampagnen gegen ein angebliches Aussterben der Deutschen, beschrieben als »Volkstod«, traditionelle Geschlechterkonstruktionen naturalisiert werden und dabei mit binären Zuschreibungen männlicher und weiblicher Rollen und Eigenschaften einhergehen. Den »'biopolitischen' Kampf« der extremen Rechten beschreiben die Autoren damit als »immer auch unmittelbaren Kampf um den Zugriff auf die Körper von Frauen (und Männern)«.

In aktuellen Kampagnen gegen eine angebliche »Gender-Lobby« wiederholen Akteure des organisierten Antifeminismus den Vorwurf, eine vermeintlich machtvolle Minderheit würde die Mehrheit des Landes manipulieren. Deutlich werden Parallelen zu klassisch antisemitischen Bildern machtvoller Minderheiten, die auf intransparenten Wegen den Rest der Bevölkerung unterdrücken würden. Kevin Culina argumentiert in seiner Untersuchung des *Compact*-Magazins, dass der »Antisemitismus als Welterklärungsmuster dient und sämtliche Erscheinungsformen des Antifeminismus verbindet«. Die antifeministischen Argumentationsmuster im Magazin verweisen dabei auf Schnittmengen zu anderen Spektren des organisierten Antifeminismus.

Als weiterer Akteur untersucht Kirsten Achtelik die Geschichte der Auseinandersetzung um die Selbstbestimmung von Frauen über ihren Körper anhand der Auseinandersetzung um den »Abtreibungsparagrafen« 218. Sie diskutiert die selbsternannte *Lebensschutzbewegung* als eine »Spezialbewegung« mit Verbindungen in den organisierten Antifeminismus, die darin jedoch nicht in Gänze aufgeht. Die Themenpalette hat sich in den vergangenen Jahren erweitert – und Teile der Bewegung haben sich weiter radikalisiert.

Die AfD ist als Akteurin im organisierten Antifeminismus zu begreifen – und hetzt offen nicht nur gegen Geschlechtervielfalt und liberale Geschlechterpolitiken, sondern auch gegen die öffentliche Sichtbarkeit sexueller Vielfalt. Dennoch, so zeigt Patrick Wielowijski in seinem Beitrag, finden sich homofreundliche Positionen in programmpolitischen Entwürfen der Partei. Herausgearbeitet wird, wie derartige Statements der Partei dazu dienen, antifeministischen und insbesondere antimuslimisch-rassistischen Argumentationen Legitimität zu verleihen.

Argumentationslinien des organisierten Antifeminismus entstammen maßgeblich maskulistischen Teilen der Männerrechtsbewegungen aus den 1990er und 2000er Jahren. Elli Scambor und Daniela Jauk zeigen auf, wie antifeministische Positionen noch heute den österreichischen Männerrechtsdiskurs prägen. Diskurse wie die um »Jungen als Bildungsverlierer« oder »Gewalt gegen Männer« verlaufen dabei in zeitlicher und inhaltlicher Parallelität zu Debatten im maskulistischen Männerrechtsspektrum in Deutschland – und finden Eingang in die institutionalisierte (Geschlechter-)Politik beider Länder.

Klassische antifeministische Argumentationslinien finden sich auch an anderen Orten männlicher Vergemeinschaftung: als einen solchen analysiert Judith Goetz deutschnationale Burschenschaften im österreichischen Raum. Vor dem Hintergrund weiblicher Emanzipationsbewegungen wird nachgezeichnet, wie sich antifeministische Denkformen in deutschnationalen Burschenschaften herausgebildet haben und sich anders als in anderen Spektren »als weitgehend resistent gegenüber dem gesellschaftlichen Wandel und Veränderungen beispielsweise das Geschlechterverhältnis betreffend« erweisen.

Getrennt von einzelnen Akteur/innen und Akteursgruppen finden sich im dritten Teil des vorliegenden Sammelbandes Analysen zu Öffentlichkeitsfeldern und Diskursverläufen in organisiert antifeministischem Handeln. Die Beiträge zeigen, wie insbesondere im Zusammenspiel unterschiedlicher Akteure das Netzwerkprojekt des organisierten Antifeminismus an Einfluss in gesellschaftlichen Debatten gewinnt.

Jonas Fedders verdeutlicht dies anhand der Verzahnung antifeministischer und antisemitischer Argumentationsbilder. Beides – Antifeminismus wie Antisemitismus – beschreibt Fedders in seinem Beitrag als wechselseitig funktional und charakterisiert Antifeminismus als Vehikel des modernen Antisemitismus. Im Rückgriff auf das Verhältnis von Sexismus und Judenfeindschaft über die Jahrhunderte argumentiert er, dass »Elemente eines verschwörungsideologischen Antisemitismus (...) in vielen Bereichen des organisierten Antifeminismus anzutreffen« sind – dort historisch ihre Wirkung entfaltet haben und dies in Teilen bis heute tun.

Ein zentrales Öffentlichkeitsfeld antifeministischer Angriffe ist die Gegnerschaft zu gleichstellungspolitischen Maßnahmen, die dem Ziel einer geschlechtergerechten Gesellschaft

31

dienen. Ein Beispiel hierfür sind Maßnahmen für eine Geschlechtergerechtigkeit in der Sprache. Birge Krondorfer zeichnet in ihrem Beitrag die konkrete Auseinandersetzung um geschlechtergerechte Sprache in Österreich nach: »Die in den medialen Annalen als ‚Kampf ums Binnen-I' eingetragenen Ereignisse lassen sich den gängig gewordenen antifeministischen Reflexen und Ressentiments zuordnen: maskulistische Wutbürger, Political-Correctness-Ab- und Genderwahn-Beschwörer_innen und hier nun österreichische Abwehrkämpfe gegen ‚Sprachfeminismus'.«

Das Internet gilt vielen als zentraler Ort, an dem antifeministische Ressentiments geschürt werden und sich der organisierte Antifeminismus in seinem Netzwerkcharakter zeigt. Neben Flucht und Migration ist »Feminismus« eines der zentralen Reizthemen, »bei denen eine hasserfüllte und aggressive Auseinandersetzung vorprogrammiert« sei, so Johannah Lea Illgner. In ihrem Beitrag beschreibt sie, wie mit Hass-Kampagnen im Netz vorwiegend kritische, feministische Stimmen gezielt zum Verstummen gebracht werden sollen – und diskutiert Gegenstrategien.

Die antifeministischen Angriffe der vergangenen Jahre ziehen nicht folgenlos an uns vorbei. Im Gegenteil: organisiert antifeministische Akteur/innen erleben Teilerfolge – sei es, dass sexualpädagogische Broschüren vom Markt genommen werden, oder dass sich politische Verantwortungsträger_innen weniger offen zu Themen rund um geschlechtliche, sexuelle und familiale Vielfalt äußern. Eine solche Verengung des Diskurses zeitigt Effekte, insbesondere für die Bildungs- und Beratungsarbeit zu geschlechtlicher und sexueller Vielfalt. Vivien Laumann und Katharina Debus erleben eine Verunsicherung auf Seiten pädagogischer Fachkräfte. In ihrem Beitrag setzen sie sich mit Vorwürfen auseinander, die sich zum einen gegen »vielfaltsorientierte Sexual- und Lebensweisenpädagogik« richten, zum anderen gegen die Thematisierung sexueller und geschlechtlicher Vielfalt insgesamt. Laumann und Debus regen an, die Angriffe der vergangenen Jahre produktiv zu nutzen, indem u.a. die eigene Position geschärft und die Vermittelbarkeit eigener Standpunkte neu diskutiert wird.

Auch Clemens Fobian und Rainer Ulfers geben einen Einblick in die Praxis und skizzieren aktuelle Herausforderungen für die Beratung von Jungen und Männern, die sexuelle Gewalt erfahren haben. Sie beschreiben, wie die in antifeministischen Erzählungen dominanten Bilder starker, »wehrhafter« Männlichkeit die Beratungsarbeit erschwert – und plädieren für einen an geschlechtlicher Vielfalt orientierten Diskurs sowohl für die Präventionsarbeit als auch um männlichen Betroffenen sexueller Gewalt eine Auseinandersetzung mit dem Erlebten zu ermöglichen.

Literatur

Billmann, Lucie (2015) (Hg.): Unheilige Allianz. Das Geflecht von christlichen Fundamentalisten und politisch Rechten am Beispiel des Widerstands gegen den Bildungsplan in Baden-Württemberg. https://www.rosalux.de/publikation/id/3984/unheilige-allianz/ (Abruf: 13.10.2017)

Dohm, Hedwig (1902): Die Antifeministen. Ein Buch der Verteidigung. Ferd. Dümmlers Verlagsbuchhandlung, Berlin.

Frey, Regina/ Gärtner, Marc/ Köhnen, Manfred/ Scheele, Sebastian (2014): Gender, Wissenschaftlichkeit und Ideologie. Argumente im Streit um Geschlechterverhältnisse, Heinrich-Böll-Stiftung, Schriften des Gunda-Werner-Instituts, Berlin. http://www.gwi-boell.de/sites/default/files/gender_wissenschaftlichkeit_und_ideo logie_2aufl.pdf (Abruf: 13.10.2017).

Hark, Sabine/ Villa, Paula-Irene (2017): Unterscheiden und herrschen. Ein Essay zu den ambivalenten Verflechtungen von Rassismus, Sexismus und Feminismus in der Gegenwart. Bielefeld: Transcript-Verlag.

Karsch, Margret (2016): Feminismus. Geschichte – Positionen. Bonn: Bundeszentrale für politische Bildung.

Lang, Juliane/ Peters, Ulrich (2015): Antifeministische Geschlechter- und Familienpolitiken von Rechts, in: MBT Hamburg (Hg.): Monitoring No.4. Internet: http://hamburg.arbeitundleben.de/img/daten/D281485360.pdf (Abruf: 13.12.2017).

Lang, Juliane (2015): Familie und Vaterland in der Krise. Der extrem rechte Diskurs um Gender. In: Hark, Sabine/ Villa, Paula-Irene (Hg.): Anti-Genderismus. Sexualität und Geschlecht als Schauplätze aktueller politischer Auseinandersetzungen. Bielefeld: Transcript-Verlag, 167-182.

Meuser, Michael/ Neusüß, Claudia (2004): Gender Mainstreaming. Konzepte – Handlungsfelder – Instrumente. Bonn: Bundeszentrale für politische Bildung.

Notz, Gisela (2015): Kritik des Familismus. Theorie und soziale Realität eines ideologischen Gemäldes. Stuttgart: Schmetterling Verlag.

Roßhart, Julia (2007): Bedrohungsszenario Gender – Gesellschaftliches Geschlechterwissen und Antifeminismus in der Medienberichterstattung zum Gender Mainstreaming, Magisterarbeit der Sozial- und Wirtschaftswissenschaften, Universität Potsdam.

Scheele, Sebastian (2015): Das trojanische Zombie-Pferd. Fünf Thesen zu einer diskursiven Verschiebung im gegenwärtigen Antifeminismus. In: Burschel, Friedrich (Hg.): Aufstand der ,Wutbürger'. AfD, christlicher Fundamentalismus, Pegida und ihre gefährlichen Netzwerke, 32-46. https://www.rosalux.de/publikation/id/8319/aufstand-der-wutbuerger/ (Abruf: 13.10.2017).

Schmincke, Imke (2015): ,Besorgte Eltern' und ,Demo für alle' – das Kind als Chiffre politischer Auseinandersetzungen. Input im Rahmen der Tagung »Gegner*innenaufklärung – Informationen und Analysen zu Anti-Feminismus« des Gunda-Werner-Instituts. http://www.gwi-boell.de/de/2016/07/29/besorgte-eltern-und-demo-fuer-alle-das-kind-als-chiffre-der-politischen   (Abruf: 13.10.2017).

Stange, Jennifer (2014): Evangelikale in Sachsen. Ein Bericht. Herausgegeben von weiterdenken, Heinrich-Böll-Stiftung Sachsen.

Stefanie Mayer, Edma Ajanovic, Birgit Sauer

Kampfbegriff ‚Gender-Ideologie'

Zur Anatomie eines diskursiven Knotens.
Das Beispiel Österreich

Der Begriff 'Gender' fand im deutschsprachigen Raum mit Judith Butlers Buch Gender »Gender Trouble« verstärkt Eingang in die akademische Geschlechterforschung. Spätestens mit der Einführung von Gender Mainstreaming als ein neues Paradigma der Gleichstellungspolitik an der Milleniumswende erhielt das Konzept Gender auch eine politische und gewisse öffentliche Bedeutung. Seit Beginn der 2010er Jahre taucht nun der Begriff Gender in Österreich wie auch in anderen europäischen Ländern vermehrt in öffentlichen Debatten, in den Kommentar-Spalten der Zeitungen, aber auch in den Programmen christlich-fundamentalistischer, rechts-extremer und rechtskonservativer Parteien und Bewegungen auf: Diese Renaissance einer öffentlichen Gender-Debatte ist allerdings mit diffamierenden Zusätzen wie »-Ideologie« oder »-Wahn« verbunden oder wird als »Genderismus«, den es zu bekämpfen gilt, gefasst. Thematisch ruft dieser Diskurs das ganze Feld geschlechts- und sexualitätsbezogener Gleichstel-lungspolitiken und jede Form gesellschaftlicher Liberalisierung in Bezug auf Sexualität und Familie in negativer Weise auf. Gleichzeitig funktioniert der Begriff ‚Gender' als kleinster gemeinsamer Nenner für ganz unterschiedliche Akteur_innen, die sonst wenig miteinander gemein haben – von rechtsextremen über katholische Gruppierungen, aber durchaus auch anschließbar an ein sich links-liberal verstehendes Milieu.[1] Wie kommt es, dass der – im deutschsprachigen Raum bis vor kurzem fast ausschließlich unter wissenschaftlichen und politischen Expert_innen verwendete – Begriff ‚Gender' solche politische Sprengkraft gewinnt? Wir fragen in diesem Aufsatz nach der Funktion des Begriffes »Gender-Ideologie« für seine Verfechter_innen. Unsere Ausgangsvermutung ist, dass die Debatte über »Gender-Ideologie« eine Gegenbewegung nicht nur gegen Gleichstellungspolitik im engeren Sinne, sondern gegen eine sozialdemokratische Politik der Modernisierung der österreichischen Gesellschaft seit den 1970er Jahren zu schmieden versucht. Darüber hinaus folgt die Debatte einer rechtspopulistischen Logik, die antagonistische argumentative Ketten konstruiert, in denen ein »wir« und »die Anderen«, »die da unten« und »die da oben« diskursiv entstehen. Der Marker »Gender-Ideologie« ist auf diese Weise in der Lage, einen gegenhegemonialen Diskurs nicht nur gegen Gleichstellung zu etablieren, sondern kann auch homophobe, anti-intellektuelle, anti-muslimische und gegen die EU oder die politische Elite gerichtete Argumente in den Diskurs einflechten. Diese Verdichtung macht den Anti-Gender-Diskurs wiederum anschließbar für eine ganze Reihe von Akteur_innen. Dazu erfassen wir erstens die wichtigsten Akteur_innen des »Gender-Ideologie«-Diskurses und analysieren zweitens deren zentrale Deutungsmuster in diesem Diskurs. Zunächst aber nähern wir uns dem Konzept »Gender-Ideologie«, wie es von den »Anti-Genderisten« definiert wird.

---

[1] So wetterte im Sommer 2014 Matthias Dusini gegen die »Gender-Forschung« (Falter 30/14).

‚Gender-Ideologie'? Eine Fehlinterpretation

Aus der englischsprachigen feministischen Debatte kommend, bezeichnet ‚Gender' zunächst das soziale im Unterschied zum biologischen Geschlecht (‚sex') (exemplarisch Scott 1999 [1986]). Diese analytische Trennung wird durch poststrukturalistische, de-konstruktivistische Ansätze in der Geschlechterforschung freilich in Frage gestellt (exemplarisch Butler 1991), da auch die Bedeutsamkeit von (vermeintlich natürlicher) Zweigeschlechtlichkeit, das ‚biologische Geschlecht' also, als Effekt sozialer Praxen dechiffriert werden muss. In Österreich etablierten sich in der Folge die Gender Studies an den Universitäten. In Wien wurde beispielsweise die *Interuniversitäre Koordinationsstelle für Frauenforschung und Frauenstudien* im Jahr 2000 in *Projektzentrum für Frauen- und Geschlechterforschung* und im Jahr 2001 in *Projektzentrum Genderforschung* umbenannt.

Gegen Ende der 1990er Jahre setzte sich Gender« als Begriff auch im internationalen frauen- und gleichstellungspolitischen Fachdiskurs durch. Bekanntestes Beispiel dafür ist die Strategie des Gender Mainstreaming, die in der politischen Praxis die sozialen Unterschiede zwischen Männern und Frauen betont, um aus der Analyse dieser Differenzen Maßnahmen zur Verringerung von Ungleichheit zu entwickeln. Auch in der österreichischen Regierung wurde im Jahr 2000 die *Interministerielle Arbeitsgruppe Gender Mainstreaming* etabliert. Der Begriff »Gender« weist allerdings von vornherein eine gewisse Unschärfe auf – wird er in manchen geschlechtkritischen Kontexten eingesetzt, um den Blick auf die Gewordenheit von Geschlecht und auf die damit verbundenen Konstruktionsprozesse zu lenken, kann er in anderen frauenpolitischen Zusammenhängen v.a. auf die (alltags-)praktische Bedeutung von Geschlecht in Bezug auf unterschiedliche Lebensverhältnisse, Möglichkeiten und Bedürfnisse von Männern und Frauen verweisen. Mit Sabine Hark und Paula-Irene Villa lässt sich fest-halten, dass Gender auf die

> »soziale Beschaffenheit von Geschlecht zielt und damit eine nai-ve simplifizierende Vorstellung von Geschlecht als naturhafte, unveränderliche, an-sich-so-seiende Tatsache jenseits sozialer, kultureller und spezifisch historischer Bedingtheiten überwindet« (Hark / Villa 2015, 7).

Im Kern – so die beiden Autorinnen – hätten die Gegner_innen des »Genderismus« diese grundlegende kritische und bewusst verunsichernde Absicht des Begriffs verstanden und machten nun dagegen mobil (ebd.). Bemerkenswert ist für die österrei-chische Debatte, dass vielfach deutsche Texte schlicht über-nommen und in österreichische Publikationen – oft aus dem bundesdeutschen Zusammenhang herausgerissen – hinein ko-piert werden.

Im Diskurs der »Gender-Ideologie« wird die Einsicht in die soziale Konstruktion und damit die Veränderbarkeit von Zweigeschlechtlichkeit und Geschlechterverhältnissen vor dem Hintergrund der eigenen Überzeugtheit von der Naturhaftigkeit und Unveränderbarkeit von Geschlecht aufgegriffen und ins Groteske überzeichnet. Unterstellt wird, dass mit dem Begriff ,Gender' eine freie, uneingeschränkte und bedingungslose individuelle Wahl von Geschlecht(ern) und Sexualität(en) oder einer »geschlechtslosen Gesellschaft« propagiert würden, so die oberösterreichische FPÖ-Politikerin Barbara Rosenkranz (Rosenkranz 2008). Im Unterschied zu feministischen und geschlechtertheoretischen Debatten, in denen ,sex' und ,gender' als relationale Begriffe aufeinander bezogen werden und gerade dieses Verhältnis kritisch hinterfragt werden soll, behauptet der Diskurs der »Gender-Ideologie« ein Konkurrenz- und Ausschließlichkeitsverhältnis zwischen den beiden. »Gender« wird so als Negation der körperlichen Dimension von Geschlecht gedeutet, die ihrerseits umstandslos mit einer ahistorisch gedachten ,Natur' gleichgesetzt wird. Auf die zentrale Funktion dieser Berufung auf die ‚Natur' werden wir am Beispiel konkreter Deutungsmuster noch zurückkommen.

Neben dieser spezifischen (Miss-)Interpretation des »Gender«-Begriffs fällt im deutschsprachigen Diskurs die weit verbreitete Nutzung von »Ideologie« oder »-ismus« in diffamierender Absicht auf.[2] »Ideologie« meint hier ‚falsches Bewusstsein' und verweist assoziativ auf Bedeutungsfelder um Begriffe wie ‚realtitätsfremd', ‚praxisfern' und ‚gegen den gesunden Menschenverstand', aber auch auf ‚autoritäre' und ‚undemokratische Durchsetzung'. Ein so verstandener »Ideologie«-Begriff erleichtert zudem ein spezifisches, häufig anzutreffendes Argumentationsmuster, in dem die »Gender-Ideologie« mit sozialistischen und kommunistischen Ideologien (seltener auch explizit mit dem Nationalsozialismus) assoziiert wird.

Abschließend sei angemerkt, dass sich schon die Nutzung des englischen Begriffs »Gender« durch seine Gegner_innen als Strategie analysieren lässt. Da der Begriff im deutschsprachigen Raum in der breiten Öffentlichkeit relativ wenig bekannt ist, ermöglicht seine Verwendung die beliebige Addition von Themen, die (vermeintlich) mit der »Gender-Ideologie« in Verbindung stünden. Vor allem aber lässt sich so die eigene Vorgehensweise auf die politischen Antagonist_innen projizieren und den »Genderisten« vorwerfen, sie würden die Öffentlichkeit durch die Verwendung unklarer und unverständlicher Begrifflichkeiten bewusst in die Irre führen.

---

[2] Im Unterschied dazu, ist in vielen anderen Ländern Europas häufiger von »Gender-Theorie« die Rede, womit direkt auf eine Begrifflichkeit zurückgegriffen wird, die von der katholischen Kirche seit den 1990er Jahren entwickelt wurde (Paternotte 2015).

‚Gender' wer? Akteur_innen und Netzwerke

Die wichtigsten Akteur_innen, die den Diskurs der »Gender-Ideologie« in Österreich aktiv vorantreiben, lassen sich zu fünf – in sich heterogenen und nicht immer scharf trennbaren – Clustern gruppieren. Nicht nur ließen sich einige Akteur_innen mehrfach zuordnen, es sind darüber hinaus gerade die übergreifenden Allianzen, die den Diskurs ausmachen. Netzwerke entwickeln sich dabei oft rund um einzelne Personen, die gute Kontakte und persönliche Freundschaften in verschiedene Richtungen unterhalten, in Personalunion mehreren Vereinen oder Parteien angehören oder in ihrer professionellen Funktion Kontakte pflegen – z.B. die Anwälte Alfons Adam und Ewald Stadler, die einzelne Gruppen in rechtlichen Angelegenheiten vertreten. Adam wie auch Stadler sind – wie weiter unten noch ausgeführt wird – Verbindungspersonen zwischen der FPÖ und dem rechtsextremen und katholischen Milieu. Zudem werden Veranstaltungen gegenseitig unterstützt bzw. gemeinsame Kundgebungen und Proteste organisiert. Nichtsdestotrotz bestehen teils gewichtige Unterschiede zwischen den weltanschaulichen Hintergründen und Motivationen der Gegner_innen der »Gender-Ideologie«, die diese Allianzbildungen auf den ersten Blick unwahrscheinlich und erklärungsbedürftig erscheinen lassen. Im ersten Schritt stellen wir die Akteur_innen vor, die sich an der Gender-Ideologie-Debatte in Österreich in den vergangenen Jahren beteiligten, und die auf den ersten Blick kaum Gemeinsamkeiten aufweisen. Im Anschluss daran legen wir die diskursiven Verknüpfungs- und Verdichtungsketten dar.

Rechtsextreme, »neurechte« und rechtspopulistische Akteur_innen

In dieses Cluster fallen eine Reihe von Parteien, wobei als wichtigste die FPÖ, ihre Vorfeldorganisationen und Spaltprodukte, aber auch kurzlebige Player wie – mit Abstrichen im Hinblick auf die unklare ideologische Verortung – das *Team Stronach* zu nennen sind. Zudem entstanden in den letzten Jahren einige kleinere, unabhängige Gruppierungen, die diesem Cluster zuzurechnen sind – darunter die sogenannte *Identitäre Bewegung Österreich* (IBÖ), *PEGIDA*, eine *Aktionsgruppe gegen Dekadenz und Werteverfall* (A-GDUW) oder die in Wien aktive polnisch-nationalistische Gruppe *Wiedenska Inicjatywa Narodowa* (Wiener Nationale Offensive, WIN). Für die Zuordnung zu diesem Cluster sind zwei Aspekte ausschlaggebend: einerseits ein ideologischer Hintergrund in rechtsextremen, völkischen, in Österreich traditionell deutschnational gefärbten Weltdeutungen, die heute häufig in modifizierter und modernisierter Form, wie dem sogenannten Ethnopluralismus neurechter Provenienz, artikuliert werden. Andererseits dominiert die Verwendung rechts-populistischer Logiken und Strategien. Populismus lässt sich mit Cas Mudde fassen als

»thin-centered ideology that considers society to be ultimately separated into two homogenous and antagonistic groups, ‚the pure people' versus ‚the corrupt elite'« (Mudde 2004, 543).

Spezifisch für rechten Populismus ist dabei die doppelte Frontstellung gegen Eliten – etwa in der Gestalt nationaler Politiker_innen, der EU-Bürokratie oder der sogenannten »Femokratie« – und gegen »äußere Feinde«, die vor allem (wenn auch nicht ausschließlich), als »Fremde« (Migrant_innen, Flüchtlinge, »der« Islam) imaginiert werden.

(Katholisch geprägte) rechtskonservative Akteur_innen

Auch wenn sich im Bereich der politischen Forderungen große Überschneidungen zur ersten Gruppe zeigen, lassen sich diese Gruppen mit Blick auf die historische Entwicklung vom ersten Cluster abgrenzen. Während der deutschsprachige Rechtsextremismus traditionell anti-katholisch und anti-klerikal geprägt war[3] – eine Frontstellung, die sich bis zur Konkurrenz von Austrofaschismus und Nationalsozialismus in der Zwischenkriegszeit zurückverfolgen lässt –, stützt sich Österreichs Rechtskonservativismus traditionell auf den Katholizismus und die katholische Kirche. Innerhalb dieses Clusters lassen sich Gruppierungen und Personen am rechten Rand der ÖVP verorten – vom mittlerweile aus der Partei ausgeschlossenen *Wiener Akademikerbund*, über die Wiener Nationalratsabgeordnete Gudrun Kugler-Lang, die auch in verschiedenen rechtskatholischen Vereinen aktiv ist, bis zum vom *Team Stronach* kommenden ehemaligen Abgeordneten Marcus Franz. Dazu zählen außerdem Gruppierungen wie die *Junge Europäische Studenteninitiative* (JES), die starken Rückhalt in konservativen, (ehemals) adligen Kreisen genießt. Auch Ewald Stadlers Partei REKOS lässt sich hier einordnen. Als eine Drehscheibe ist der *Wiener Akademikerbund* zu nennen, der beispielsweise gemeinsame Veranstaltungen von JES und *Identitären* ermöglichte, während gleichzeitig einige seiner Proponent_innen auch in verschie-denen kleinen katholischen Vereinen aktiv sind.

Rechtskatholische Organisationen

Unter dieses Cluster fassen wir Organisationen, die den religiösen und/oder kirchlichen Aspekt stärker in den Mittelpunkt stellen, als die oben genannten, die sich ihrerseits klarer auf das politische Feld beziehen. Darunter fallen einige kleine explizit christliche Parteien, sowie eine große Anzahl

---

[3] Ein solcher ideologischer Hintergrund muss gute persönliche Kontakte nicht ausschließen, wie etwa der Besuch der selbst nicht religiösen Barbara Rosenkranz bei der 20-Jahr-Feier von *Jugend für das Leben* im Jahr 2009 zeigt. Umgekehrt gab es von Seiten einiger betont katholischer Akteur_innen bei den Präsidentschaftswahlen 2010 Wahlempfehlungen für Rosenkranz, die allerdings im christlich-fundamentalistischen Milieu nicht auf ungeteilte Zustimmung stießen (vgl. Schreibfreiheit 2010).

von – mehr oder weniger kirchennahen – christlichen Vereinen, Organisationen und Medienunternehmen sowie Teile der Amtskirche.[4] Beispielhaft können hier der emeritierte Weihbischof Andreas Laun, als in Bezug auf die »Gender-Ideologie« lautester Vertreter der katholischen Kirchenhierarchie oder Organisatio-nen wie *Opus Dei* und christlich-fundamentalistische Abtrei-bungsgegner_innen etwa *Jugend für das Leben* und *Human Life International* (HLI) genannt werden. Besondere Relevanz kommt auch kirchenunabhängigen katholischen Online-Medien zu, die oft wesentlich schärfere Positionen vertreten als die Amtskirche. Zudem existiert eine beinahe unüberschaubare Menge kleinster katholischer Vereine, die in diesem Bereich aktiv und häufig untereinander eng verbunden sind. Als Beispiel für personelle Überschneidungen lässt sich etwa Alfons Adam anführen, der u.a. als Vorsitzender des Vereins *Pro Vita* für den *Marsch für die Familie* verantwortlich zeichnet, als Vorsitzender der Partei *Christen-Allianz* auftritt und gemeinsam mit Johann Wilde von der *Plattform Ärzte für das Leben* und Erich Pekarek (ehemaliges Vorstandsmitglied des *Wiener Akademikerbundes*) den Verein *Freunde und Herausgeber des Neuen Groschenblattes* betreibt. Persönliche Bekanntschaften verbanden Adam u.a. mit dem ehemaligen JES-Vorsitzenden Vinzenz Liechtenstein, der seinerseits den Verein *Geborene für Ungeborene* mitgründete, sowie mit Ewald Stadler.

Männer- und Väterrechtler

Personell handelt es sich hier um eine relativ kleine Gruppe, die

---

[4] An dieser Stelle ist wichtig zu betonen, dass kein katholischer Monolith existiert, sondern in- wie außerhalb der Amtskirche unterschiedliche Strömungen und Deutungen des Christentums existieren. Eindrücklich vor Augen geführt wird dies etwa in den scharfen Attacken unabhängiger rechtskatholischer Medien gegen die österreichische *Katholische Frauen-bewegung* (vgl. Katholisches Info 2015).

eher durch ihre spezifische Agenda – die Bekämpfung der vermeintlichen Diskriminierung von Vätern im Familienrecht bzw. von Männern allgemein – als durch einen gemeinsamen weltanschaulichen Hintergrund zusammengehalten wird.[5] Seit einigen Jahren werden diese Forderungen bevorzugt in einem »anti-genderistischen« Deutungsrahmen artikuliert. Der bekannteste Verein in diesem Bereich nennt sich *Väter ohne Rechte*, einer seiner Proponenten ist Martin Stieglmayr, der zuvor auch im BZÖ als Mitarbeiter von Ewald Stadler aktiv war und 2013 als Redner beim *Marsch für die Familie* auftrat. Gerade dieser Ausschnitt des Diskurses, die mit anti-diskriminatorischer Rhetorik vorgetragene Verurteilung der »Gender-Ideologie« in Gestalt von sogenannten Quoten, angeblich frauenbevorzugenden Scheidungs- und Obsorge-regelungen und Kritik an Maßnahmen wie Gender Mainstreaming, ist auch in Massenmedien, insbesondere in Form von Kommentaren in konservativen Medien, vergleichsweise häufig präsent.

Besorgte Eltern

Bei Gruppen *Besorgter Eltern* handelt es sich im Unterschied zu den bisher beschriebenen Akteur_innen meist um punktuelle, anlassbezogene Zusammenschlüsse, die keine kontinuierliche Organisierung aufweisen. Für den Diskurs der »Gender-Ideologie« sind sie interessant, da sie verhältnismäßig leicht Zugang zum öffentlich-medialen Diskurs finden. Beispiele aus jüngerer Zeit umfassen etwa Aktivitäten gegen geschlechter-gerechte Sprache in Schulbüchern (BEV 2015) und gegen den Erlass zur Sexualerziehung (Initiative wertvolle Sexualerzie-hung 2015). Die punktuellen Proteste werden dabei vor dem Hintergrund der Ablehnung der – vermeintlich alle bekämpften

---

[5] Vgl. dazu ausführlich Scambor /Jauk in diesem Band.

Initiativen motivierenden – »Gender-Ideologie« artikuliert. Wie unabhängig diese Initiativen tatsächlich sind, ist im Einzelfall zu überprüfen. Beispiele aus der Vergangenheit zeigen, dass sie in einigen Fällen direkt von den oben genannten politischen Akteur_innen organisiert wurden, wenn etwa die bereits genannte, der ÖVP verbundene, Gudrun Kugler-Lang sich 2012 als ,besorgte Mutter' gegen die Sexualkundebroschüre »Ganz schön intim« in Szene setzte (Baumgarten 2012).

Im Folgenden werden wir die Deutungsmuster, die von den oben charakterisierten Akteur_innen in die Debatte gebracht wurden, systematisch darstellen, um so einerseits diskursive Argumentationsketten herauszuarbeiten, die so unterschiedliche Themen wie die menschliche Natur, natürliche Ungleichheit, den Vorwurf des Totalitarismus sowie Anti-Islamismus miteinander verknüpfen. Andererseits sollen die Diskurskoalitionen der an sich ganz unterschiedlichen Akteur_innen sichtbar werden.

,Gender' Wie? Zentrale Deutungsmuster

Die im Folgenden vorgestellten Deutungsmuster sind Ergebnis einer Critical Frame Analysis (CFA) (Bacchi 2009, 39; Verloo/Lombardo 2007, 35) ausgewählter Texte, die von einigen der eben beschriebenen Akteure veröffentlich wurden.[6] Wir können in dieser kurzen Darstellung lediglich die wichtigsten Deutungsrahmen nennen, d.h. solche die wiederholt auftauchten und als charakteristisch für den Diskurs der »Gender-Ideologie« angesehen werden müssen.

---

[6] Im Anhang des Textes befindet sich die Liste der 13 analysierten Dokumente.

Geschlecht als Natur

Die häufigste Argumentationsfigur in den analysierten Texten ist das Verständnis von Geschlecht bzw. der Geschlechterordnung als »natürliche« Gegebenheit. Daraus leitet sich auch die Kritik am vermeintlichen »Genderismus« her, die im Grundsatz folgendermaßen funktioniert: Die »Gender-Ideologie« richte sich gegen die »natürliche Ordnung der Geschlechter«, sie leugne unbestreitbare »biologische Tatsachen«, aus denen sich eine entsprechende soziale Ordnung ergebe. Wie an der Natürlichkeit von Geschlecht festgehalten wird, lässt sich am folgenden Beispiel aus einem FPÖ-Text illustrieren. Die FPÖ stimmt mit der »ideologischen Hypothese« (FPÖ 2013, 135) von Simone de Beauvoir, die Frau komme nicht als Frau zur Welt, sondern werde es, nicht überein. Für sie ist diese Vorstellung eine »ideologische Geschlechtsumwandlung«, da auch das »Mutter- [und] Vatersein [k]ein Konstrukt« sei, sondern biologische Realität (FPÖ 2013, 135). Häufig wird in diesem Zusammenhang auch explizit auf die ‚Komplementarität der Geschlechter' verwiesen – ein Argument, das von einigen Akteur_innen auch explizit gegen den Begriff der ‚Gleichheit' in Stellung gebracht wird.

> »[D]ie Geschlechter sind nicht einfach gleichartig: Gerade ihre Verschiedenheit bietet ihnen die Möglichkeit einander zu ergänzen.« (Kirche in Not o.J., 13).

Als zentraler Knotenpunkt dieser ‚natürlichen Ordnung' wird in weiterer Folge die Familie – gemeint ist stets die naturalisierte heterosexuelle Kleinfamilie – imaginiert, die als durch die »Gender-Ideologie« bedroht dargestellt wird. Daran koppeln sich weitere Bedrohungsszenarien, etwa dass Gesellschaft und Staat mit dem Ende der Familie, die als »Kern und als Fundament des Staates« gesehen wird (Stadler 2014), ihrer Keimzelle beraubt und damit unmittelbar bedroht seien. Die »Wegerziehung des natürlichen Kinderwunsches der Frauen«

und ihres Verlangens, sich um Kinder zu kümmern (Unterberger 2015, 156), würde dazu führen, dass das Wohl der Kinder bedroht sei. Insbesondere von rechtsextremen und rechtskonservativen Akteur_innen wird dieses Argument häufig mit einer angeblichen demographischen Bedrohung des Volkes, also mit rassistischen Argumenten verknüpft.

Interessant ist an dieser Stelle, dass auch religiöse Akteur_innen häufig auf die ‚Natur' zurückgreifen, die als unmittelbarer Ausdruck der göttlichen Ordnung interpretiert wird. Beispielsweise argumentiert die katholische Organisation *Kirche in Not*, dass die Bibel und die Wissenschaft sich über die Komplementarität der Geschlechter einig seien (Kirche in Not o.J., 13). Diese Argumentation erlaubt es, einen Gleichklang von biologischer Wissenschaft und Schöpfungsgeschichte zu behaupten und damit die »Gender-Ideologie« als Affront gegen beide anzugreifen. Religiöse und wissenschaftliche Wahrheitsinstanzen werden hier also nicht gegen-, sondern miteinander angerufen und gegen die »Ideologie« in Stellung gebracht.

Gender Studies = Ideologie ≠ Wissenschaft

Dieses Argumentationsschema geht davon aus, dass Wissenschaft – und das bedeutet implizit Naturwissenschaft und in erster Linie Biologie – per se in einem antagonistischen Verhältnis zu Ideologie steht. Dabei wird auf ein Alltagsverständnis von Wissenschaft zurückgegriffen, das Wissenschaftlichkeit mit dem Entdecken einer schlicht gegebenen Wirklichkeit gleichsetzt. Die Idee, dass es sich bei Wissenschaft selbst um ein soziales Unterfangen handelt, wird entschieden zurückgewiesen. Diese Idee wird schließlich den Gender Studies zugeschrieben und als ‚Trick' angeprangert, durch den diese ihre eigene »Unwissenschaftlichkeit«, ihren Status als »bloße Ideologie« verschleiern würden (Reichel 2015, 106). In dieselbe Kerbe schlägt ein weiterer Vorwurf, wonach sich die Gender

Studies auf eine rein theoretische Ebene ‚ohne Bezug zur realen Welt‘ zurückziehen würden, um sich damit der wissenschaftlichen Überprüfbarkeit zu entziehen. Den Gender Studies würde auch »kein vernünftiger Mensch [...] folgen[, denn] [s]ie widerspricht den eigenen Erfahrungen und den Erkenntnissen der Biologie« (Pekarek 2011), lautet eine Kritik aus den katholischen Reihen, die an ‚common sense' appelliert.

Die Attacken auf die Gender Studies sind häufig in andere Argumentationslinien eingewoben. Neben einem Totalitarismus-Vorwurf, auf den wir im Folgenden näher zu sprechen kommen, erfolgt dies in der Argumentationsfigur des ökonomischen Schadens, der durch unproduktive (Gender-)Forschung oder durch diversitätsorientierte Sexualpädagogik als direktem Output der Gender Studies entstehe. In Bezug auf Gender Studies finden sich auch besonders häufig personenbezogene Diffamierungen, in Bezug auf die sexuelle Orientierung von Forscher_innen, die »überwiegend lesbische Frauen sind« (Nagel 2015, 53) oder als Vorwurf, dass sich hier Feministinnen – angesichts der angeblichen Überholtheit und Bedeutungslosigkeit von Feminismus als sozialer Bewegung – einen hochdotierten Rückzugsraum geschaffen hätten (Unterberger 2015, 149).

In den Attacken gegen die Gender Studies mischen sich also unterschiedliche Argumentationslinien: Erstens wird ein spezifisches, unkritisches (und auch in den Naturwissenschaften lange überholtes) Verständnis von Wissenschaft als einzig mögliches positioniert und argumentativ an Theorie- und Intellektuellenfeindlichkeit appelliert. Damit wird den Erkenntnissen der Gender Studies von vornherein jede Legitimation entzogen und diese rhetorisch aus dem Bereich des Diskutierbaren verbannt (Herrmann 2015, 90) – um ihnen dann den Vorwurf zu machen, sie würden sich dieser Kritik nicht adäquat stellen. Damit wird die eigene autoritäre Geste der »Gender-Ideologie« untergeschoben.

Autoritarismus bzw. Totalitarismus

Dieser Deutungsrahmen bezeichnet die »Gender-Ideologie« als eine Neuauflage marxistischer, sozialistischer bzw. kommunistischer Ideologien[7] bzw. als

> »ein neuer, vielleicht sogar der letzte, Versuch der Sozialisten, ihre Visionen von einer Gesellschaft ohne Unterschiede zu schaffen« (Reichel 1015, 100).

Bei den Bezügen auf Marxismus, Kommunismus oder Sozialismus finden sich immer wieder auch Herleitungen, die von Friedrich Engels als »Urvater« der »Gender-Ideologie« ausgehend, eine historische Linie über Simone de Beauvoir und Shulamit Firestone bis zu Judith Butler ziehen (FPÖ 2013, 136; Pekarek 2011; Zeitz 2015). Wo das Argument stärker auf Sexualpolitiken abstellt, werden auch Sigmund Freud, Wilhelm Reich und Herbert Marcuse in diese Ursprungserzählung einbezogen (Zeitz 2015). Interessanterweise führt diese Geschichtserzählung zu unterschiedlichen Bedrohungsszenarien: In einigen Fällen erscheint »Gender-Ideologie« als Fortführung sozialistischer Gleichheitsideen – als Gleichheitsideologie, der nun die biologischen Differenzen zum Opfer fallen würden –, und die mit der Beseitigung von

> »Männlichkeit und alle[m] was damit in Verbindung gebracht wird, wie Leistungs- und Risikobereitschaft, Heldenmut, Konkurrenzdenken etc.« (Reichel 2015, 109)

auch die wirtschaftliche Wettbewerbsfähigkeit zerstöre, in

---

[7] Die Begriffe Marxismus, Sozialismus und Kommunismus werden austauschbar verwendet und lassen sich auch in der Analyse nicht differenzieren. In der Tendenz verweist Kommunismus am stärksten auf die ehemaligen realsozialistischen Regime und ruft daher die stärkste Assoziation zu Autoritarismus auf, Sozialismus bringt demgegenüber auch die aktuelle Linke (bis hin zur Sozialdemokratie) ins Bild, während Marxismus besonders deutlich auf die angebliche ideologische Vorgeschichte der »Gender-Ideologie« abstellt.

anderen hingegen als Synthese von Sozialismus und globalem Kapitalismus, die durch den ihnen gemeinsamen Materialismus verbunden seien. Doch in welche Richtung dieses Szenario auch ausbuchstabiert wird, stets wird es mit Autoritarismus bzw. Totalitarismus, mit Zwang zur Einheitlichkeit und Unterdrückung abweichender Meinungen verbunden.

Die angebliche Unterdrückung durch die »Gender-Ideologie« wird aber auch in Bezug auf einzelne Maßnahmen konkretisiert: insbesondere in Bezug auf geschlechtergerechte Sprache, die als »Diktat« (Pekarek 2011) und als »Sprach-verbot« dargestellt wird (ebd.; Abtei Mariawald 2014; Kirche in Not o.J.). Oder es wird argumentiert, dass etwa das Wort ‚Homophobie‘ als Waffe gegen die Verteidiger_innen einer »natürlichen« Sexualität erfunden worden sei (ebd.). Auch an diesem Beispiel zeigt sich die Strategie der Umkehrung, die in vielen Bereichen des Diskurses der »Gender-Ideologie« zu finden ist: Während Homo- und Transsexualität von einigen Akteur_innen explizit als »Störung« und »Krankheit« bezeichnet werden, wird den politischen Gegner_innen genau diese Strategie unterstellt. Sie würden das Konzept der Phobie benutzen, um politische Meinungen (die sich noch dazu auf die »Natur« berufen können!) zu pathologisieren und damit mundtot zu machen. Edith Pekarek findet es

> »noch schlimmer, [dass] Homophobie [...] mit Rassismus, Frem-denfeindlichkeit und Antisemitismus gleichgesetzt und kriminali-siert [wird]« (Pekarek 2011).

Tarnen und täuschen

Für viele Argumentationsmuster ist die Figur der »verdeckten Ziele der Gender-Ideologie« zentral. Zielsetzungen wie Geschlechtergleichstellung oder Anti-Diskriminierung seien lediglich Vorwände, um von den wahren Zielen – nämlich die Schaffung eines »geschlechtslosen, aber dauergeilen Multi-Sex-

Menschen« (Nagel 2015, 52) oder die »Zerstörung des Kultur-christentums als Basis der westlichen Zivilisation« (Zeitz 2015) – abzulenken. Das lässt sich beispielsweise anhand des Vergleichs von Bischoff Laun illustrieren, der »Genderismus« als Trojanisches Pferd bezeichnet. »Unter dem lockenden Schlachtruf der 'Gerechtigkeit!'« sei »ein in der Geschichte bisher noch nie dagewesener Manipulationsversuch im Gang« (Abtei Mariawald 2014). Diese Argumentationsfigur bedient mindestens drei diskursive Strategien: Erstens betont sie den antidemokratischen Charakter der »Gender-Ideologie«. Zweitens erlaubt sie es einzelnen Akteur_innen, die eigene Position als durchaus progressiv darzustellen. Man sei nämlich mit-nichten gegen die Gleichstellung von Frauen oder für die Diskriminierung von LGBTIQs, sondern mache lediglich gegen die ‚hidden agenda' der »Gender-Ideologie« mobil. Drittens eröffnet die Idee einer ‚verborgenen Agenda' ein beinahe unerschöpfliches Arsenal an möglichen Themen und Verknüp-fungen. Da die »Gender-Ideologie« ohnehin die Bürger_innen über ihre wahren Anliegen täusche, lässt sich ihr auch beinahe jedes Problem, jede gesellschaftliche Verunsicherung und jeder Umbruch zuschreiben, womit der Diskurs stets erweiterbar bleibt.

Opfer

Dass Männer und Jungs als Opfer der »Gender-Ideologie« präsentiert werden, überrascht nicht sonderlich. Es sind die ‚männlichen Tugenden' die dadurch verdrängt werden (Reichel 2015, 109). Ebenso wird aber auch die Mehrheit der Frauen zu Opfern stilisiert, die durch eine kleine Elite von radikalen Feministinnen (oder auch »Genderisten«) nicht vertreten würden. So profitiert nur eine »kleine Gruppe von – meist kinderlosen – Frauen«, die »unter dem privilegierenden Schutz von Frauenquoten« Karriere machen wollen (Unterberger 2015,

158). Erneut zeigt sich hier der populistische Charakter des Diskurses – die meisten Akteur_innen legen Wert darauf, sich nicht gegen »die« Frauen zu positionieren, sondern stets bestimmte Gruppen verantwortlich zu machen. Wie oben angedeutet wird auch die Gesellschaft insgesamt zum Opfer der »Verweiblichung« (Reichel 2015) bzw. der »Schwulenkultur« (Zeitz 2015): Einerseits führe diese zu ökonomischem Niedergang, anderer-seits zu einem Verfall ‚männlicher Werte‘, der letztlich den westlichen bzw. europäischen Zivilisationen die Möglichkeit nehme, sich wirksam gegen ‚vormoderne Kulturen‘ zu ver-teidigen.

Profiteur Islam

Obwohl die Problematisierungen des Verhältnisses von »Gender-Ideologie« und Islam quantitativ eine kleinere Rolle im Diskurs spielen, sind sie für die Analyse besonders interessant, weil hier deutlich wird, wie sich der Diskurs zur »Gender-Ideologie« in breitere Verfallserzählungen und -ängste einschreibt. Hintergrundfolie ist dabei stets ein monolithisches Bild »des« Islam, der als unwandelbar sexistisch, homophob und intolerant vorausgesetzt wird (Unterberger 2015, 149). Die »Gender-Ideologie« spiele längerfristig dem Islam in die Hände. Da sie – demographisch wie kulturell – das Ende der autochthonen Bevölkerung bedeutet, wird sie in dieser Logik zur Wegbereiterin der angeblichen »Islamisierung«. Im Detail wird das Verhältnis zwischen »dem« Islam und der »Gender-Ideologie« unterschiedlich konstruiert – in manchen Fällen erscheinen Feministinnen und LGBTIQ-Personen als unwillentliche, naive Wegbereiter_innen ihres eigenen Untergangs (ebd., Reichel 2015 124/125), in anderen steht die angebliche Konvergenz zwischen »dem« Islam und der »Gender-Ideologie« im Zentrum (Zeitz 2015). Zentral erscheint uns allerdings in jedem Fall, dass hier eine Verzahnung von zwei zentralen Diskursen rechtsextremer, -populistischer und -konservativer Strömungen, die sich zu einer umfassenden Verfalls- und Untergangserzählung verschränken.

Schluss. Ein Kampf um Hegemonie

Obwohl der Diskurs der »Gender-Ideologie« in Österreich erst relativ spät öffentlich wahrnehmbar wurde, konnte er sich seither als Fixpunkt in öffentlichen Debatten um Gleichstellungs- und Sexualitätspolitiken etablieren. Er stellt heute einen gemeinsamen Bezugspunkt für unterschiedliche politisch, religiös und journalistisch tätige Akteur_innen bereit, an den aus unterschiedlichen Positionen und mit verschiedenen Agenden angeknüpft werden kann. Unter dem Dach der »Gender-Ideologie« lassen sich u.a. Aktivitäten gegen Abtreibung, gegen Gender Mainstreaming, gegen ein Ende der rechtlichen Diskriminierung von LGBTIQ-Personen als Teil eines gemeinsamen Kampfes gegen eine existentielle Bedrohung reartikulieren.

Unser Artikel zeigt, dass sich der Diskurs der »Gender-Ideologie« in weiten Teilen als rechtspopulistischer Diskurs analysieren lässt, da er weitgehend über die Bildung von Antagonismen gegen »die da oben« und gegen »die Anderen« funktioniert. Er wird von einigen Akteur_innen mit anderen zentralen Elementen aktueller rechtsextremer, rechtskonservativer und -populistischer Diskurse zu breiten Verfalls- und Bedrohungserzählungen kombiniert. Teil des populistischen Charakters ist auch die Konstruktion unauflöslicher Antagonismen, mit denen politische Konflikte auf Dauer gestellt werden. Das ist mit rechtspopulistischen Strategien in anderen Feldern vergleichbar, etwa mit der Kulturalisierung bzw. Ethnisierung sozialer Konflikte, die damit der politischen Debatte entzogen werden. In beiden Fällen ist die Naturalisierung der sozialen

Verhältnisse – im Falle des Diskurses der »Gender-Ideologie« die Naturalisierung von Geschlechterverhältnissen und Heterosexualität und einer darauf gründenden sozialen Ordnung – eine zentrale Strategie.

Dabei basiert dieser Diskurs wesentlich auf einer – wenn auch verzerrten – Aneignung dekonstruktivistischer und denaturalisierender Leseweisen von Geschlecht. In diesem Sinn kann der Diskurs gegen die »Gender-Ideologie« als Rekonfiguration des Antifeminismus verstanden werden, der sich im Kern gegen aktuelle dekonstruktivistische und queere Feminismen wendet – auch wenn die Vorwürfe auf Gleichstellungspolitiken ausgedehnt werden, die durchaus innerhalb des Rahmens der Zweigeschlechtlichkeit argumentieren. Rhetoriken eines positiven Bezugs auf Feminismus als klar zweigeschlechtliches, heteronormatives Unterfangen können aus dieser Perspektive als strategische Einsätze gelesen werden, die einerseits der Anschlussfähigkeit an Mainstreamdiskurse, andererseits der Verschränkung mit anti-muslimischen Rassismen dienen (Dietze 2015). Wenn wir den Diskurs der »Gender-Ideologie« als Teil eines Kampfes um Hegemonie begreifen, der sich grundsätzlich gegen Liberalisierungs- und Modernisierungstendenzen in der österreichischen Gesellschaft richtet, die nicht zuletzt Geschlechterverhältnisse (wenn auch bis heute nicht umfassend) dynamisierten, wäre daher gerade an diesem Punkt anzusetzen und die De-Naturalisierung von Geschlecht und das damit verbundene Aufbrechen heteronormativer Identitätszwänge und geschlechtsspezifischer Zuschreibungen konsequent weiterzuverfolgen – gerade auch außerhalb der Fachzirkel der Gender Studies.

Literatur

Abtei Mariawald (2014): Gender Mainstreaming – eine Herausforderung für Familie und Gesellschaft. (Zusammenfassung Vortrag Andreas Laun) Online: http://klostermariawald.de/view.php?nid=412 (Abruf: 15.10.2015).

Bacchi, Carol (2009) The issue of intentionality in frame theory: the need for reflexive framing, in: Lombardo, Emanuela / Meier, Petra / Verloo, Mieke (Hg.): The Discursive Politics of Gender Equality. Stretching, Bending and Policymaking. New York/ London: Routledge. 19-35.

Baumgarten, Christoph (2012): Die Inszenierung eines Aufstands. Online: http://hpd.de/node/14488 (Abruf: 22.12.2015).

BEV (2015): Elternvertretung kritisiert die »Gender«-Politik bei Schulbüchern. Online: http://www.bundeselternverband.at/bev-in-den-medien/presseaussendungen/345-gendern-von-schulbuechern (Abruf: 21.12.2015).

Butler, Judith (1991): Das Unbehagen der Geschlechter. Frankfurt: Suhrkamp Verlag.

Dietze, G. (2015), Anti-Genderismus intersektional lesen, in: Zeitschrift für Medienwissenschaft 13(2), 125-127.

FPÖ (2013). Handbuch freiheitliche Politik – Abschnitt zu Gender Mainstreaming. Online: http://www.fpoe.at/fileadmin/user_upload/www.fpoe.at/dokumente/2015/Handbuch_freiheitlicher_Politik_WEB.pdf (Abruf: 07.10.2015).

Hark, Sabine / Villa, Paula-Irene (Hg.) (2015): Anti-Genderismus. Sexualität und Geschlecht als Schauplätze aktueller politischer Auseinandersetzungen, Bielefeld: transcript.

Hark, Sabine / Villa, Paula-Irene (2015): »Anti-Genderismus« – Warum dieses Buch? In: dies. (Hg.), 7-13.

Herrmann, Steffen K. (2015)﹐ Politischer Antagonismus und sprachliche Gewalt, in: Hark, Sabine / Villa, Paula Irene (Hg.), 79-92.

Initiative wertvolle Sexualerziehung (o.J. [2015]): NEIN zu schädigender Frühsexualisierung unserer Kinder! Online:

http://www.citizengo.org/de/22777-nein-zu-sch%C3%A4digender-Fr%C3%BCChsexualisierung-unserer-Kinder (Abruf: 21.12.2015).

Katholisches Info (2015): Katholische Frauenbewegung Österreichs im Netzwerk von Abtreibungslobby und Gender-Ideologie. Online: http://www.katholisches.info/2015/05/10/katholische-frauenbewegung-oesterreichs-im-netzwerk-von-abtreibungslobby -und-gender-ideologie/ (Abruf: 10.05.2015).

Kirche in Not (o.J.). Gender-Ideologie. Ein Leitfaden. Wien: Eigenverlag.

Mudde, Cas (2004). The Populist Zeitgeist. In: Government and Opposition, Vol. 39(4), 542–563.

Nagel, Georg Immanuel (2015). Gender-Umerziehung. Links-grüne Kindersex-Pädagogik wird politisch gegen alle Widerstände durchgepeitscht. In: Zur Zeit 21-22/2015, 52/53.

Paternotte, David (2015): Blessing the Crowds. Catholic Mobilisations against Gender in Europe, in: Hark, Sabine / Villa, Paula-Irene (Hg.), 129-147.

Pekarek, Edith (2011). GENDER MAINSTREAMING – Der Generalangriff auf die christliche Kultur. Online: http://schreibfreiheit.eu/2011/08/09/gender-mainstreaming-der-generalangriff-auf-die-christliche-kultur/ (Abruf: 09.10.2015).

Reichel, Werner (2015). Der Genderismus und seine Opfer, in: Günther, Christian / Reichel, Werner (Hg.) (2015): Genderismus(s). Der Masterplan für die geschlechtslose Gesellschaft. Wien: Frank & Frei, 99-128.

Rosenkranz, Barbara (2008): MenschInnen. Gender Mainstreaming. Auf dem Weg zum Geschlechtslosen Menschen. Graz: Ares.

Schreibfreiheit (2010): Die Wahl ist geschlagen, was nun? Online: http://schreibfreiheit.eu/2010/04/27/die-wahl-ist-geschlagen-was-nun/ (Abruf: 22.12.2015).

Scott, Joan W. (1999[1986]): Gender as a Useful Category of Historical Analysis, in Parker, Richard / Aggleton, Peter (Hg.): Culture, Society and Sexuality. A Reader, London: UCL Press,

57-75.

Stadler (2014). MEP Ewald Stadler (REKOS) über Gender-Ideologie und den Linksruck der ÖVP. Online: https://www.youtube.com/watch?v=UQK22VN5-IM (Abruf: 13.10.2015).

Unterberger, Andreas (2015): Die Männer: verunsichert, feige und perspektivenarm, in: Günther, Christian / Reichel, Werner (Hg.) (2015): Genderismus(s). Der Masterplan für die geschlechtslose Gesellschaft. Wien: Frank & Frei, 145-160.

Verloo, Mieke/Lombardo, Emanuela (2007). Contested Gender Equality and Policy Variety in Europe: Introducing a Critical Frame Analysis Approach. In: Verloo, Mieke (ed.). Multiple Meanings of Gender Equality. A Critical Frame Analysis of Gender Policies in Europe. Budapest/New York: CPS Books – Central European University Press. 21-51.

Zeitz, Christian (2015): Conchita, Islam und die Homosexualisierung der Gesellschaft. Online: http://www.andreas-unterberger.at /2015/06/conchita-islam-und-die-homosexualisierung-der-gesellschaft (08.10.2015).

II Akteur_innen

Gideon Botsch, Christoph Kopke

Der »Volkstod«.
Zur Kontinuität einer extrem rechten Paranoia

Der »Volkstod« - ein altes und häufig mobilisiertes Motiv im radikalen Nationalismus

Seit etwa zehn Jahren thematisieren bundesdeutsche Neonazis verstärkt den sogenannten »Volkstod«. Mit ihrer Kampagne »Demokraten bringen den Volkstod« bewies beispielsweise die 2012 in Brandenburg verbotene Gruppierung *Widerstandsbewegung Südbrandenburg* eine »zielgruppenorientierte, zeitgemäße und unverfängliche Aufbereitung von völkisch-biologistischen Ideen«[1]. Auch andere Gruppen aus dem neonazistischen Spektrum übernahmen die Rede vom »Volkstod« und Elemente der Kampagne[2]. Die 2013 gegründete militant-neonazistisch auftretende Partei *Der III. Weg* hat die Abwehr des »Volkstodes« sogar in ihr zehn Punkte umfassendes Parteiprogramm, das zentrale Kernelemente (neo-)nationalsozialistischer Positionen beinhaltet, geschrieben[3]:

---

[1] Wagner u.a. 2011: 20.
[2] Wie auch die in ihrem Kern wesentlich antifeministische Anti-Genderkampagne Teil des politischen Arsenals der radikalisierten AfD geworden ist, so gehört inzwischen auch die Rede vom Volkstod zu ihrem Vokabular. Vgl. Kopke 2017.
[3] Vgl. Kopke 2016.

»Die Grundlage der Bevölkerungspolitik der Partei DER DRIT-
TE WEG ist die konsequente Förderung von kinderreichen Familien zur Abwendung des drohenden Volkstodes«,

heisst es dort im dritten Programmpunkt.[4]
Befürchtet wird das Aussterben des deutschen Volkes – verstanden als biologische Abstammungsgemeinschaft – durch
sinkende Geburtenraten, Schwangerschaftsabbrüche und Zuwanderung. Dies ist Teil der Untergangs-, Degenerations- und
Verfallsszenarien, die die extreme Rechte seit jeher umtreiben.

    Die sprachliche Metapher »Volkstod« verweist auf biolo-
gistische Sachverhalte. Dem sterbenden Volk entspricht ein
»Volkskörper«, die »Heimat« ist die Umwelt in der dieser Körper gedeiht oder vegetiert, die Angehörigen des Volkes sind
Zellen des Körpers. Der Wert des Einzelnen kann nur mit Bezug auf das größere Ganze gesehen werden. Da das »Leben«
des Volkes das Leben der einzelnen Zelle überdauert, ist der
oder die Einzelne nur als Glied einer »Ahnenkette« von Wert,
und da das Volk einen lebendigen Organismus darstellt, sind
Familien mehr als soziologische Kategorien – die »Sippe« ist
die unverzichtbare Einheit, die das Leben des Volkes gegenwär-
tig wie über die Zeiten hinweg garantiert. Fremdartiges kann
der Organismus nur in kleinen Mengen vertragen, er muss
Fremdzellen abstoßen oder wird von ihnen dauerhaft geschädigt
werden.

    Die Vorstellung vom Volk als Organismus und vom
»Volkstod« als biologischem Ende seiner Existenz bleibt dabei
für die Angehörigen des ethnischen Nationalismus und Rassismus nicht nur eine Metapher, sondern wird sehr ernst genommen. Wo aber biologische Metaphern zur Beschreibung politischer, soziologischer und kultureller Phänomene ein Eigenleben
entwickeln, gehen sie mit der Naturalisierung überkommener

---

[4] https://www.bundeswahlleiter.de/de/parteien/downloads/parteien/. DER_DR
ITTE_WEG.pdf; Das Parteiprogramm ist auch dokumentiert bei: Kopke 2016:
86f.

Gender- und Geschlechterkonstruktionen sowie mit binären Zuschreibungen männlicher und weiblicher Rollen und Eigenschaften einher. Es ist daher nicht verwunderlich, dass der Kampf der extremen Rechten als »biopolitischer« Kampf geführt wird und stets geführt wurde. Dieser ist immer auch ein unmittelbarer Kampf um den Zugriff auf die Körper von Frauen (und Männern).

Wie sich zeigen lässt, ist der befürchtete biologische Exitus des Volks (auch in der Variante »Rassetod«) ein altes und häufig mobilisiertes Motiv im radikalen Nationalismus. Es unterlag indes gewissen Konjunkturen und modischen Wandlungen. Dabei scheint die Angst vor dem »Volkstod« tatsächlich realen Katastrophen- und Untergangsängsten von Angehörigen des radikalnationalistischen Milieus zu entsprechen. Eindrucksvoll belegt dies ein Lied der kanadischen White-Power-Band *RaHoWa* (Racial Holy War) aus dem Jahr 1995, eine auch im deutschen Rechts-Rock-Milieu populäre Ballade unter dem Titel »Ode to a Dying People« (»Ode an ein sterbendes Volk«). Besondere Wirkung entfaltet die Ballade in der Fassung der schwedischen Szene-Musikerin SAGA. Durch die Interpretation einer weiblichen Sängerin wandelt sich in relevanten Nuancen der Bedeutungsgehalt des Liedtextes, etwa in folgenden Zeilen:

»Falling down towards the abyss / the reaper embraces me with his kiss / It makes me want to refuse to care...« (»In den Abgrund fallend / umfängt der Sensenmann mich mit seinem Kuss / Es bewirkt dass ich aufhören will, mich zu kümmern...«).

Die biopolitische Verantwortung dafür, den »Volkstod« – hier verstanden als Tod der weißen »Rasse« – abzuwenden, obliegt in besonderem Maße der »weißen« Frau, die ihren Auftrag annehmen muss: Eine vielköpfige Familie zu gründen, um die ethnische Substanz des Volkes im Rahmen der übergeordneten Ahnenkette zu garantieren und die Kinder in Übereinstimmung mit den vermeintlichen Werten und Traditionen des Volkes aufwachsen zu lassen, damit sich die »Volksseele« – die kulturelle Substanz des Volkes – entfalten kann. Die »Ode to a dying people« ist also nicht nur als Propaganda zu verstehen – das ist sie gewiss auch –, sondern darüber hinaus gibt sie einen Hinweis auf tatsächlich bestehende Zukunftsängste und –neurosen im völkisch-rassistischen Lager.

Aus dem Kernarsenal völkischer Degenerations- und Untergangsszenarien

Diese Angst vor dem Aussterben des Volkes, dem Untergang der »Rasse«, die Paranoia vom »Volkstod«, gehört seit jeher zum Kernarsenal völkischer Degenerations- und Untergangsszenarien. Frühzeitig wurde das Volk als »Lebenseinheit«, als »Abstammungs- und Schicksalsgemeinschaft zugleich« bestimmt. Die nachfolgende exemplarische Definition von Jakob Graf aus dem Jahre 1938 fasst im Grunde nur Positionen zusammen, wie sie im rassistischen Radikalnationalismus und in der akademischen bevölkerungspolitischen Diskussion bereits seit einem halben Jahrhundert diskutiert worden und deutlich vor 1933 zur dominierenden Sicht geworden ist:

> »'Volk' ist eine aus ganz bestimmten Rassen hervorgegangene Lebenseinheit, ein Rassengemisch, in dem die vorwiegende Rasse die völkische Eigenart bestimmt. 'Volk' […] ist ein lebendiges Ganzes, das durchseelt ist von dem inneren Gesetz der in ihm vorwiegenden Rasse, die alle Geschlechter der Gegenwart, der Vergangenheit und Zukunft umfaßt.«[5]

Der klassische Text für den kulturellen Verfallsprozess ist das geschichtsphilosophische Werk »Der Untergang des Abendlandes«, das Oswald Spengler nach dem Ersten Weltkrieg veröffentlichte. Das Werk war außerordentlich bekannt und wir-

---

[5] Graf 1938: 227.

kungsreich, sein Titel ist bis heute paradigmatisch für den kulturpessimistischen Alarmismus eines Teils der extremen Rechten, der darüber hinaus weit in die Gesellschaft ausstrahlt. Der Aufstieg, Verfall und Untergang einer Kultur ist bei Spengler quasi ein Naturgesetz. Schon der Untertitel »Umrisse einer Morphologie der Weltgeschichte«, der einen Fachbegriff aus der Biologie aufgreift, deutet an, dass bei Spengler die historische und kulturgeschichtliche Entwicklung menschlicher Kollektive quasi als biologischer Prozess gesehen wird. »Kultur« entartet zur »Zivilisation«, »Intelligenz« tritt an die Stelle des »Geistes« und diese Anzeichen des Verfalls lassen sich besonders deutlich an der Herausbildung großer Städte ablesen. Abgeschnitten von den vermeintlich natürlichen Wurzeln seines Daseins, wie sie Spengler insbesondere in der bäuerlichen Welt zu finden meint, entstehe – zuerst in den »Weltstädten« – die »Unfruchtbarkeit des zivilisierten Menschen«, die Spengler als »metaphysische Wendung zum Tode« bezeichnet:

»Der letzte Mensch der Weltstädte *will* nicht mehr leben, wohl als einzelner, aber nicht als Typus, als Menge (…) Das, was den echten Bauern mit einer tiefen und unerklärlichen Angst befällt, der Gedanke an das Aussterben der Familie und des Namens, hat seinen Sinn verloren. Die Fortdauer des verwandten Blutes innerhalb der sichtbaren Welt wird nicht mehr als Pflicht dieses Blutes, das Los, der Letzte zu sein, nicht mehr als Verhängnis empfunden. Nicht nur, weil Kinder unmöglich geworden sind, sondern vor allem weil die bis zum äußersten gesteigerte Intelligenz keine Gründe für ihr Vorhandensein mehr findet, bleiben sie aus«.[6]

Der zivilisierte Stadtmensch wähle eine »Lebensgefährtin«, der »Bauer und jeder ursprüngliche Mensch« dagegen »die Mutter seiner Kinder«.[7] Die Verantwortung für die »Unfruchtbarkeit«

---

[6] Spengler 1986: 679 – Hervorhebungen i.O.
[7] Spengler 1986: 680 – Hervorhebungen i.O.

schreibt Spengler freilich den Frauen zu. In Anspielung auf weibliche Heldinnen des norwegischen Dramatikers Henrik Ibsen, so insbesondere auf die nach Selbstbestimmung strebende Titelheldin des 1879 verfassten Stücks »Nora oder ein Puppenheim«, schreibt er:

> »Das Urweib, das Bauernweib ist *Mutter*. Seine ganze von Kindheit an ersehnte Bestimmung liegt in diesem Worte beschlossen. Jetzt aber taucht das Ibsenweib auf, die Kameradin, die Heldin einer ganzen weltstädtischen Literatur vom nordischen Drama bis zum Pariser Roman. Statt der Kinder haben sie seelische Konflikte, die Ehe ist eine kunstgewerbliche Aufgabe und es kommt darauf an, ,sich gegenseitig zu verstehen'. Es ist ganz gleichgültig, ob eine amerikanische Dame für ihre Kinder keinen zureichenden Grund findet, weil sie keine *season* versäumen will, eine Pariserin, weil sie fürchtet, daß ihr Liebhaber davongeht, oder eine Ibsenheldin, weil sie ,sich selbst gehört'. Sie gehören alle sich selbst und sie sind alle unfruchtbar.«[8]

»Kinderreichtum« werde »etwas Provinziales«. Der kinderreiche Vater ist in Großstädten eine Karikatur. Auf dieser Stufe beginne

> »in allen Zivilisationen das mehrhundertjährige Stadium einer entsetzlichen Entvölkerung. Die ganze Pyramide des kulturfähigen Menschentums verschwindet. Sie wird von der Spitze herab abgebaut, zuerst die Weltstädte, dann die Provinzstädte, endlich das Land, das durch die (...) Landflucht seiner besten Bevölkerung eine Zeitlang das Leerwerden der Städte verzögert. Nur das primitive Blut bleibt zuletzt übrig.«[9]

Spenglers Geschichtsphilosophie geht davon aus, dass die zivilisierten Völker und »Rassen« bei ihrem Untergang durch ursprüngliche, naturnahe und »fruchtbare« Völker ersetzt und

---

[8] Spengler 1986: 681 – Hervorhebungen i.O.
[9] Spengler 1986: 681.

verdrängt werden.[10] Will ein Volk also nicht »Rassenselbst-mord«[11] begehen, muss es dieses Schicksal abwenden. In Spenglers »Untergang des Abendlands« ist immer ein aktivisti-sches Moment enthalten, durch das der fatale Prozess des Niedergangs aufhaltbar scheint. Dieses aktivistische Element hat er dann gerade mit Blick auf die »farbige Weltrevolution« – die als »Rassenkampf« gedeutete Dekolonialisierung – in einer späteren Schrift hervorgehoben. »Jahre der Entscheidung« er-schien 1933 und wurde von nationalsozialistischer Seite als Angriff und Kritik gewertet. Spengler betonte indes, dass es auf einen Vortrag aus dem Jahr 1929 zurück gehe und bereits Ende 1932 ausgearbeitet worden sei. In diesem Kontext formuliert er die Grundgedanken aus dem »Untergang des Abendlands« kompakter und auch aggressiver – nicht zuletzt mit Blick auf die antifeministische Komponente. Das »Weib von Rasse«, so Spengler, wolle nicht »Gefährtin« oder »Geliebte« sein, son-dern

> »Mutter, und nicht die Mutter *eines* Kindes als Spielzeug und Zeitvertreib, sondern vieler: Im Stolz auf den Kinderreichtum, im Gefühl, daß Unfruchtbarkeit der härteste Fluch ist, der ein Weib und durch sie das Geschlecht treffen kann, redet der Instinkt von starken Rassen«.[12]

Aber der »Verfall der weißen Familie« verzehre »die ‚Rasse' der Nationen«. Der »Sinn von Mann und Weib« gehe verloren, der »Wille zur Dauer«. Dies bezeichnet Spengler als »Selbst-mord der weißen Rasse«:

> »Man lebt nur noch für sich selbst, nicht für die Zukunft von Ge-schlechtern. Die Nation als Gesellschaft, ursprünglich das organi-sche Geflecht von Familien, droht sich (…) in eine Summe priva-

---

[10] Zur engen Verzahnung der Agitation gegen die Frauenemanzipation mit der Angst vor „Überfremdung" in den 1920ern vgl. Ferdinand 2011: 176f.
[11] Spengler 1986 verwendet diesen Begriff bspw. auf S. 683, wo er ihn Roo-sevelt zuschreibt.
[12] Spengler 1933: 158 – Hervorhebung i.O.

ter Atome aufzulösen, deren jedes aus seinem und dem fremden Leben die größtmögliche Menge von Vergnügen (…) ziehen will. Die Frauenemanzipation der Ibsenzeit will nicht die Freiheit vom Mann, sondern vom Kinde, von der Kinderlast, und die gleichzeitige Männeremanzipation die von den Pflichten für Familie, Volk und Staat.«[13]

Mitten in die schwere ökonomische und politische Krise des Jahres 1932 hinein erschien ein schmales populär gehaltenes *Kosmos*-Bändchen unter dem Titel »Volkstod?«. Der Verfasser, Reinhold Lotze, vermied scharfe antifeministische Attacken, doch ist der Einfluss Spenglers, den er auch zustimmend zitiert, bei der Beschreibung der »Rationalisierung des Geschlechtslebens und der Fortpflanzung«[14] unübersehbar. Lotze meint, was »früher der Auswirkung des Naturtriebes überlassen, was gottgeordnet und damit unantastbar«[15] gewesen sei, habe der Mensch jetzt seiner eigenen Entscheidung vorbehalten. Auch die

»Frau will von Bindungen früherer Zeit befreit sein; sie beansprucht für die Ausbildung und Betätigung ihrer Persönlichkeit ähnliche Rechte wie der Mann. Ihre Fortpflanzungsaufgabe tritt damit in der eigenen Wertschätzung von selbst in den Hintergrund. Bei manchen Frauen kann das zu einer völligen Verkümmerung der Muttergefühle führen«.[16]

Die Protagonisten des völkischen Rassismus bemühten sich systematisch um Anschluss an die wissenschaftlichen Debatten über Soziologie, Demographie, Anthropologie und Abstammungslehre, während umgekehrt die Paradigmen und theoretischen Ansätze der entsprechenden Disziplinen vielfach offen für rassistische Zuschreibungen sowie ein biologistisches bzw.

---

[13] Spengler 1933: 159.
[14] Lotze 1932: 36.
[15] Lotze 1932: 37.
[16] Lotze 1932: 38.

organizistisches Gesellschaftsverständnis waren.[17] Lotze bezog sich unter anderem auf das kurz zuvor, ebenfalls im Jahr 1932 veröffentlichte Buch »Volk ohne Jugend. Geburtenschwund und Überalterung des deutschen Volkskörpers. Ein Problem der Volkswirtschaft – der Sozialpolitik – der nationalen Zukunft« des Statistikers Friedrich Burgdörfer.[18] Angefüllt mit Statistiken, angereichert mit einem Anmerkungsapparat wissenschaftlicher Literatur und zugleich in höchstem Maße suggestiv, begründete er damit ein eigenes Sub-Genre, als dessen vorläufig letztes bekanntes Werk Thilo Sarrazins Streitschrift »Deutschland schafft sich ab« gelten kann. Für unseren Zusammenhang bezeichnend ist die Widmung Burgdörfers: »Meiner lieben Frau – der Mutter meiner Kinder«[19]. Frau und Kinder bleiben dabei namenlos, was zählt ist die Funktion als Mutter bzw. als »Jugend«, als Nachwuchs zur Regeneration des Volkskörpers. Ausführlich diskutiert der Autor verschiedene Facetten der Bevölkerungsentwicklung in Stadt und Land und entwirft dabei bis heute wirkmächtige »Grundformen« der Bevölkerungsstruktur einer Nation. Die »Pyramide« steht für ein junges wachsendes Volk, die »Glocke« für ein alterndes stationäres und die »Urne« für ein überaltertes, schrumpfendes Volk. Es ist keineswegs ein Zufall, dass diese letzte, angeblich ungünstigste Form der Bevölkerungsverteilung durch die Urne mit dem Tod verknüpft wird; Burgdörfer bezeichnet die drei Grundformen ausdrücklich als »Symbole des Altersaufbaus«.[20] Für diese schädlichen Tendenzen der Bevölkerungsentwicklung macht er eine Gemengelage von biologischen, sozialen, politischen und nicht zuletzt auch kulturellen (»seelischen«) Faktoren aus, wobei das heute so zentrale Thema der Einwanderung in den 1930ern wenig

---

[17] Vgl. u.a. Etzemüller 2007; Mackensen u.a. 2009; Overath 2011.
[18] Vgl. Burgdörfer 1932; zu Burgdörfer u.a.: Etzemüller 2007: 54ff; Ferdinand 2011: 177ff.
[19] Burgdörfer 1932: IV.
[20] Burgdörfer 1932: 113; vgl. Etzemüller 2007: 85ff.

relevant war.[21] Es ist bemerkenswert, dass er zumindest in dieser wirkungsreichen Schrift kaum frontale Angriffe auf die politische Frauenbewegung formuliert. Das »wirtschaftliche Denken und seine Herrschaft in der Fortpflanzungsfrage«, das als eine der »tieferen Ursachen des Geburtenrückgangs« identifiziert wird,[22] schreibt Burgdörfer nicht exklusiv dem Willen von Frauen zur Selbstverwirklichung zu, sondern hält es für eine allgemeine Tendenz der modernen Zivilisation. Indes gilt für Burgdörfers Buch weithin das, was Thomas Etzemüller allgemein für bedeutende Teile des zeitgenössischen Bevölkerungsdiskurses festgestellt hat:

> »Die Autoren der Texte zur Bevölkerungsfrage waren fast ausschließlich Männer, die Protagonisten des Bevölkerungsproblems fast ausschließlich Frauen [...] Letztlich hing die Geburtenraten für alle Autoren an der Fruchtbarkeit der Frau sowie an den Hindernissen, die ihnen das Gebären erschwerten. Zu diesen Hindernissen zählten Geld, Wohnung, Beruf und Moral, nicht aber die Männer. Letztlich blieb die Bevölkerungsfrage eine Krise der Frauen«.[23]

Das Fazit Burgdörfers fällt alarmistisch aus:

> »Unser Volk steht in Lebensgefahr [...] Hoffnung auf Rettung kann nur im sittlich-ernsten Willen zur Tat gefunden werden [...] Es handelt sich [...] um nichts mehr und nichts weniger als darum, dass die Familie als Trägerin, Bewahrerin und Erhalterin der Volkskraft und der Volksgesundheit mit allen Mitteln moralisch und materiell gefördert und gefestigt wird. Die Familie als die biologische und soziale Zelle des Volkes muß mehr als bisher in den Mittelpunkt aller Staatspolitik gerückt werden. Nicht was

---

[21] Burgdörfer widmete ihm einen kurzen Abschnitt im Kapitel über die volkswirtschaftlichen Auswirkungen von Schrumpfung und Alterung des Volkskörpers, wo er einen »Ausgleich durch volksfremde Arbeitskräfte« diskutiert und zurückweist, vgl. Burgdörfer 1932: 213ff.
[22] Burgdörfer 1932: 84f.
[23] Etzemüller 2007; 77f.

dem Einzelindividuum nützt, das [...] biologisch betrachtet immer eine Halbheit ist, sondern was der Familie als der wahren biologischen Einheit frommt, muß in allem richtung- und maßgebend sein«.[24]

Neben sozialpolitischen Maßnahmen setzt sich Burgdörfer dabei auch ein für eine

»Förderung der Bevölkerungsqualität durch eugenische Sicherungsmaßnahmen, insbesondere möglichste Ausschaltung der eugenisch minderwertigen Elemente [...] bei gleichzeitiger Förderung der Familienbildung und der Fortpflanzung unter den erbgesunden und erbtüchtigen Gliedern des Volkes«.[25]

So war Burgdörfer, dessen bevölkerungspolitische Argumentationsmuster bis heute bewusst oder unbewusst in der demographischen Debatte fortwirken, an den Vorbereitungen für ein »Gesetz zur Verhütung erbkranken Nachwuchses« beteiligt, das dann am 14. Juli 1933 verabschiedet wurde.

Denn »Degeneration« durch ungezügelte »Rassenmischung« oder eine »Vermehrung der Minderwertigen« wurde, wie angeblich untergegangene Völker der Weltgeschichte (»Römer«) zu beweisen schienen, als vordringlich zu lösendes bevölkerungspolitisches Problem betrachtet. Der »Volkstod«, oder der »biologische Verfall eines Kulturvolkes« komme aus verschiedenen Gründen zustande. Neben dem Geburtenrückgang geschehe dies durch die »Gegenauslese« (z.B. durch die Vermehrung der Falschen) oder »eine prozentuale Zunahme der Erbkranken und Asozialen«, sowie »durch Vermischung mit fremden Rassen und dadurch bedingte Entartung«, wie Arthur Gütt 1941 behauptete.[26]

In bestimmter Hinsicht kann der Nationalsozialismus als »biopolitische Entwicklungsdiktatur« (Schmuhl) verstanden

---

[24] Burgdörfer 1932: 428.
[25] Burgdörfer 1932: 429.
[26] Gütt 1941: 407.

werden, die auf dem Gebiet der Bevölkerungspolitik einerseits mit ausgrenzenden, vernichtenden Mitteln (Kampf gegen Schwangerschaftsabbrüche und Homosexualität; antisemitische Ehegesetzgebung; Krankenmord usw.) und andererseits mit gesundheitspolitischen Konzepten (»Volksgesundheit« als »Pflicht zur Gesundheit«, »Gesundheitsführung« etc.) und sozialpolitischen Anreizen, z.b. bei der Geburtenförderung, vorging. Der Totalitätsanspruch nationalsozialistischer Politik in diesen Fragen wurde offen formuliert. Es ging um »eine zielbewußte Bevölkerungs- und Rassenpolitik, die praktisch alle Gebiete der Politik, der Wirtschafts-, Sozial-, und Steuerpolitik durchdringen, ja beherrschen muß«, wie Burgdörfer 1934 formulierte.[27] Der Nationalsozialismus erhob seit 1933 tatsächlich die Gesundheits- und Bevölkerungspolitik zu einem seiner zentralen Politikfelder. Eilig wurde z.B. 1933 das bereits vorbereitete Sterilisationsgesetz erlassen und das Abtreibungsverbot verschärft. Freudig bilanzierte daher Burgdörfer nach dem ersten Jahr:

»Die nationalsozialistische Regierung hat mit der Machtergreifung sofort auch den Kampf gegen Volksnot und Volkstod begonnen und schon zeigen sich die ersten Früchte dieses Kampfes«.[28]

Auf den weiteren Verlauf der rassistischen Bevölkerungspolitik, ihre Verbindung mit einzelnen Verbrechenskomplexen des NS-Regimes und die sie während der NS-Zeit begleitende publizistische Debatte, können wir an dieser Stelle nicht weiter eingehen.

---

[27] Burgdörfer 1934: 50.
[28] Burgdörfer 1934: 79.

Vom Fortbestehen der Vorstellung vom »Volkstod« in der Nachkriegszeit

Nach dem Zusammenbruch des nationalsozialistischen Regimes setzte sich die Diskussion an den Rändern der Bevölkerungswissenschaft und innerhalb der verbliebenen Kreise der extremen Rechten fort. Allerdings lässt sich erkennen, dass die Intensität für einige Zeit nachließ. Während der 1950er war die deutsche Gesellschaft weder durch massenhafte Einwanderung von »Ausländern« bzw. »Fremden«, noch durch Geburtenrückgang geprägt – im Gegenteil. Darüber hinaus wurden medial und in der Alltagskultur tradierte Formen und Werte vermittelt. Die heteronormative Kleinfamilie, die nach dem Ernährermodell funktionierte, Frauen auf die Rolle als Hausfrau und Mutter festlegte und vom Arbeitsmarkt weitgehend ausschloss, war gesellschaftlich in dieser Zeit so dominant wie wohl zu keinem Zeitpunkt seit Beginn des Ersten Weltkrieges. Die Frauenbewegung der Zwischenkriegszeit war durch den Nationalsozialismus faktisch verdrängt sowie in ihrer Wirksamkeit stark begrenzt worden und von einer neuen Frauenbewegung war noch wenig zu erkennen. Für die gesamte nationalistische Rechte standen deutlich andere Themen im Vordergrund[29] und auch das im engeren Sinne extrem rechte Lager hielt zwar am Bild der Familie als kleinster, besonders förderungswürdiger Zelle des Volkskörpers fest, jedoch ohne darauf eine bedeutendere politische Agitation zu begründen. Das »Volkstod«-Motiv ließ sich in Zeiten des Babybooms schwer mobilisieren.

Erst in den 1960er Jahren wandelte sich dies. Wie auch in anderen politischen Fragen war es die Monatsschrift *Nation*

---

[29] Vgl. bspw. Wirsing 1956. Der einflussreiche nationalkonservative Publizist diskutierte das weltweite Bevölkerungswachstum v. a. vor dem Hintergrund des Systemkonflikts mit der Sowjetunion und der beginnenden Dekolonialisierung, sparte aber den »Volkstod«-Komplex weithin aus und mobilisierte keine antifeministischen Motive.

Europa, Leitmedium der extremen Rechten in der Nachkriegszeit[30], die frühzeitig das »Volkstod«-Szenario wiederbelebte. Der Herausgeber der Zeitschrift, Arthur Ehrhardt, publizierte 1959 unter der Überschrift »'Lebensborn' – oder ‚Volkstod'«[31] einige Dokumente zum Wirken des nationalsozialistischen Vereins *Lebensborn*, eingebettet in eine verherrlichende Würdigung des Schaffens dieser von der SS getragenen Organisation zur Förderung »erbgesunden« Nachwuchses. Zum Abschluss der Dokumentation fragte Ehrhardt, wie das Problem der unehelichen Mütter in der Gegenwart gelöst werden könne. In diesem Text zeigt sich beispielhaft die enge Verknüpfung rassistischer Grundmotive mit antisemitischen Verschwörungsmythen, die hinter dem Rückgang der Geburtenraten die planhafte Ausrottung des deutschen Volkes, ja der weißen »Rasse« insgesamt zu erkennen glaubten. Ehrhardt kritisierte eine vermeintliche Entkopplung von Sexualität und Fortpflanzung: Sexualität »in jeglicher Form« sei ein »Mittel der Massenbeschwichtigung« und

> »Grundlage ganzer Wirtschaftszweige [...] Ein Mädchen darf unbedenklich die sekundären Geschlechtsmerkmale dem Bandmaß sachkundiger Schiedsrichter stellen und sich in jugendfreien Kinovorstellungen Leitbilder einprägen lassen, die von Sexualität nur so triefen – aber Kinder kriegen nur die Dummen!«.[32]

Mit Blick auf die Debatte um eine Reform des Rechts zum Schwangerschaftsabbruch meinte Ehrhardt, dass die »Ausrottungspläne der Herren Morgenthau, Kaufmann usw. eben doch noch zur Vollendung kommen«.[33] Um die Schuldigen noch deutlicher als Juden zu markieren, baute er folgende Brücke:

> »Wer – seit dem Mord der Erstgeborenen zu Pharaos Zeiten – in Kulturperioden statt in Generationen zu denken gewohnt ist, für den spielt der Zeitaufwand keine Rolle«.

---

[30] Vgl. dazu: Botsch 2013.
[31] Vgl. Ehrhardt 1959.
[32] Ehrhardt 1959: 40.
[33] Ehrhardt 1959: 40f.

Geschätzte 500.000 Schwangerschaftsabbrüche pro Jahr addierte er zur Summe von 6,5 Millionen seit 1945 und schrieb mit deutlichem Bezug auf die NS-Vernichtungspolitik: »Nicht etwa erlogene Millionen, sondern grausige wirkliche: 6,5 Millionen wehrlose Opfer deutschen Blutes«.[34] Durch die Reformvorhaben, die von den »Helfern des Volkstodes betrieben« würden, sei die Gewähr geboten, dass

> »der verhaßte ‚Lebensborn‘ endgültig zum Versiegen gebracht wird – bei den nordischen Völkern! Die Farbigen aber mögen unzählige Millionenscharen hecken: Sie liefern brauchbarere ‚Bürger‘ des erstrebten Weltstaates [...] So sieht die Rechnung aus. Ob sie aufgeht, wird unsere Jugend entscheiden müssen.«[35]

Dies ist ein frühes Beispiel aus der bundesdeutschen extremen Rechten, in dem die Themen Sexualmoral und Schwangerschaftsabbruch so miteinander verknüpft werden, dass das Bild einer planvollen Vernichtung des »deutschen Volkes« und der »weißen Rasse« durch eine grundsätzlich böse fremde Macht – das Judentum – entsteht. Selbst die Frage der Migration ist mit Blick auf die »Farbigen« schon angesprochen. Ehrhardt gab damit eine Marschrichtung vor, die Jahrzehnte später weite Teile der extrem rechten Propaganda und Praxis beherrschen sollte. Um den Gedanken des »Volkstods« bzw. des »Volksmordes« ließen sich diverse Motive extrem rechter Ideologie gruppieren und aufeinander beziehen. Als Arthur Ehrhardt 1971 verstarb, geschah dies nach Darstellung der Redaktion von *Nation Europa* während dem Diktat einer Ansprache, die unter dem Titel »Die Idee wird siegen!« veröffentlicht wurde. Seine letzten Worte seien demnach die folgenden gewesen:

---

[34] Ehrhardt 1959: 41. Schon vorher relativierte Ehrhardt in diesem Artikel – wie auch an anderer Stelle – die Opfer der NS-Vernichtungspolitik gegen die Juden und sprach davon, die Abtreibungen würden »die auschweifendsten Millionenziffern der Auschwitzpropaganda« (S. 40) übertreffen.
[35] Ehrhardt 1959: 42.

»Wir haben jahrelang die Fortschritte der Überfremdung verzeichnet. Heute ist man bereit zum letzten Vollzug, zur Aus-
löschung des deutschen Volkes – buchstäblich zum Genozid!
Buchstäblich zur Austilgung unseres begabten, tüchtigen, fried-
liebenden, fleißigen Volkes, das durch einen noch leichter mani-
pulierbaren Brei ersetzt werden soll«.[36]

In seinem diese Rede ergänzenden »Aufruf zum Widerstand
gegen den Volkstod«, der ebenfalls Fragment geblieben ist und
der als sein politisches Vermächtnis gelten kann, hob er die
Verknüpfung von sinkender Geburtenrate, sexueller Libertin-
age, selbstbestimmten Lebensentwürfen junger Frauen, Einwanderung und einem vermeintlich absichtsvollen Genozid an
den Deutschen noch hervor. Da die »[b]iologische Austilgung
[...] irreparabel, endgültig«[37] sei, mache die beabsichtigte Um-
wandlung Deutschlands in ein Einwanderungsland, »letzten
verzweifelten Widerstand mit allen Mitteln zum dringenden
Gebot«.[38] Er sprach in diesem Zusammenhang nicht von be-
waffnetem Widerstand,[39] sondern von biopolitischen Aktionen,
die unmittelbar auf die Lebensentwürfe und die Körper von
Frauen zielten. In seiner Diktion war dies der »letzte, schwache,
aber immerhin praktikable Widerstand der verratenen deutschen
Familie«:[40]

Ein Leser hatte Ehrhardt davon in Kenntnis gesetzt, dass er
sein Erbe unter den Kindern auf eine Weise aufteilen wolle, die
die ersten geborenen Enkeln besonders begünstige. Damit habe
er »der Konsumwut ,verhinderter' junger Mütter zum Trotz«

---

[36] Ehrhardt 1971a: 7.
[37] Ehrhardt 1971b: 64.
[38] Ehrhardt 1971b: 65.
[39] Allerdings war Arthur Ehrhardt in die *Aktion Widerstand* einbezogen und
brachte 1970 als Märzheft von *Nation Europa* einen Faksimile-Druck des
1944 von ihm edierten Ausbildungshandbuchs »WERWOLF – Winke für
Jagdeinheiten«, den er u.a. mit Bauplänen für Molotow-Cocktails anreicherte.
[40] Ehrhardt 1971b: 65.

seinem Volk einen letzten Dienst erwiesen.[41] Ein anderer Leser, ein wohlhabender Kaufmann, habe folgende vorbildliche Erbschaftsregelung angekündigt:

> »Wenn seine reise- und sportfreudige Schwiegertochter innerhalb einer gewissen Frist seinem Großvaterwunsch entspricht, erhalten sie und der kleine Enkel schon nach der Geburt eine erhebliche Summe ausbezahlt. Versagt sie, weil sie ‚etwas vom Leben haben‘ will, so wird der Gesamtbetrag zur Förderung begabter deutscher Kinder aus Familien mit drei Kindern oder mehr verwendet. Solche Geldleute müsste es mehr geben!«[42]

Anders als ein Jahrzehnt zuvor, beschäftigte das »Volkstod«-Motiv inzwischen weitere Kreise der extremen Rechten in der Bundesrepublik. So konnte das *Jahrbuch Deutsche Annalen* des offen rechten *Druffel-Verlags* den Humangenetiker Heinrich Schade als Autor gewinnen. Schade hatte zu den jüngeren nationalsozialistischen Rassehygienikern und Eugenikern um Otmar Freiherr von Verschuer beziehungsweise des *Kaiser-Wilhelm-Institut für menschliche Erblehre und Eugenik* in Berlin gehört, doch seit den 1950ern die Gelegenheit gehabt, seine akademische Karriere fortzusetzen. Er leitete schließlich das *Institut für Humangenetik und Anthropologie an der Universität Düsseldorf*.[43] Kurz nach seiner Emeritierung schrieb er 1975 in den *Deutschen Annalen* über »Kulturtod« und »Volkstod«. In seinem Untergang des Abendlands habe Oswald Spengler »wesentliche Voraussagen für unsere Zivilisation« formuliert, die »bereits eingetroffen sind oder sich erkennbar anbahnen.« Schades dystopisches Zukunftsszenario umfasste unter anderem:

> »Die zunehmende Herrschaft des Geldes, das System der Großmächte mit aufkommendem Cäsarismus, der zur Gewaltpolitik

---

[41] Ehrhardt 1971b: 65.
[42] Ehrhardt 1971b: 65.
[43] Vgl. zur Biographie u.a.: Klee 2007: 522.

über die Geldherrschaft führt, der zunehmend primitive Charakter der politischen Formen und Zerfall der Nationen in eine formlose Bevölkerung, der zu späterer Zusammenfassung in primitive despotische Formen mit einem Ende von urmenschlichen Zuständen in einer hochzivilisierten Lebensgestaltung führen soll«.[44]

Den »ungewöhnlich raschen Gesamtablauf des Geburtenrückgangs in der Bundesrepublik Deutschland« erklärte Schade mit dem fehlenden nationalen »Identitätsbewußtsein«.[45] Eine Erörterung seiner »vielschichtigen Ursachen« war für Schade indes weithin gleichbedeutend mit einer Diskussion »Zur Situation der Frau«.[46] Das Thema »Emanzipation« ließ er dabei nicht aus:

> »Es bedeutet doch eine grobe Verkehrung der natürlichen Gegebenheiten, daß die Frau die Selbstverwirklichung nicht darin sieht, Mutter zu werden und zu sein. Sozial sein heißt doch, für andere sorgen zu wollen und damit vor allem für andere Kinder, mit anderen Worten, die Emanzipationsbestrebungen der Frau führen in hohem Maße zu antinatalistischen Motiven.«[47]

Als ein zentrales Problem der Bevölkerungspolitik erwies sich für Schade die »Hypothese von der Gleichheit aller Menschen«. Ihr stellt er das Postulat einer »Verschiedenheit der Geschlechter« entgegen.[48] Die »zurecht angestrebte Emanzipation« gehe einen falschen Weg, wenn sie sich an den »Verhaltensweisen des männlichen Geschlechts« orientiere:

> »Emanzipation kann nicht bedeuten, den Männern gleich zu sein, sie kann nur bedeuten, daß sich die Frau in ihrer Besonderheit mit allen ihren Möglichkeiten selbst verwirklichen kann«,

---

[44] Schade 1975: 7f.
[45] Schade 1975: 13.
[46] Schade 1975: 11.
[47] Schade 1975: 12.
[48] Schade 1980: 117.

schrieb Schade 1980 in auffallendem Kontrast zum Wortlaut seines fünf Jahre zuvor am selben Ort veröffentlichten Textes.

»Die Frauen müssen verstehen, daß von ihnen die formende Kraft ausgeht, mit der sie die Bildung und den Werdegang des Menschen [...] von Kind auf gestalten können«.[49]

Heinrich Schade zählte inzwischen zum Heidelberger Kreis, einer Gruppe deutscher Professoren die 1981 mit dem Heidelberger Manifest[50] eine zunehmend bedeutsame weitere Komponente dieses Angstszenarios mobilisierte: Den schrittweisen Wandel Deutschlands zu einem Land, in das mehr Menschen ein- als auswanderten. In einem dritten Beitrag Schades zum Thema aus dem Jahr 1982 nahmen »Ausländer«- bzw. »Fremdarbeiterpolitik« einen deutlich größeren Raum ein.[51] Aber auch die andere Seite blieb präsent: die demographische Entwicklung des »deutschen Volkes« vor dem Hintergrund des sozialen und kulturellen Wandels. Beides verdichtete sich in den Augen der extremen Rechten zu einem finsteren Syndrom kritischer Tendenzen, die in Richtung eines drohenden »Volkstods« wiesen: Eine seit 1965 wieder sinkende Geburtenrate auf Grund besserer Sexualaufklärung und neuer Verhütungsmethoden (»Pillenknick«) und Initiativen zur Entschärfung des Rechts zum Schwangerschaftsabbruch trafen auf eine neue Frauenbewegung, die sich im Rahmen der neuen sozialen Protestbewegungen im Laufe der 1970er lebhaft entwickelte und die Vertreter überkommender Geschlechterordnungen vor neue Herausforderungen stellten. Dies gilt insbesondere, als Bewegungen hinzu traten, die die Emanzipation von Lebensweisen forderten und beförderten, welche die heteronormative Kleinfamilie zu sprengen drohten: eine neue Schwulen- und Lesbenbewegung, neuartige Formen des gemeinschaftlichen Zusammenlebens in Wohngemeinschaften, Kommunen und Projekthäusern etc.

---

[49] Schade 1980: 118.
[50] Das Heidelberger Manifest 1981.
[51] Vgl. Schade 1982.

Zeitgleich entglitt die Deutungshoheit über Sexualität und Sexualmoral den konservativen Vertretern des bürgerlichen »Juste milieu«. Im Schatten einer Bewegung, die sexuelle Befreiung gefordert hatte, gedieh die Kommerzialisierung von Sexualität in Form einer neuen Porno-Industrie. Nicht auf Grund ihres menschenverachtenden Charakters, sondern weil sie den Geschlechtsakt von der Fortpflanzungsfunktion trennte, wurde sie von der völkischen Rechten vehement bekämpft. So begann etwa der spätere Rechtsterrorist Manfred Roeder seine politische Karriere im Rahmen einer gegen Pornographie gerichteten Initiative *Moralische Aufrüstung*, und auch seine 1971 gegründete *Deutsche Bürgerinitiative* diente explizit der »Erneuerung der Staats- und Sittenordnung«. 1980 verübte Roeders Gruppe Anschläge auf Asylbewerber mit zwei Todesopfern. Agitation und Aktionen gegen Pornographie und moralischen Verfall sowie gegen Migration gehörten ideologisch eng zusammen. Roeder und andere Neonazis bemühten sich zugleich darum, die Gründung kinderreicher Familien im Neonazi-Spektrum zu befördern und zu unterstützen. Dies galt insbesondere für die nationalistischen Jugendverbände, die bereits in den 1970er Jahren auf eine derartige »Biopolitik« setzten. So bezeichnete der Bundesführer des *Bundes Heimattreuer Jugend* (BHJ), Gernot Mörig, bereits 1977 »Volkserhaltung als Ziel« der Arbeit seines Verbands:

»Mit meiner Familie gehöre ich der nächst größeren biokulturellen Einheit an; dem Volk (...). Das Volk muß eine Willenskraft entwickeln, um die Erhaltung seiner Mitglieder zu gewährleisten (...). Um (...) selbst existieren zu können, gilt es, dieses, mein Volk, in seinem Kampf zu unterstützen, gilt es, für die Erhaltung meines Volkes zu kämpfen!«[52]

---

[52] Zit. nach Dudek/Jaschke 1984: Bd. 2, 221f.

Der „Volkstod" hat viele Gesichter

Ob Schwangerschaftsabbruch, Asyl, sexuelle Freizügigkeit oder Frauenemanzipation: Aus Sicht der extremen Rechten hat der »Volkstod« viele Gesichter. Grundsätzlich werden in der entsprechenden Publizistik verschiedene »Todsünden« ausgemacht, die den Bestand des deutschen Volkes nachhaltig bedrohen. Dies zeigt beispielsweise der Artikel »Hat unser Volk noch eine Zukunft«, den Wiebke Stelling, während des Nationalsozialismus aktiv im »Reichsarbeitsdienst für die weibliche Jugend« und in der Bundesrepublik Publizistin im extrem rechten Milieu, 1986 in *Nation Europa* veröffentlichte. Neben einer angeblichen Förderung der Abtreibung – womit regelmäßig die Entkriminalisierung des Schwangerschaftsabbruches fehlinterpretiert wird – käme es zur Auflösung »unserer Familie« als Folge der »Berufstätigkeit unserer Mütter«; linker Terror entstehe als Folge der antiautoritären Erziehung; zu konstatieren sei eine Zerstörung der Gesellschaft durch den Konsum von Drogen; und schließlich komme es zur »Unterwanderung des deutschen Volkes« durch Migration.[53] Die durch das schwindende deutsche Volk leergemachten Räume werden von den Migranten übernommen: »Gesunde Völker mit gebärwilligen Frauen« rücken nach.[54]

Dies verdeutlicht einmal mehr den rassistischen Kern des hier verwendeten Volksbegriffes. Auch im »Heidelberger Manifest« hieß es 1981:

> »Nur eigene Kinder sind die alleinige Grundlage der deutschen und europäischen Zukunft. Gegenüber der zur Erhaltung unseres Volkes notwendigen Zahl von Kindern werden jetzt jährlich kaum mehr als die Hälfte geboren.«[55]

---

[53] Zit. nach Butterwegge 2002: 169.
[54] Zit. nach Butterwegge 2002: 170.
[55] Das Heidelberger Manifest 1981: 30.

Gerade am Beispiel der häufig vorkommenden engen Verbindung der Begriffe »Überfremdung« und »Volkstod« hat Bernhard Pörksen in seiner Analyse extrem rechter Quellentexte hingewiesen, wie mit Schlagwörtern komplexe und komplizierte Sachverhalte (wie etwa Migration oder Geburtenrate) »auf eingängige Kürzel« reduziert und ideologisch zugespitzt werden können.[56]

Die einzelnen Bestandteile dieses Bildes werden seit Jahrzehnten in der extremen Rechten, aber auch in einer sich oft selbst als konservativ verstehenden Szene, etwa bei sogenannten *Lebensschützern*[57], in unterschiedlicher Gewichtung immer wieder mobilisiert und neu montiert bzw. unterschiedlich verknüpft.[58] Trotz aller Heterogenität dieser Szene, beruhen die Argumentationen gerade vieler *Lebensschützer*

> »auf einem zutiefst fundamentalistischen christlichen Weltbild und offenbaren in ihrem Kern irrationale, anti-aufklärerische, anti-moderne und vor allem auch antidemokratische Einstellungen«[59].

Oft werden explizit antifeministische Positionen mit der Vorstellung des kommenden Unterganges verbunden. So befand etwa die *Lebensschützer*-Gruppe *Europäische Ärzte Aktion* (EÄA) schon 1984, dass Deutschland »vor dem biologischen Tod« stehe. Der Titel der Broschüre, die dies prophezeit und gar die »Gefahr des ,kollektiven Selbstmordes' der zivilisierten westlichen Menschheit« heraufbeschwört, lautet: »Die Selbstzerstörung Europas mit Pille, Spirale, Sterilisation und Abtreibung«[60]. Insgesamt sei das Nicht-Handeln gegen den »Volkstod« auch in anderer Hinsicht symptomatisch:

---

[56] Pörksen 2000: 125.
[57] Vgl. zu den »Lebensschützern« u.a.: Frauen 1991; Familienplanungszentrum – BALANCE 2012; Sanders u.a. 2014.
[58] Ausführlich dazu: Achtelik in diesem Band.
[59] Sanders u.a. 2014: 94.
[60] Frauen 1991: 168.

»Der große Bevölkerungsschwund und die fehlenden Maßnahmen unserer Regierung zeigen einen Mangel an Selbstwertgefühl des Staates. Daher ist es notwendig, dass wir zu einem natürlichen Nationalgefühl zurückfinden, dass die Freude am Kind wieder geweckt wird, dass ein Kindersegen als Sinngebung und Pflichtgefühl gegenüber kommenden Generationen wieder eine Selbstverständlichkeit wird.«[61]

Eine besondere Verantwortung wird dabei dem negativen Wirken der »Frauenbewegung« oder »Emanzipation« zugeschrieben, wie beispielsweise ein neonazistisches Pamphlet aus den frühen 1990ern belegt:

»Die sogenannte Gleichberechtigung von Mann und Frau entfremdete die Frau ihrer wahren Aufgabe für die Familie. Geburtenrückgang als Folge einer liberalistischen Neueinschätzung weiblicher Daseinserfüllung geht einher mit einer propagierten Geschlechtslustbefriedigung ,ohne Folgen', also Kindern. Anstelle von Muttertum, dem Lebensquell allen Daseins, soll der ,moderne Mensch' sein Sinnstreben betäuben. Damit sackt die Frau zu dem herab, was die ,Feministinnen' unserer Tage den Männern der Vorgeneration feindselig vorwerfen: ,Lustobjekt des Mannes gewesen zu sein'.«[62]

In der NPD wurde neonazistisches Gedankengut im Laufe der 1990er und vor allem 2000er, mit der Öffnung der Partei für die Angehörigen verbotener oder erfolgloser neonazistischer Gruppierungen, immer präsenter. Heute konstatiert die NPD eine »BRD-Tradition der Tabuisierung bevölkerungspolitischer Maßnahmen«[63], beklagt »das weitgehende Fehlen von Handlungsempfehlungen zur Geburtenförderung«[64] und lobt explizit die »Bevölkerungspolitik des Dritten Reiches« als »eine reine Familienpolitik«, »die sich als außerordentlich erfolgreich er-

---

[61] Zitiert nach Butterwegge 2002: 170.
[62] Deutsche Grundsatzerklärung o.J.: 20.
[63] NPD Sachsen o.J.:22.
[64] Ebd.: 7.

wies«. Dies durch Kombination aus materieller Unterstützung und »nicht zuletzt durch Erhöhung der gesellschaftlichen Wertschätzung für Familie, Ehe und Kinder«.[65] Meist wird der Politik im extrem rechten Diskurs nicht nur vorgeworfen, die Bevölkerungspolitik aus falscher Rücksicht auf die Vergangenheit zu vernachlässigen, sondern man wittert eine gezielte Strategie der Vernichtung des »deutschen Volkes«, ja eine gezielte »Endlösung der deutschen Frage«. So schrieb etwa der heute innerhalb der extremen Rechten als Vordenker gefeierte Bevölkerungswissenschaftler Robert Hepp schon in den 1980er Jahren von den »Ausrottungsprogrammen(n)« und »Umvolkungspläne(n)«:

> »Der ‚Volkstod‘ in der Form wachsender Zuwanderung‘ ist die notwendige Folge des selbstmörderischen Geburtenrückgangs der Deutschen.«[66]

Der drohende Untergang des deutschen Volkes, der »Volkstod«, der »Rassetod« – all dies beschäftigt die extreme Rechte seit vielen Jahrzehnten, vielleicht schon seit einem Jahrhundert. Auch wenn die Intensität der Kampagnen dabei variiert und die Motive und Elemente unterschiedlich gewichtet werden, bleiben Grundtenor und -struktur gleich. Die Fortführung der Kampagne der extremen, der religiösen und der populistischen Rechten gegen Zuwanderung, »Gender-Wahn« und »Volkstod« ist auch für die Zukunft zu erwarten: biologistische und rassistische, aber auch explizit und aggressiv antifeministische Motive sind dabei ein zentraler Bestandteil der Argumentation.

---

[65] Ebd.: 8. Allerdings distanziert sich die NPD in diesem Text explizit von den Euthanasiemorden und der Sterilisation, denen sie abspricht, Teil der NS-Bevölkerungspolitik gewesen zu sein. (»immer nur Verbrechen gegen einzelne Individuen«).
[66] Hepp 1987: 483.

Literatur

Botsch, Gideon (2013): Nation Europa (seit 1951), in: Handbuch des Antisemitismus. Judenfeindschaft in Geschichte und Gegenwart. Hg. v. Wolfgang Benz. Band 6: Publikationen. Berlin, 473-475.

Burgdörfer, Friedrich (1932): Volk ohne Jugend. Geburtenschwund und Überalterung des deutschen Volkskörpers. Ein Problem der Volkswirtschaft – der Sozialpolitik – der nationalen Zukunft. Berlin-Grunewald.

Burgdörfer, Friedrich (1934): Bevölkerungsstatistik, Bevölkerungspolitik und Rassenhygiene. Tatsachen, Ausmaße, Auswirkungen des Geburtenrückgangs und die Mittel zu seiner Bekämpfung, in: Rüdin, Ernst (Hg.): Erblehre und Rassenhygiene im völkischen Staat. München, 49-90.

Butterwegge, Christoph (2002): Stirbt »das deutsche Volk« aus? – Wie die politische Mitte im Demografie-Diskurs nach rechts rückt, in: Ders. u.a.: Themen der Rechten – Themen der Mitte. Zuwanderung, demografischer Wandel und Nationalbewusstsein. Opladen 2002, 166-214.

Das Heidelberger Manifest (1981), in: Nation Europa 31 (1981), Heft 12, 29 f.

Deutsche Grundsatzerklärung (o. J.): Deutsche Grundsatzerklärung. Für Natur, Volk und Heimatland, o. O.

Dudek, Peter/Jaschke, Hans-Gerd (1984): Entstehung und Entwicklung des Rechtsextremismus in der Bundesrepublik. Zur Tradition einer besonderen politischen Kultur, 2 Bde. Opladen.

Ehrhardt, Arthur (1959) [unter der Abkürzung AE]: Lebensborn – oder »Volkstod«, in: Nation Europa 9, Heft 7, 35-42.

Ehrhardt, Arthur (1971a): Die Idee wird siegen! Die letzten Worte Arthur Ehrhardts, in: Nation Europa 21, Heft 6, 3-7.

Ehrhardt, Arthur (1971b): Aufruf zum Widerstand gegen den Volksmord. Unvollendete Gedankenskizzen, in: Nation Europa 21, Heft 6, 64-66.

Etzemüller, Thomas (2007): Ein ewigwährender Untergang. Der apokalyptische Bevölkerungsdiskurs im 20. Jahrhundert. Bielefeld.

Ferdinand, Ursula (2011): Das Gespenst des Geburtenrückgangs im (deutschen) ‚Denken über die Bevölkerung' im 20. Jahrhundert, in: Overath (Hg.) 2011, 163-184.

Familienplanungszentrum–BALANCE (Hg.) (2012): Die neue Radikalität der Abtreibungsgener_innen im (inter-)nationalen Raum. Ist die sexuelle Selbstbestimmung von Frauen heute in Gefahr? Neu-Ulm.

Frauen gegen den § 218 (Hg.) (1991): Vorsicht »Lebensschützer«. Die Macht der organisierten Abtreibungsgegner. Hamburg.

Graf, Jakob (1938): Vererbungslehre, Rassenkunde und Erbgesundheitspflege. Einführung nach methodischen Grundsätzen. München.

Gütt, Arthur (1941): Leibesübungen im Dienst der Rassenpflege [1936], in: Biologisches Quellen- und Lesebuch. Herausgegeben von Prof. Karl Lutz. München, 404-409.

Hepp, Robert (1987): Die Endlösung der Deutschen Frage. Grundlinien einer politischen Demographie der Bundesrepublik Deutschland. In: Willms, Bernard (Hg.) Handbuch zur Deutschen Nation. Band 2. Nationale Verantwortung und liberale Gesellschaft. Tübingen, 433-500.

Klee, Ernst (2007): Das Personenlexikon zum Dritten Reich, Frankfurt am Main.

Kopke, Christoph (2016): »Der III. Weg«. Personal, Inhalte und Auftreten einer neonazistischen Kleinpartei, in: Burschel, Friedrich (Hg.): Durchmarsch von rechts. Völkischer Aufbruch: Rassismus, Rechtspopulismus, rechter Terror. Berlin, S. 79-87.

Kopke, Christoph (2017): Verschwörungsmythen und Feindbilder in der AfD und in der neuen Protestbewegung von rechts. In: Neue Kriminalpolitik. Forum für Kriminalwissenschaften, Recht und Praxis 29 (2017), 49-61.

Lotze, R[einhold] (1932): Volkstod? Stuttgart.

Mackensen, Rainer / Reulecke, Jürgen / Ehmer, Josef (Hg.) (2009): Ursprünge, Arten und Folgen des Konstrukts »Bevölkerung« vor, im und nach dem »Dritten Reich«. Zur Geschichte der deutschen Bevölkerungswissenschaft, Wiesbaden.

NPD Sachsen (o.J.): Deutsche Zukunft statt Volkstod. Minderheitenvoten der NPD-Fraktion zum Bericht der Enquetekommission des Sächsischen Landtages »Demographische Entwicklung und ihre Auswirkung auf die Lebensbereiche der Menschen im Freistaat Sachsen sowie ihre Folgen für die politischen Handlungsfelder«. (=Beiträge zur sächsischen Landespolitik, 15) [Dresden].

Overath, Petra (Hg.) (2011): Die vergangene Zukunft Europas. Bevölkerungsforschung und -prognosen im 20. und 21. Jahrhundert. Köln/Weimar/Wien.

Pörksen, Bernhard (2000): Die Konstruktion von Feindbildern. Zum Sprachgebrauch in neonazistischen Medien. Wiesbaden: 2000.

Sanders, Eike / Jentsch, Ulli / Hansen, Felix (2014): »Deutschland treibt sich ab« Organisierter Lebensschutz, christlicher Fundamentalismus und Antifeminismus. Münster.

Schade, Heinrich (1975): Sind Kulturablauf und Volkstod schicksalhaft? Bevölkerungswissenschaftliche Erkenntnisse und Warnungen, in: Deutsche Annalen. Jahrbuch des Nationalgeschehens 4, 5–16.

Schade, Heinrich (1980): Aktuelle Aspekte der Bevölkerungspolitik in der Bundesrepublik Deutschland 1980, in: Deutsche Annalen. Jahrbuch des Nationalgeschehens 9, 112–122.

Schade, Heinrich (1982): Völker- und Kulturtod und die Lage in Deutschland. Gründe des Völkertodes. In: Deutsche Annalen. Jahrbuch des Nationalgeschehens 11, 151–169.

Spengler, Oswald (1986): Der Untergang des Abendlandes. Umrisse einer Morphologie der Weltgeschichte, München (8. Aufl., ungekürzte Ausgabe der Erstaufl. v. 1923).

Spengler, Oswald (1933): Jahre der Entscheidung. Erster Teil: Deutschland und die weltgeschichtliche Entwicklung, München.

Wagner, Bernd / Wichmann, Fabian / Krause, Ulrike (2011): Volkstod und Unsterblichkeit. Moderner Rechtsextremismus in Südbrandenburg – Agitation, Erscheinungsbild und Kontinuität. Berlin.

Wirsing, Giselher (1956): Die Menschenlawine. Der Bevölkerungs-
zuwachs als weltpolitisches Problem. Stuttgart.

Kevin Culina

Verschwörungsdenken, Antifeminismus, Antisemitismus.
Die Zeitschrift *Compact* als antifeministisches Diskursorgan[1]

»Heute hat man Bock auf hetero, morgen hat man Bock auf homo, übermorgen hat man Bock auf Sado-Maso. Und im nächsten Jahr ist es das Schaf von hinten.« Diese Worte sprach Jürgen Elsässer im November 2014 auf der Demonstration der *Besorgten Eltern* in Dresden. Der Chefredakteur der Monatszeitschrift *Compact. Magazin für Souveränität* bezog sich auf seine Definition des »Gender Mainstreams«. Für ihn und die *Compact* steckt dahinter eine lang geplante Strategie einer mächtigen »Elite« zur Zerstörung vermeintlich natürlicher Grundsätze der Gesellschaft.

Wie in diesem Beitrag gezeigt wird, spielen antifeministische Diskurse in der *Compact* seit ihrer Erstausgabe im Dezember 2010 eine Rolle. Nach einem Überblick über die Zeitschrift, ihre Inhalte und politisch-organisatorischen Kontakte, erläutere ich beispielhaft die verschiedenen Erscheinungsformen antifeministischen Denkens, welche primär in sechs Stränge aufzuteilen sind: die Agitation gegen eine vermeintliche »Frühsexuali-

---

[1] Dieser Beitrag entstand im Rahmen eines größeren Projektes zum Antisemitismus in der *Compact* mit Jonas Fedders, siehe hierfür Culina/Fedders 2016. Für kritische Anmerkungen und Unterstützung danke ich Alice Blum, Jonas Fedders, Kerstin Lindner, Joel Schmidt sowie den Herausgeber_innen dieses Bandes.

sierung« und der damit verbundene »Anti-Genderismus«; ein naturalisierender Familienbegriff und Homosexuellenfeindlichkeit; Rassismus und Geschlechterkonstruktionen; ein anti-amerikanischer Kulturbegriff und diesbezügliche Ressentiments; die Behauptung einer Herrschaft durch „Political Correctness" sowie die positive Bezugnahme auf den russischen Staat und dessen Gesetzgebung.

Für einen möglichst großen Überblick wird nah an Textstellen gearbeitet, um aufzuzeigen, wie der Antisemitismus als Welterklärungsmuster dient und sämtliche Erscheinungsformen des Antifeminismus verbindet. Abschließend wird diskutiert, welche Rolle die Zeitschrift damit in der deutschsprachigen antifeministischen Szene einnimmt. Für diesen Beitrag wurden sämtliche Ausgaben des monatlich erscheinenden Magazins von ihrer Ersterscheinung im Dezember 2010 bis Anfang 2015 analysiert.[2]

Die Zeitschrift *Compact* – eine Einführung

Bei dem Monatsmagazin *Compact. Magazin für Souveränität* handelt es sich um die größte Publikation im Bereich der Verschwörungstheorien. Bisher wurde die Zeitschrift medial vor allem wegen ihrer Nähe zu den völkisch-rassistischen Protesten der *Patriotischen Europäer gegen die Islamisierung des Abendlandes* (PEGIDA) und wegen der juristischen Auseinandersetzungen der Publizistin Jutta Ditfurth mit Jürgen Elsässer thema-

---

[2] Compact (2010ff.): Compact. Magazin für Souveränität, verschiedene Jahrgänge und Ausgaben; Zitate aus der Compact werden in folgendem Format belegt: Ausgabe/Erscheinungsjahr, Seite.

tisiert[3] (vgl. Fedders 2015) und häufig als »neurechts« bezeichnet[4]. Doch das wird der Zeitschrift inhaltlich nicht gerecht: Zwar spielt sie in der Bewegung um PEGIDA und weiteren geflüchtetenfeindlichen Protesten eine spürbare Rolle und ihre Plakate sind überall in der BRD auf entsprechenden Demonstrationen zu sehen. Doch wirken ihre Autor/innen darüber hinaus auch in als links geltende Proteste hinein, wie die der Friedensbewegung nahestehenden *Mahnwachen für den Frieden*. Hier zeigt sich ein zentrales politisches Konzept des Magazins: das Abzielen auf eine Querfront, also ein Bündnis, das sowohl Linke als auch Rechte unter Rückgriff auf die vermeintlich geteilte Zugehörigkeit zum »Volk« zusammenführen möchte. Zu diesem Zweck werden sämtliche rassistische und sexistische Herrschaftsverhältnisse und Klassenspaltungen ignoriert. Verbindungen in verschiedene reaktionäre Proteste der vergangenen Jahre – von den verschwörungsideologischen *Mahnwachen für den Frieden*[5] über *PEGIDA*[6] und die *Hooligans gegen*

---

[3] Die Publizistin Jutta Ditfurth nannte Jürgen Elsässer in einem Interview mit dem TV-Sender *3sat* am 16. April 2014 einen »glühenden Antisemiten«. Elsässer erwirkte vor dem Landgericht München I eine Unterlassung der Aussage, die vom Oberlandesgericht München später bestätigt wurde. Besonders bemerkenswert hieran ist die unzeitgemäße und unzureichende Definition des Antisemitismus seitens des OLG München, demnach als Antisemit »im allgemeinen Sprachgebrauch ein Feind oder Gegner des Judentums und der von ihm ausgehenden Wirkung verstanden« würde (vgl. http://www.juttaditfurth.de/dl/dl.pdfa?download=Elsaesser-gegen-Ditfurth-OLG-HWB-20150 728.pdf, Abruf: 23.10.2016)). Ditfurths Anwälte legten anschließend Verfassungsbeschwerde ein, die derzeit (Stand: September 2016) noch nicht verhandelt wurde.
[4] Vgl. Litschko, Konrad / Speit, Andreas (2015): Die Anheizer, taz v. 30.10.2015; Lang, Jürgen P. (2016): Wahre Märchen, BR.de v. 23.04.2016.
[5] *Compact*-Chefredakteur Jürgen Elsässer trat hier mehrfach als Redner auf (vgl. https://www.youtube.com/watch?v=-a8YA7aj0DU, Abruf: 23.10.2016).
[6] Nachdem Elsässer zuerst die Nähe zum extrem rechten PEGIDA-Ableger in Leipzig (LEGIDA) suchte und dort als Redner auftrat (vgl. https://www.youtube.com/watch?v=AmUl-1z7Wb0, Abruf: 23.10.2016), sprach er ab August 2015 mehrfach bei PEGIDA in Dresden (vgl. https://www.youtube.com/watch?v=iWVumBlbE6A, Abruf: 23.10.2016).

Salafisten (Hogesa)[7] bis hin zu den *Besorgten Eltern* – unterstreichen die Relevanz ebenso, wie die Kontakte in politische Organisationen, wie zum neurechten *Institut für Staatspolitik*[8], der *Identitären Bewegung*[9] sowie der Partei *Alternative für Deutschland* (AfD)[10]. In der Zeitschrift schreiben regelmäßig Bestseller-Autor/innen – wie der verschwörungsideologische Autor Ger-hard Wisnewski. Es erscheinen Interviews u.a. mit dem SPD-Politiker Thilo Sarrazin[11] oder positive Bezüge auf umstrittene Äußerungen und Persönlichkeiten, auch über politische Lager hinweg.[12]

Die Compact verbindet verschiedene reaktionäre Diskurse, die in Teilen der linken Friedensbewegung bis hin zur extremen Rechten geführt werden, und kann damit als das zentrale Diskursorgan gegenwärtiger Querfront-Politiken im deutschsprachigen Raum bezeichnet werden. Mit einer von ihr verkündeten Auflage von 80.000 im Februar 2016 sowie einem großen publizistischen Netzwerk[13] nimmt die Zeitschrift eine zentrale Rolle

---

[7] *Compact* bejubelte die Proteste der *Hooligans gegen Salafisten* und thematisierte politische und strategische Fragestellungen des Bündnisses unter anderem in einer Titelstory (12/2014, 11ff.).

[8] Götz Kubitschek, einer der Gründer des neurechten ‚Instituts für Staatspolitik‘, spricht regelmäßig auf *Compact*-Veranstaltungen und -konferenzen (bspw. 2015 in Berlin).

[9] In der *Compact* wurde die *Identitäre Bewegung* (IB) als »neue Protestjugend« gelobt und in einem Dossier diskutiert (09/2016). IB-Sprecher Martin Sellner wurde u.a. zu einem Vortrag mit dem Titel »Die Identitäre Bewegung stellt sich vor« nach Berlin eingeladen (vgl. https://www.youtube.com /watch?v=SHZwIGoGvJ0, Abruf: 23.10.2016).

[10] Verschiedenste AfD-Funktionäre, wie Alexander Gauland, Björn Höcke, Frauke Petry und Bernd Lucke, wurden schon in der Zeitschrift interviewt. Compact diskutiert regelmäßig politische oder strategische Fragestellungen der Partei und begleitete ihre Wahlparties bereits mit *Compact TV*-Live-Veranstaltungen, in denen AfD-Politiker auftraten.

[11] 09/2013, 35ff.

[12] Plakativ hierfür dürfte, neben wiederholten positiven Texten zu Politiker_innen der AfD oder der *Linkspartei*, die sogenannte »*Compact*-Regierungsalternative« sein. Hier schlug die Zeitschrift ein alternatives Kabinett vor, u.a. mit Bernd Lucke (AfD), Thilo Sarrazin (SPD), Sahra Wagenknecht und Oskar Lafontaine (beide Die LINKE) vor (9/2013, 14f.).

[13] Vgl. hierzu kritisch Storz 2015.

im Bereich sogenannter »alternativer Medien« ein: Sie veranstaltet regelmäßige große Konferenzen, lädt zu Diskussionsveranstaltungen ein und betreibt den Internet-Sender *Compact TV*. Zentrale politische und strategische Fragestellungen werden hier mit verschiedenen Akteur/innen vor allem des verschwörungsideologischen Spektrums oder Teilen der (extremen) Rechten diskutiert. Beispiele aus den letzten Jahren sind eine vermutete Verschwörung hinter den islamistischen Anschlägen vom 11. September 2001, die Möglichkeiten einer »Neuen Friedensbewegung« mit Russland oder aktuell die Organisierung einer großen Protestbewegung gegen die Asylpolitik der deutschen Bundesregierung.

In der Zeitschrift dominierten zu Beginn vor allem antiamerikanische und antiisraelische Texte, während diese im Zuge der Debatte um Zuwanderung und Asyl weniger wurden und 2016 vor allem rassistische Hetze gegen Asylsuchende dominiert. Eine verschwörungstheoretische Interpretation jeglicher politischer oder gesellschaftlicher Entwicklungen, dadurch vor allem mit antisemitischer Konnotation, stellt den ideologischen Rahmen. Das sexistische Geschlechterbild, homosexuellen- und transfeindliche Texte und eine Agitation gegen feministische Politik offenbaren sich in der *Compact* immer wieder, Artikel von verschiedenen Akteur/innen antifeministischer Netzwerke und Gruppen erschienen über alle Erscheinungsjahre hinweg.

Personell und inhaltlich ist die Zeitschrift vor allem durch ihren Gründer und Chefredakteur Jürgen Elsässer geprägt. Dieser war jahrelang Aktivist in der radikalen Linken und schrieb für verschiedenste linke Zeitschriften. Er publizierte mehrere Bücher, u.a. zum Fortleben des Antisemitismus in der Bundesrepublik[14], über die extrem rechte Partei DVU[15] oder linke Debattenbeiträge mit der *Linkspartei*-Politikerin Sahra Wagenk-

---

[14] Elsässer, Jürgen (1992): Antisemitismus. Das alte Gesicht des neuen Deutschland, Berlin: Dietz Verlag.
[15] Elsässer, Jürgen (1998): Braunbuch DVU. Eine deutsche Arbeiterpartei und ihre Freunde, Hamburg: konkret Verlag.

necht[16]. Auffällig ist, dass er in seinem politischen Werdegang viele verschiedene, sich teils widersprechende linke Spektren durchlief. Heute greifen er und sein Magazin ebenfalls auf verschiedene Theoriefragmente und politische Fragestellungen zurück, die in ihren antiamerikanischen, antizionistischen und antiimperialistischen Teilen vor allem in der Rechten, aber auch in Teilen der Linken diskutiert werden.

Erscheinungsformen und Argumentationsweisen antifeministischen Denkens in der Compact

Gerade im antifeministischen Diskurs der Zeitschrift verbinden sich diskursiv verschiedene Feindbildkonstruktionen: Die *Compact* konstruiert einen vermeintlichen »Feminismus«, der als strategische Kampagne und übergeordneter Begriff für sämtliches Abrücken von einer heteronormativen Vorstellung von Gesellschaft und Geschlecht behauptet wird. Ungreifbare Mächte und elitäre Zirkel, die in strukturell antisemitischer Logik als eine Form der geheimen Weltregierung halluziniert werden, würden diese Strategie zur Zerstörung vermeintlich natürlicher Grundlagen der Gesellschaft vorantreiben. Ein reaktionär-konservatives Verständnis von Geschlecht und Sexualität zu einer fundamentalen Diskriminierung und Leugnung von sexueller und geschlechtlicher Identität, die nicht heterosexistischen Modellen entsprechen. Aus einer patriarchalen Ordnung der Geschlechter heraus werden rassistische Abwertungsmechanismen mit verschwörungsideologischen Krisenszenarien verbunden und erscheinen in globalen politischen Kämpfen, die eine existenzielle Bedrohung für vermeintlich natürliches Leben in Heterosexualität, Ehe, Nation und Volk bedeuteten. Im Folgenden werden verschiedene, zentrale Argumentationsstränge

---

[16] Wagenknecht, Sahra / Elsässer, Jürgen (1996): Vorwärts und vergessen? Ein Streit um Marx, Lenin, Ulbricht und die verzweifelte Aktualität des Kommunismus, Hamburg: konkret Verlag.

aus der Compact, in denen sich sexistisches und antifeministisches Denken artikuliert, aufgezeigt und kontextualisiert, um anschließend den übergeordneten Diskursrahmen darzulegen.

Genormte Sexualität und heterosexistischer Familienbegriff

Heterosexualität und die konservative Definition von Familie und Ehe werden in der *Compact* als die natürliche und für die Gesellschaft notwendige Form des Zusammenlebens dargestellt. Sowohl sexuelle Abweichungen von dieser Norm, als auch moderne Formen der Erziehung und Partner_innenschaft werden als widernatürlich diskriminiert und pathologisiert.

Beispielhaft hierfür sind die Texte zu Gesetzesänderungen im Bereich der Bildungspolitik, die auf die Abbildung und Akzeptanz sexueller und geschlechtlicher Vielfalt im Schulunterricht hinwirken sollen und in den letzten Jahren verstärkt diskutiert wurden. In der Zeitschrift wurde über lange Zeit gegen die Pläne angeschrieben; der Auftritt Elsässers bei den *Besorgten Eltern* war hierbei der vorläufige Höhepunkt. Dieses Ereignis nimmt durch das Zugehen auf ein neues politisches Spektrum eine bemerkenswerte Rolle in der politisch-praktischen Agitation der *Compact*-Akteure ein. Die zeitgemäße Reform der Bildungspläne wurde in der Zeitschrift als Angriff auf ein geschütztes Aufwachsen von Kindern gesehen. Damit einher gehe eine Gefahr für die eine Gesellschaft konstituierenden Werte und Normen. »Gender Mainstream in der Schule« würde zu einer »Aufhebung aller sittlichen Normen«[17] führen. Die Auswirkungen scheinen indes klar:

> »Alle Zerfallsformen der Familie werden bereits in Bilderbüchern als gleichwertig dargestellt. Homosexualität wird als normale Option angeboten. Dabei kommen immer aggressivere Techniken der irreversiblen Prägung der Kinder und Jugendli-

---

[17] 02/2014, 42.

chen zum Einsatz, welche die Zerstörung des Schamgefühls, die Aktivierung sexueller Begierden ab dem Kleinkindalter und die Blockierung des Gewissens bewirken. [...] Der grassierende sexuelle Missbrauch von Kindern durch Erwachsene und zunehmend auch durch Jugendliche zeigt, dass diese letzte Norm in einer hypersexualisierten Gesellschaft nicht eingehalten werden kann«.[18]

Die Darstellung von Homosexualität als gleichwertige Sexualität wird als ein Schritt zur Verunsicherung fundamentaler Strukturen in der Gesellschaft und des Individuums umgedeutet. Die Gleichsetzung einer Liberalisierung sexueller und geschlechtlicher Lebensformen mit Pädophilie ist in homosexuellenfeindlichen Diskursen üblich und zeigt das biologistische Verständnis von Sexualität, das Heterosexualität als Norm setzt und eng mit der Fortpflanzung als primäres Ziel sexueller Kontakte verknüpft. Eine Auflösung dieser vermeintlich klaren Verhältnisse wird in der *Compact* symbolisch mit dem Verlust sämtlicher (eigener) normativer Werte gleichgesetzt. Die heterosexuelle Familie und Ehe wird als natürliche Form des Zusammenlebens behauptet, dem gegenüber stünde die homosexuelle Ehe als »Modell politischen Ungeistes«; angetrieben durch einen »ideologisch inspirierten Heile-Welt-Wahn« würde sie in »heillose Zustände« führen.[19] Gründe dafür werden auch hier in einer behaupteten natürlichen Geschlechterordnung gesehen:

> »Die Befürworter der Homosexuellen-Ehe reklamieren die Gleichstellung mit der traditionellen Familie. Aber Ehe und Fortpflanzung sind nicht zu trennen, solange die Menschen ihre Kinder nicht im Reagenzglas züchten wollen – und deswegen ist die Verbindung zwischen Mann und Frau einzigartig«.[20]

Homosexuellen Paaren wird mit dieser Begründung die Selbstbezeichnung als »Familie« oder das Zusammenleben in einer

---

[18] Ebd.
[19] 08/2013, 57.
[20] 10/2013, 54.

Ehe durch Rückgriff auf biologistische Kategorisierungen gänzlich abgesprochen, denn diese könnten das oberste Ziel – die Zeugung von Kindern – nicht erfüllen. Das Ergebnis eines solchen Eingriffs in gesellschaftliche Ordnungen – hier am Beispiel der Ehe für gleichgeschlechtliche Paare, an anderer Stelle durch Gleichstellung im Schulunterricht – wäre die Legalisierung aller vorstellbaren sexuellen Neigungen:

>>Gleichstellung für alle?! Das heißt: Keine Art von sexueller Präferenz und Aktivität darf mehr diskriminiert werden: Pädophilie, Inzest, Polyamorie, Zoophilie«.[21]

Diese Behauptung wird an einigen Stellen wiederholt und offenbart das Geschlechter- und Sexualbild der *Compact*: Jedwedes Abweichen von der vermeintlich natürlich begründeten Form der Sexualität birgt die Gefahr des sexuellen Missbrauchs von Kindern, Familienmitgliedern oder sogar Tieren. Homosexualität wird hierbei ebenso als abweichend bezeichnet, wie polyamore Beziehungen, und mit Pädophilie oder Zoophilie gleichgestellt. Dahinter wird ein »kulturelle[r] Krieg« gegen die »christlich geprägte europäische Kultur«[22] und ihre angeblichen Fundamente – Familie und Monogamie – vermutet, der bewusst an der Jugend geführt würde.[23] Ziel sei ein Zurückdrängen des Männlichen als konstituierender und festigender Teil der Gesellschaft:

>>So wird eine Generation von Softies herangezüchtet, die keine echte Frau mehr im reizvollen Spiel mit der Unterwerfung verführen können sondern sich im Internet ihren Kick holen und sich entweder zu Tode onanieren oder, im Extremfall, über ein wehrloses Kind herfallen« (03/2013, 16).

---

[21] 10/2013, 56.
[22] 02/2014, 42.
[23] Behauptet wird, die Einwanderung muslimischer Asylsuchender sei Teil dieses gezielten Vorgehens gegen eine vermeintlich natürliche christliche Kultur in Deutschland und Europa und es finde der »große Volksaustausch« statt (10/2015, 11).

Auch Geschlecht und damit verbundenc Verhaltensweisen würden durch die Natur festgelegt: Der Mann wird dabei als stark und kontrolliert triebhaft dargestellt. Dessen vermeintlich natürliche Attribute, wie Stärke oder eben sexueller Trieb, würden in der Gesellschaft als Teil einer Strategie, eines »Generationskrieges«, zurückgedrängt.[24] Davon betroffen sei nicht nur das Männliche, sondern die Gesellschaft an sich werde in eine tiefe Krise getrieben, denn ihr Fortbestehen würde dadurch infrage gestellt. Das Männliche wird demnach als die Basis gesellschaftlichen (Fort-)Lebens stilisiert, der Feminismus als »unversöhnlicher Feind der Familie« behauptet.[25] Das Leben in einer heterosexuellen Familie erscheint hierbei als revolutionärer Akt gegen die vermeintlichen Auswüchse modernen, westlichen Lebens und ist auch über die völkische Ideologie der *Compact* zu verstehen. Die eigene »Natürlichkeit« wird einer »künstlichen Moderne« gegenübergestellt und als Lösung für die Krisenhaftigkeit des Kapitalismus behauptet:

> »In einer Welt, in der heraufziehende Finanzkatastrophen und drohende Bürgerkriege Leben und Überleben wieder als existentielles Problem bewusst machen, wo die staatlichen Sozialsysteme die Einzelwesen im Regen stehen lassen und die Traumwelt der Yuppies, Gutmenschen, Singles-aus-Prinzip und auch der Gay Community wie ein Kartenhaus zusammenbricht, wird die Familie als Schutzzone, als Widerstandszelle, als Versicherung auf Gegenseitigkeit wieder aktuell und existenziell wichtig«.[26]

Durch eine (zynisch kommentierte) Nennung und Vermengung einiger Beziehungsformen als Beispiele für die als gefährlich betrachtete Individualisierung in der Gesellschaft, soll hier der gesellschaftliche Wert der traditionellen, heterosexuellen Familie betont werden. Krisen des Kapitalismus – hier in für die *Compact* üblicher Manier auf den Finanzmarkt verkürzt – oder

---

[24] 12/2011, 43.
[25] Ebd.
[26] 12/2011, 39.

Bürgerkriegen sei nur durch eine natürlich begründete und auf heterosexuellen Paarbeziehungen fußenden Bevölkerung zu begegnen. Eine Liberalisierung unter anderem von sexuellen und geschlechtlichen Lebensmodellen würde eine Schwächung des Eigenen bedeuten, weswegen das Leben in einem konservativen Familienmodell zu einem revolutionären, existentiell notwendigen Akt stilisiert und als Natürliches der Widernatürlichkeit moderner Gesellschaften gegenübergestellt wird.

Rassismus und Geschlechterkonstruktionen

Im Kontext der Debatte um die sexualisierte Gewalt gegenüber Frauen durch nicht-deutsche Männer in der Kölner Silvesternacht 2015 fühlte die *Compact* sich in ihren »Warnungen« vor »Merkels Invasoren« und »Asylforderern« bestätigt. Mit rassistischen Verallgemeinerungen und Kulturbildern zeichnet die Zeitschrift das Bild einer fundamentalen Bedrohung des deutschen »Volkes« durch vermeintlich unkontrollierte Zuwanderung.[27] Auch hierbei spielen Konstruktionen von Geschlecht und Sexualität eine zentrale Rolle: den zugewanderten Männern wird ein ungehemmter und unzivilisierter Sexualtrieb unterstellt, den sie als »orientalische Gangbang-Rudel«[28] gegen deutsche Frauen anwenden würden, ebenfalls als Kriegsstrategie:

> »Der Einmarsch von weit über einer Million Neusiedlern im vergangenen Jahr – großteils Männer im Hormonüberschussalter – hat die ohnedies angespannte Lage eskalieren lassen. Als Erstes trifft es die Schwächsten: die Frauen. Was sich in der Kölner

---

[27] Diskurse über eine vermeintlich drohende »Islamisierung« und die rassistische Interpretation der Kölner Silvesternacht als Angriff auf »die deutsche Frau«, stellvertretend für die deutsche Kultur, finden sich in bürgerlichen Medien in der Bundesrepublik vielerorts, genannt sei hier das rassistische Cover des *Focus*, auf dem eine weiße Frau mit schwarzen Handabdrücken abgebildet ist. Die Argumentationsweisen der *Compact* tauchen in ähnlicher oder nahezu identischer Form auch in der vermeintlichen »Mitte« auf – und sollten deshalb keinesfalls als politisches Randphänomen verhandelt werden.
[28] 02/2016, 12.

Sylvesternacht [sic] [...] abgespielt hat, war der Einsatz von sexueller Gewalt zur Demütigung des weiblichen Teils der einheimischen Bevölkerung – eine typische Taktik bei der Landnahme durch ausländische Mächte. Die Invasoren demonstrieren: Wir sind die neuen Machthaber, Eure Frauen gehören uns, Eure Gesetze kümmern uns nicht«.[29]

Der schwächste Teil der (entsprechend patriarchalen) Gesellschaft – die Frau – würde angegriffen werden; befürchtet wird dies als einer der ersten Schritte eines Bürgerkriegs und eines gezielten »Austausch der Bevölkerung«.[30] Die Compact erweist sich hierbei als männlich-patriarchales Projekt, in dem sie die Frau zu einer Randgruppe in der Gesellschaft macht und die sexualisierte Gewalt ihnen gegenüber als Schritt geopolitischer Strategien bezeichnet. Frauen werden hierbei objektiviert und dem Mann als Zentrum und Repräsentant der Gesellschaft untergeordnet. Um eine Bevölkerung zu kontrollieren, so die Argumentation, müsse zuerst der »schwache« Teil attackiert werden, um im Folgenden zum männlichen Kern der Gesellschaft vordringen zu können.

Antiamerikanismus

Die meisten kulturellen und politischen Erscheinungen, die in der Zeitschrift ablehnend erwähnt werden, schreibt die *Compact* einer vermuteten »Amerikanisierung« der deutschen Gesellschaft zu. Die deutsche Regierung wird als »alliierte Schattenregierung«[31] bezeichnet. Es handele sich bei ihr um eine »Vasallen-Regierung [...] im Dienste der amerikanischen Globalisten«.[32]

---

[29] Elsässer, Jürgen (2016): Köln: Merkels Invasoren machen Jagd auf Frauen, https://juergenelsaesser.wordpress.com/2016/01/06/koeln-merkels-invasoren-machen-jagd-auf-frauen/ (Abruf: 02.06.2016).
[30] 03/2016, 48.
[31] Sonderausgabe Nr. 6, 17.
[32] 10/2012, 3.

Darüber hinaus wird auf Zuschreibungen und Kulturbilder zurückgegriffen, die für den Antiamerikanismus konstituierend sind. Diese »dualistischen Gegenbegriffe des Antiamerikanismus« (Jaecker 2014, 267) funktionieren stets nach einer dichotomen Aufteilung, wobei der deutschen oder europäischen Kultur das jeweils positiv konnotierte Attribut, den USA das negative zugeordnet wird, beispielsweise: »Profitgierig – bescheiden«, »wurzellos – gewachsen« oder »gleichmacherisch – identitär« (ebd., 265ff.). Gesellschaftliche Veränderungen und Modernisierungsprozesse werden den USA zugeschrieben und abgewertet, da sie der ideologischen Vorstellung einer natürlichen Ordnung widersprechen würden. Gender-Theorien gelten in diesem Kontext vor allem als US-amerikanische Theorien und werden als Strategie zur »Umformung« der europäischen oder deutschen Bevölkerung konstruiert. So wird die feministische Wissenschaftlerin Donna Haraway als »radikalste Vordenkerin« einer Theorierichtung bezeichnet, die »die biologischen Grundlagen des Menschseins mittels High Tech zu verändern« beabsichtige. Ihre »perversen Utopien« würden »in linken und feministischen Kreisen diskutiert und in Genlabors ausprobiert«.[33] Judith Butler wird an anderer Stelle als »Chefideologin des Genderismus« bezeichnet.[34]

Zu diesen behaupteten Absichten der Gender-Theorien kommen die negativen Kulturbilder hinzu, welche die US-amerikanische Kultur ausschließlich als Propagandawerkzeug für Krieg und Konsum begreifen. Popkultur und -musik aus den USA, hier am Beispiel der Sängerin Madonna, führe »zu Faschismus und Menschenfresserei«.[35] Madonnas als »Perversion« bezeichnete Darstellung von Sexualität – gemeint ist die Darstellung von Masturbation oder Sadomasochismus – erscheint als Bruch mit traditionellen Vorstellungen von Sexualität und Körper. Dieser wird als Teil einer Strategie zur Förde-

---

[33] 05/2014, 49.
[34] 11/2013, 43.
[35] 10/2010, 51.

rung eines als sklavenähnlich beschriebenen Lebens im Konsumkapitalismus; ein künstliches, zersetzendes Gegenüber als Teil einer politischen Agenda wird hier konstruiert und personifiziert.

»Political Correctness« als Zensur und Unterdrückung der Sprache

In rechten Diskursen gilt die »Political Correctness« als Kampfbegriff gegen eine als Unterdrückung empfundene Regelung und vermeintliche Zensur der Sprache mit dem Ziel, die Herrschenden vor Kritik und Protest zu immunisieren. Entsprungen sei sie ebenfalls aus linken Diskursen, die 1968er-Bewegung wird häufig als Startpunkt dieser Entwicklung beschrieben. Diese hätten traditionelle Werte angegriffen und zerstört und seien demnach – mit Rückgriff auf die für den Antisemitismus charakteristische Marionetten-Strippenzieher-Metapher – »nur die Bauchredner einer Entwicklung, die das Großkapital vorantrieb und wünschte«.[36] Denn aus dem politischen Ziel einer diskriminierungsfreien Sprache habe sich eine »Sprache der Neuen Weltordnung«[37] entwickelt:

> »Damit die Political Correctness von einer linken Marotte zu einem Herrschaftsinstrument werden konnte, musste sie einen Fokus bekommen. Bis Anfang der neunziger Jahre war alles mögliche ‚nicht korrekt': Man durfte keine Ausländer kritisieren, musste als Mann beim Pinkeln sitzen und vor dem Penetrieren fragen, Atomkraft war ebenso pfui wie Coca Cola und Aluminiumverpackung«.[38]

Durch vermeintliche Sprechverbote wird nicht nur in verschwörungsideologischer Manier die Kontrolle der (medialen) Öffentlichkeit behauptet, sondern darüber hinaus die eigene Position

---

[36] 11/2013, 52.
[37] 02/2014, 34.
[38] Ebd., 35.

heroisiert und als widerständig gegenüber den herrschenden Verhältnissen inszeniert. Linke Politik wird zur Vorarbeit für totalitäre Herrschaft umgedeutet. Der angesprochene andere »Fokus« erscheint als sogenannte »Antisemitismuskeule«, die lediglich Vorwand für die USA und Israel sei, Kriege aus ökonomischen und machtpolitischen Interessen zu führen und zu legitimieren. Diese Argumentationsweise weist zentrale Referenzen zum sekundären Antisemitismus – dem Antisemitismus nicht trotz, sondern wegen Auschwitz – auf. Hier werden, in Tradition einer von Antisemit_innen behaupteten jüdischen Kontrolle des öffentlichen Diskurses, Sprachverbote sowie »eine linksliberale Kultur- und Politikdominanz behauptet, die solcherart Keulen benutze, um ihre Gegner ruhig zu stellen« (Schwietring 2014: 89). Antirassistische und feministische Sprachkritik wird somit lediglich zum Teil einer autoritären Strategie westlicher Staaten und einem von ihnen beherrschten »linken Mainstream« degradiert.

Die ehemalige Tagesschau-Sprecherin Eva Herman gilt in der verschwörungsideologischen Szene als das bekannteste vermeintliche Opfer dieser Sprachverbote.[39] Zu ihrem Fall heißt es:

> »Eines sei klar gesagt: ‚Die' Frauen sind nicht feministisch. Erinnert sei an die beliebte Tagesschau-Sprecherin Eva Herman, die wegen konstruierter Nazi-Vorwürfe kaltgestellt wurde, weil sie die traditionelle Familie verteidigte. Sie verband Stärke, Weiblichkeit und Mutterschaft – ein Vorbild, das von den Eliten zerstört werden musste, da es für die Mehrheit der Frauen attraktiv ist. Warum die Emanzen, obwohl in der krassen Minderheit, von den Mächtigen unterstützt werden, ist schnell erklärt: Die Zerschlagung der Familie bringt die Frauen in die Fabrik – als

---

[39] Herman wurde für ihre Äußerungen, das Mutterbild im Nationalsozialismus sei nicht zwangsläufig schlecht gewesen, stark kritisiert und verlor im Laufe der Debatte ihre Anstellung beim *NDR*. Seitdem fungiert sie als Stichwortgeberin und festes Mitglied verschwörungstheoretischer Kreise und genießt Anerkennung bis weit in die extreme Rechte. Sie ist regelmäßig bei *Russia Today* zu Gast, veröffentlicht im rechts-esoterischen *Kopp-Verlag* sowie in der *Compact* und spricht auf deren Konferenzen.

Lohndrückerinnen. [...] Was als Befreiung der Frau firmiert, ist in Wahrheit mehr Schufterei und Unfreiheit für ihn und für sie. Sollte man den Feminismus nicht besser als Vehikel des Raubtier-Kapitalismus beschreiben?«[40]

Der Abschnitt weist zentrale Argumentationslogiken von Verschwörungstheorien auf: eine kleine, nicht weiter definierte »Elite« steuere durch verschiedene Mittel die Geschicke der Gesellschaft und zerstöre tradierte gesellschaftliche Strukturen. Der Feminismus diene dieser »Elite« demnach lediglich zur Profitmaximierung. Die genannten Attribute, für die Herman stünde, – »Stärke, Weiblichkeit und Mutterschaft« – werden als störend für »die Elite« bezeichnet, und würden deshalb durch einen angeblich in solchen Fällen konstruierten »Nazi-Vorwurf« von dieser zerstört werden. Wie bereits in den vorangegangenen Ausführungen wird ein konservatives, männlich dominiertes Familienmodell hierdurch naturalisiert; Frauen, die sich für eine Mutterschaft und eine heterosexuelle Familie entscheiden, als »weiblich« definiert. Hierdurch wird im Umkehrschluss jedes Abweichen von dieser Norm als »gegen die Natur gerichtet« erklärt.

Die Behauptung einer Nutzung des Feminismus für kapitalistische Interessen einer kleinen Gruppe Mächtiger ist nicht nur strukturell den verschwörungstheoretischen Elementen des Antisemitismus sehr ähnlich: In einer späteren Ausgabe wird ein angebliches Zitat »Nicholas Rockefellers« angeführt, in dem dieser den Feminismus als eigene Erfindung zur Versklavung der Menschheit bezeichnet.[41] Die Echtheit dieses Zitats, ebenso wie die Existenz eines Nicholas Rockefellers, ist nicht nachgewiesen und muss stark bezweifelt werden.[42]

Pro-russische Position

---

[40] 07/2011, 3.
[41] 11/2013, 53.
[42] Siehe hierzu den Beitrag von Jonas Fedders in diesem Band.

In den reaktionären Protesten der vergangenen Jahre – vor allem bei den Montagsmahnwachen sowie der *PEGIDA* – ist eine pro-russische Bezugnahme zentral. Sie speist sich unter anderem aus einer Wahrnehmung Russlands als Alternative zu einem totalitär und diktatorisch wahrgenommenen Westen. Dazu kommen neben einer feindlichen Haltung der *Compact* gegenüber den USA und einer als US-amerikanisch wahrgenommenen Kultur vor allem ideologische Gemeinsamkeiten mit der aktuellen Politik Russlands, die zu einer inhaltlichen Solidarität und einer Zusammenarbeit mit staatsnahen Think-Tanks oder russischen Abgeordneten führen. Antiwestliche geopolitische Frontpositionen sind hierbei ebenso zentral, wie die homosexuellen- und transfeindlichen Gesetze in Russland als Konsequenz eines konservativ-patriarchalen Geschlechterbildes. Ideologische Schnittmengen führen darüber hinaus zu geforderten realpolitischen Konsequenzen:

> »Um es deutlich zu sagen: Das ist krank, vollkommen krank. Wobei das Problem nicht bei den Homosexuellen und ihren Praktiken liegt [...] Aber was hier vom Staat und den Medien gefördert wird, ist Kindesmissbrauch und Pädokriminalität. Jeder hat das Recht auf freie Ausübung seiner Sexualität. Aber wie alle anderen Rechte endet auch dieses dort, wo die Unverletzlichkeit anderer bedroht wird. Eine Gesellschaft, die den Jugendschutz nicht über die Lustbefriedigung der Erwachsenen stellt, egal ob homo oder hetero, ist zum Untergang verdammt. Warum werden Veranstalter und auch Erziehungsberechtigte, die Kinder in dieses Milieu einführen, nicht bestraft? Oder anders gesagt: Warum haben wir nicht die Gesetze, die Putin eingeführt hat?«[43]

Es wird Bezug genommen auf die bereits erwähnten Pläne zu mehr Vielfalt im schulischen Sexualkundeunterricht. Mit den Gesetzen – »die Putin eingeführt hat« – dürften solche zum Verbot »homosexueller Propaganda« gemeint sein. Bei dem Gesetz handelt es sich vorsätzlich um ein Verbot, Informationen

---

[43] 08/2014, 3.

über nicht-heterosexuelle Beziehungen an Minderjährige zu verbreiten; es stellt ein faktisches Verbot des öffentlichen Lebens von homosexueller Zuneigung und damit eine enorme Einschränkung des selbstbestimmten Lebens dar. An anderer Stelle werden diese Gesetze gegen die Verbreitung von »quasipornographischer Sexualpropaganda« als Schutz Jugendlicher vor »Frühsexualisierung, Pornographie und Genderismus« gefordert. Nur so könne »die Zukunft des Menschengeschlechts in neuen Generationen« sichergestellt werden.[44]

Die russische Politik und Gesetzgebung wird als Kampf gegen eine Zerstörung von angeblich natürlichen Normen und Werten durch westliche Staaten und Kulturen verklärt und heroisiert. Gender erscheint in diesem Zusammenhang ebenso wie Zuwanderung aus islamisch geprägten Gesellschaften als »Zersetzungsmittel« natürlicher Ordnungen. Diesem Angriff würde sich Russland verwehren, ideologische Gemeinsamkeiten führen somit zu einer globalpolitischen Solidarisierung und Parteinahme pro Russland und contra USA und Israel, die als Quelle dieser behaupteten Bestrebungen ausgemacht werden.

Verschwörungstheorien als Erscheinungsform antifeministischer Diskurse

Die vorangegangenen Ausführungen haben eine Vielzahl antifeministischer Argumentationsstränge gezeigt. Dabei fiel vor allem ein übergeordnetes Motiv auf: feministische Politik in ihren verschiedensten Formen wird als Angriff auf die vermeintlich natürliche Konstitution der Gesellschaft stilisiert – und damit zum Teil einer existentiellen Krise der Menschheit konstruiert. Hier wird der verschwörungsideologische Antisemitismus als weltanschaulicher Rahmen der *Compact* ersichtlich: Der Antisemitismus fungiert als »kultureller Code«, der

---

[44] 11/2013, 45.

eine gewisse ideologische Denkweise voraussetzt (vgl. Volkov 2000). In der Zeitschrift wird jeglicher (real)politische, ökonomische oder kulturelle Konflikt durch ein verschwörungsideologisches Gerüst kontextualisiert. Dieses Verschwörungsdenken basiert nach Tobias Jaecker auf

> »*Projektion* und *Personifizierung*: Stets wird einer kleinen aber machtvollen Gruppe unterstellt, die Menschen über den Tisch zu ziehen – in Form eines manichäischen Kampfes der ‚Bösen' gegen die ‚Guten'« (Jaecker 2014, 275).

Dabei, und in der *Compact* ganz speziell, stehen vor allem die USA, Israel und Banken als personifiziertes Böses dem positiv konnotierten »Volk« gegenüber. Realpolitische Gleichstellungspolitik und feministische Gender Studies werden entsprechend als Herrschaftsinstrument eines diktatorischen Staates umgedeutet. Inhaltlich weist die *Compact* das genannte zentrale verschwörungstheoretische Schema vielerorts auf, beispielsweise wenn behauptet wird, dass »eine winzige globale Finanzoligarchie [...] mit neuen Reproduktions- und Gentechnologien ihr tausendjähriges Reich errichten«[45] wolle. Die Begrifflichkeit des »tausendjährigen Reichs« ist ein Rückgriff auf die Rhetorik des NS-Faschismus sowie deren erklärtes Ziel eines »tausendjährigen Reiches«. Die Verwendung nationalsozialistischer Propagandabegriffe oder deren Anwendung auf aktuelle Konflikte ist ein wiederkehrendes Schema der Zeitschrift und bezieht sich nicht selten auf den Staat Israel. Wenn behauptet wird, Israel würde »bedingungslos und bis zum bitteren Endsieg«[46] kämpfen oder vor »eliminatorischen Zionisten«[47] gewarnt wird, entfaltet sich der antisemitische Gehalt der Verwendung von NS-Begrifflichkeiten vollends. Die Beschreibung politischer Zusammenhänge kommt darüber hinaus selten ohne eine Strippenzieher-Marionetten-Metapher, die Politiker_innen

---

[45] 10/2012, 3.
[46] 04/2013, 37.
[47] Nullnummer/2010, 10.

lediglich als von den »Eliten« gesteucrt bezeichnet, aus. Hier spielt die in Verschwörungstheorie mit unzähligen Mythen belegte »Bilderberg-Konferenz« als ein Treffen der »mächtigsten Strippenzieher des Globus«[48] eine zentrale Rolle. Diese »Strippenzieher« werden neben zionistischen oder pro-israelischen Organisationen oftmals in Banken vermutet oder als Bankiers mit jüdischen Namen oder einem unterstellten jüdischen Glauben, wie die Familie Rockefeller oder die Familie Rothschild, behauptet. Diese Personen fungieren im verschwörungsideologischen Antisemitismus als machtvolle Einflussnehmende. All diese dichotomen, nach Freund-Feind-Schema funktionierenden, Bilder sind in der *Compact* zentral.[49]

Texte zu feministischer Politik – oder was *Compact* für eine eben solche hält – sind ebenfalls eingebettet in diese Ordnung: Im Hinblick auf die wahren Absichten hinter »Gender Mainstream-Programmen in der Schule« beispielsweise vermutet Elsässer in der Rede vor den *Besorgten Eltern*, dass »bestimmte Kreise« daran interessiert seien, Kinder und Jugendliche der »inneren Stabilität« und »Identität« zu berauben.[50] Die Nutzung der Worte »bestimmte Kreise« lässt bewusst viel Spielraum für Interpretation und eigene Deutung, gerade im Hinblick auf die obsessive Fokussierung der *Compact* auf Israel, die USA und Banken muss dies als äußerst problematisch bezeichnet werden. Hierbei wird auf eine dichotome, dem Antisemitismus strukturell ähnliche Argumentationsweise gesetzt: eine äußerst mächtige, jedoch für »das Volk« kaum greifbare »Elite« verfüge über enorm einflussreiche politische Kontakte und ökonomische Mittel, um die Geschicke der Welt zu steuern und den eigenen Profit zu steigern. Kontrolliert von einer klei-

---

[48] 07/2011, 24.
[49] Für eine detaillierte Textanalyse des Antisemitismus und der vielschichtigen Ausdrucksformen antisemitischen Denkens in der Compact, siehe Culina/Fedders 2016.
[50] Elsässer, Jürgen (2014): »Sexzwang für Grundschüler? Das ist gefährlich, das lehnen wir ab!«, https://www.youtube.com/watch?v=PpPzr8VbRng (Abruf: 02.06.2016).

nen (feministischen) Minderheit würde »das Gift der politischen Korrektheit in alle Lebensbereiche« verbreitet werden, mit einem klaren Ziel: »Der von ihnen okkupierte Staat frisst sein eigenes Volk und treibt es in den psychosozialen Suizid«.[51] Dies scheint für die Autor/innen der *Compact* das zentrale Motiv zu sein: die Zerstörung des deutschen »Volkes«. Dahinter wird zumeist das »anglo-amerikanische Imperium« vermutet, das eine »Versklavung und Selbstversklavung der Menschen im Innern«[52] vorantreibe – mit verschiedenen Mitteln:

> »Bei dem bisherigen Megatrend handelte es sich jedoch nicht nur um einen militärischen oder politischen Trend, sondern auch um ein geistiges, kulturelles und menschliches Desaster. Und damit sind nicht etwa nur die Millionen Toten gemeint, welche die Alliierten bei ihrer Expansion hinterlassen haben, sondern auch deren geistig-kulturelle Begleiterscheinungen«.[53]

Darüber hinaus werden zurückgehende Geburtenraten in Verbindung mit zunehmender Migration nach Europa verknüpft; »Gender Mainstreaming« und »Body Modification« würden eine »Vernichtung der biologischen Geschlechter« sowie der »menschlichen Gestalt« beabsichtigen. Zudem kommen die üblichen Behauptungen von einer Zerstörung von Familien und Ehe sowie einer »Abschaffung der Meinungsvielfalt durch Political Correctness«. Ziel des »Imperiums« sei entsprechend

> »eine Masse kulturloser, heimatloser, staatenloser, geschlechtsloser, instinktloser, identitätsloser und ‚bildungsferner' Wesen«.[54]

Sämtliche gesellschaftliche Umbrüche, realpolitische Maßnahmen, kulturelle Ereignisse – alles Teil einer Strategie gegen die völkisch definierte Gesellschaft. Die eigene Konstruktion der Wirklichkeit – aufgebaut auf der Naturalisierung konservativ-reaktionärer Vorstellung von Geschlecht und Familie, Nation

---

[51] 01/2013, 59.
[52] 01/2014, 33.
[53] 01/2014, 34f.
[54] Ebd.

und Hierarchie – erscheint in einer existenziellen Krise. Bedroht von einer ungreifbaren Macht, die nicht selten explizit jüdisch konnotiert ist[55], wird hier strukturell, codiert und teilweise konkret auf antisemitische Argumentationslogiken gesetzt.

Die als krisenhaft und bedrohlich gezeichnete Darstellung feministischer Politik und Kultur ist in antifeministischen Diskursen ein wiederkehrendes Motiv. Die Darstellung in der *Compact* ähnelt in dieser Form den extrem rechten Argumentationssträngen zu Gender, die sich »von Beginn an als Gegendiskurs zu einem angeblich hegemonialen, gleichstellungsorientierten Diskurs um die Ordnung der Geschlechter« darzustellen vermochten:

> »Ausgerichtet auf die (Re-)Stabilisierung einer traditionellen Gesellschafts- respektive Geschlechterordnung, stellt er die soziale Gewordenheit von Geschlecht in Abrede und gründet seine Argumentation allein auf ein biologisch definiertes Geschlecht der Einzelnen. Es werden binäre Freund-Feind-Schemata aufgemacht und „Gender“ mit einem allumfassenden Bedrohungsszenario um den Niedergang ganzer Gesellschaften verknüpft« (Lang 2015, 172).

In krisenhaften Zeiten – von der *Compact* werden vor allem Kriege, bedrohliche Migration und eben Gender-Politiken genannt – erscheint die Rückbesinnung auf die angeblich natürliche Ordnung als wichtiger, gar revolutionärer Akt des vermeintlichen Selbstschutzes. Konservativ-reaktionäre Familien- und Geschlechterbilder werden hierbei als Norm gesetzt, jedwedes Abweichen davon als Angriff einer versteckten Macht inszeniert. Solche – strukturell und zudem häufig codiert antisemi-

---

[55] Dies geschieht teils sehr offen, indem eine mächtige »Israel-Lobby« hinter der US-Regierung behauptet wird, von der die »wirkliche« Weltpolitik gesteuert werden würde (vgl. Culina/Fedders 2016, 44f.; 56ff.) oder durch Nennung von jüdischen Personen (wie der Familie Rothschild), Personen mit Diskursen über deren möglichen jüdischen Glauben (wie bei der Familie Rockefeller) oder in Person israelischer Politiker_innen (wie Benajamin Netanjahu).

tisch konnotierten – Verschwörungstheorien bilden den ideologischen und schematischen Rahmen, in dem antifeministische Diskurse geführt werden. Ihre Rolle als explizit politisch-aktivistisches Medium unterstützt die Zeitschrift durch die Konstruktion eines allumfassenden Bedrohungsszenarios, denn hierdurch werden die Leser/innen zur Tat aufgefordert (vgl. Lang 2015, 173). Lanciert wird das Ganze mit expliziten Forderungen zum Sturz der Regierung[56] und der Unterstützung verschiedener rechter Bewegungen. *Compact* verbindet durch ihre Rolle als einflussreiche Diskursplattform reaktionäre und in Teilen extrem rechte Bewegungen und Positionen miteinander. Neben der Enttabuisierung verschiedener anti-emanzipatorischer Inhalte, wird dadurch eine zunehmende Vernetzung zwischen rechten Bewegungen, bürgerlichen Kreisen und verschwörungsideologischen Kleinstgruppen vorangetrieben.

Die Rolle der Zeitschrift im organisierten Antifeminismus

In der *Compact* veröffentlichten bisher verschiedene Autor/innen aus dem Bereich des organisierten Antifeminismus. Neben der bereits erwähnten Eva Herman sind hier Personen aus der maskulistischen Szene (vgl. hierzu Kemper 2012) zu nennen. Ein Aktivist schrieb in der *Compact* über die vermeintlichen Gefahren einer vaterlosen Sozialisation und diskutierte mögliche Zusammenhänge zwischen einem Aufwachsen in geschiedenen Familien und Gewaltaffinität – u.a. am Beispiel Adolf Hitlers, Anders Breiviks und Ulrike Meinhofs.[57] Darüber hinaus veröffentlichte die Zeitschrift einen Gastbeitrag des antifeministischen Think-Tanks *Deutsches Institut für Jugend und Gesellschaft*[58]; in der Februar-Ausgabe 2014 druckte sie im Dossier »Frühsexualisierung. Wie der Staat unsere Kinder zer-

---

[56] 03/2016, 19ff.
[57] 11/2012, 46.
[58] 11/2013, 45f.

stört« gleich drei Texte der christlich-fundamentalistischen Aktivistin Gabriele Kuby ab, in denen sie unter anderem vor einer »Reise in die vollständige Demoralisierung der Sexualität« warnt.[59]

Prägnant sind die ideologischen, personellen und organisatorischen Verbindungen nach Russland: zwei Autorinnen des russischen Gesetzes gegen »homosexuelle Propaganda«, die russischen Parlamentsabgeordneten Olga Batalina und Elena Misulina, sprachen auf der *Compact*-Konferenz »Werden Europas Völker abgeschafft? Familienfeindlichkeit, Geburtenabsturz und sexuelle Umerziehung« 2013 in Leipzig als Gastrednerinnen. Ebenfalls regelmäßige Vortragende auf diesen jährlich stattfindenden Konferenzen der Zeitschrift sind Mitglieder des Russland-nahen Think-Tanks *Institut de la Démocratie et de la Cooperation* (IDC), zu denen die Zeitschrift rege Kontakte unterhält. Autor/innen der *Compact* sind Gäste des russischen Propagandasenders *Russia Today*; die Zeitschrift veröffentlichte eine Sonderausgabe »Wladimir Putin. Reden an die Deutschen«; der Titel der November-Konferenz 2014 war »Frieden mit Russland«. Die inhaltliche und organisatorische Nähe zeugt von einer zunehmend internationalen Verknüpfung der Szene. Dies zeigt sich auch durch einen Vortrag der Sprecherin der französischen Initiative gegen die gleichgeschlechtliche Ehe La *Manif pour tous* (»Demo für alle«) auf der »Familienkonferenz« der *Compact* 2013.

Durch kontinuierliche Debattenbeiträge, Interviews und Gastvorträge entstanden wichtige Kontakte zur AfD. Diese kann als die Partei bezeichnet werden, die antifeministische Diskurse in ihrer Rolle als rechte Sammelpartei bindet und ihnen eine parlamentarische Plattform gibt (vgl. hierzu Kemper 2014).

Mit ihren personellen Verbindungen und den regelmäßigen Thematisierung verschiedenster antifeministischer Fragestel-

---

[59] 02/2014, 42.

lungen kann die Zeitschrift als großes Diskursorgan im deutschsprachigen Antifeminismus bezeichnet werden.

Ausblick

Die Forschung zu Verschwörungsideologien und ihren verschiedenen Erscheinungsformen, eben auch im Kontext antifeministischen Denkens, steht noch am Anfang. Gerade die *Compact* bedarf einer viel intensiveren wissenschaftlichen und politischen Auseinandersetzung. Die vielen Autorinnen antifeministischer Texte in der Zeitschrift wären eine Betrachtung wert,
denn in den restlichen Texten herrscht eine enorme Dominanz
männlicher Autoren. Wie an einigen Stellen angesprochen,
spielt die Zeitschrift in allen nennenswerten reaktionären und
anti-emanzipatorischen Protesten und Bewegungen der letzten
Jahre eine Rolle – teilweise bestimmt sie diese mit und treibt
auf verschiedenen Ebenen ihre politische und organisatorische
Vernetzung voran. Die stetig wachsende Auflage spricht für ein
enormes Anwachsen sogenannter alternativer Medien – gerade
im Kontext völkischer Bewegungen und Verschwörungstheorien. Das damit einhergehende finanzielle Wachstum der Zeitschrift und ihres Umfeldes lässt annehmen, dass der politische
Einfluss der Szene in den kommenden Jahren zunehmen wird.

Literatur

Culina, Kevin / Fedders, Jonas (2016): Im Feindbild vereint. Zur Rolle des Antisemitismus in der Querfront-Zeitschrift Compact, Münster: edition assemblage.

Fedders, Jonas (2015): Elsässer glüht nicht mehr, Jungle World 46/2015.

Jaecker, Tobias (2014): Hass, Neid, Wahn. Antiamerikanismus in den deutschen Medien, Frankfurt am Main: Campus Verlag.

Lang, Juliane (2015): Familie und Vaterland in der Krise. Der extrem rechte Diskurs um Gender, in: Hark, Sabine / Villa, Paula-Irene (Hg.) (2015): Anti-Genderismus. Sexualität und Geschlecht als Schauplätze aktueller politischer Auseinandersetzungen, Bielefeld: Transcript Verlag, 167 – 181.

Kemper, Andreas (Hg.) (2012): Die Maskulisten: Organisierter Antifeminismus im deutschsprachigen Raum, Münster: Unrast Verlag.

Kemper, Andreas (2014): Keimzelle der Nation? Familien- und geschlechterpolitische Positionen der AfD. Eine Expertise, Bonn: Friedrich-Ebert-Stiftung.

Schwietring, Marc (2014): Holocaust-Industrie und Vergangenheitspolitik. Normal G. Finkelstein und die Normalisierung des sekundären Antisemitismus in Deutschland. Frankfurt am Main: Peter Lang Edition.

Storz, Wolfgang (2015): Querfront. Karriere eines politisch-publizistischen Netzwerks, Frankfurt am Main: Otto-Brenner-Stiftung.

Volkov, Shulamit (2000): Antisemitismus als kultureller Code, München: Verlag C. H. Beck.

Kirsten Achtelik

Für Föten und Werte
Die »Lebensschutz«-Bewegung in Deutschland

Zentraler Teil antifeministischer Mobilisierungen ist es, die Errungenschaften des Feminismus, also die bisher erreichte Kontrolle von Frauen*[1] über ihre eigenen Körper und ihr eigenes Leben, zu verunglimpfen und zurückzudrängen. Für den »Schutz« des menschlichen Lebens von der Befruchtung bis zum natürlichen Tod ist eine Spezialbewegung zuständig, die mit dem organisierten Antifeminismus viele Berührungspunkte hat, aber nicht darin aufgeht: die sogenannte *Lebensschutz-Bewegung*. Diese richtet sich primär gegen die Möglichkeit von Frauen, eine nicht gewollte Schwangerschaft abzubrechen, und damit gegen die Entscheidungsmacht über den eigenen Körper. Letzteres stellt eines der grundlegenden Ziele der westlichen Frauenbewegung dar. *Lebensschützer* agieren dafür in einem Netzwerk politischer Initiativen, das sich gegen jede Modernisierung des Geschlechterverhältnisses zur Wehr setzt. Politisch aktive Abtreibungsgegner/innen rekrutieren sich aus einem konservativen bis rechten, christlichen Milieu. Die religiös begründete Überzeugung, dass das Leben »vom Anfang bis zu seinem natürlichen Ende« in Gottes Hand liegen sollte, stellt eine der Hauptmotivationen für die Aktivist/innen dar. Die Ak-

---

[1] Das Sternchen soll Identitäten jenseits der zugeschriebenen Zweigeschlechtlichkeit sichtbar machen und markieren, dass die Kategorie »Frau« keine biologische, sondern eine sozial hergestellte ist: Menschen mit Uterus sind nicht alle Frauen, nicht alle Frauen* können Kinder bekommen und auch nicht alle Schwangeren* nehmen sich selbst als Frauen wahr.

tivitäten dieses Bewegungsspektrums zwischen im politischen Mainstream verankerten Gruppen wie den *Christdemokraten für das Leben* (CDL) und sektenartigen Gruppen, die an die reale Existenz von Dämonen und Teufeln glauben, haben etwa seit Mitte der 2000er Jahre wieder zugenommen. Dabei versuchen sie, ihre Argumentation zu diversifizieren und zusätzlich zur »Tötung ungeborener Kinder« auch die »Tabuisierung« des Leidens der Frauen, die Diskriminierung von Behinderten und die negativen gesellschaftlichen Folgen einer »Kultur des Todes« zu problematisieren.

Kurzer geschichtlicher Abriss

Die *Lebensschutz*-Bewegung hat sich in Deutschland Anfang der 1970er Jahre als »konservative, insbesondere antifeministische Gegenbewegung« (Knecht 2006, 154 f.) zu der öffentlichen Diskussion um eine Liberalisierung des Abtreibungsparagraphen 218 gebildet. Schließlich stellte die Streichung des Paragraphen aus dem Strafgesetzbuch eines der Hauptanliegen der beginnenden westdeutschen Frauenbewegung dar. Schwangerschaftsabbrüche waren in der BRD bis auf eine sehr restriktive medizinische Indikation verboten, Verhütungsmittel nicht problemlos erhältlich. Der § 218 wurde 1974 mit der Regierungsmehrheit von SPD und FDP zu einer Fristenregelung liberalisiert. Ein Einspruch der CDU/CSU beim Bundesverfassungsgericht verhinderte jedoch das Inkrafttreten des Gesetzes. Das Urteil vom 25. Februar 1975 wies die Fristenlösung als nicht verfassungskonform zurück, da der »Lebensschutz der Leibesfrucht [...] grundsätzlich für die gesamte Dauer der Schwangerschaft Vorrang vor dem Selbstbestimmungsrecht der Schwangeren« genieße. Nur in Fällen einer medizinischen, embryopathischen, kriminologischen oder sozialen Indikation könne die staatliche Rechtsordnung nicht verlangen, »die

Schwangere müsse hier dem Recht des Ungeborenen unter allen Umständen den Vorrang einräumen«.[2] Die neue Fassung des § 218 trat nach einer erneuten ausführlichen Debatte im Bundestag am 21. Juni 1976 in Kraft. Demnach waren Abtreibungen in folgenden Fällen möglich: medizinische Indikation ohne Befristung, kriminologische oder soziale bis zur 12. Woche und die embryopathische bis zur 22. Woche. Außerdem musste die Frau* sich bei allen Indikationen außer der medizinischen einer sozialen Beratung bei einer anerkannten Beratungsstelle unterziehen. Mit diesem Ergebnis war weder die Frauen- noch die *Lebensschutz*-Bewegung zufrieden.

Die ersten *Lebensrechts*-Gruppen entstanden im Zuge dieser gesellschaftlichen Auseinandersetzungen: 1975 wurde mit der *Europäischen Ärzteaktion* eine berufsgruppenspezifische Organisation von Österreicher/innen und Deutschen gegründet. Die *Aktion Lebensrecht für Alle* (ALfA) mit Schwerpunkt in Süddeutschland wurde 1977 ins Vereinsregister eingetragen. Ihre Mitglieder waren aber bereits vorher aktiv: 1972 führten Aktivist/innen anlässlich der ersten Abstimmung zur Reform des § 218 einen fünftägigen Hungerstreik in Bonn durch, zwei Jahre später stellten sie in Augsburg ein telefonisches Beratungsangebot für ungewollt schwangere Frauen* bereit.[3] Die *Lebensschutz*-Bewegung verbreiterte, professionalisierte und radikalisierte sich mit Beginn der 1980er Jahre. Im Juni 1980 wurden Brandanschläge auf Beratungsstellen von Pro Familia in Bremen und Hamburg verübt (vgl. Kerstan/Wilde 1981, 104 f.). Im Folgejahr fand ein von der Diözese Essen organisierter

---

[2] Bundesverfassungsgericht (1975): BVerfGE 39, 1 - Schwangerschaftsabbruch I.; Eine Indikation ist in diesem Kontext eine Begründung, die das Gesetz für einen legalen Abbruch anerkennt. Die Gründe können medizinisch (Gesundheit der Frau), kriminologisch/ethisch (Vergewaltigung), sozial/Notlage (niedriges Einkommen etc.) oder embryopathisch/eugenisch (Behinderung des Fötus) sein.
[3] Kaminski, Claudia (2015): In memoriam, in: Lebensforum 115, 27-29. Der spätere und mittlerweile ehemalige Behindertenbeauftragte der Bundesregierung (2009-13), Hubert Hüppe, nahm an diesem Hungerstreik teil.

»Schweigemarsch« gegen die Eröffnung eines Beratungs- und Abtreibungszentrums der Arbeiterwohlfahrt statt, an dem um die 20.000 Demonstrant/innen teilnahmen. Auch das Organisationsspektrum diversifizierte sich: Die christliche *Aktion Leben e. V.* (AL), die »von Beginn an mit provokanten Aktionen gegen Abtreibungen, u.a. vor Kliniken« (Sanders u.a. 2014, 72) auffiel, wurde 1979 gegründet. Die meisten Neugründungen gab es im religiösen Bereich, aus protestantischen, freikirchlichen, charismatischen und überkonfessionellen Kirchen (vgl. ebd., 46). Mit der Jurist/innen-Vereinigung *Lebensrecht e. V.* (JVL) und den *Christdemokraten für das Leben in der CDU/CSU* wurden zudem Mitte der 1980er Jahre zwei Gruppierungen gegründet, die effektiv in berufsgruppenbezogene und parteipolitische Zusammenhänge intervenieren.

Nach dem Beitritt der DDR zur BRD 1990 wurde laut Einigungsvertrag eine Angleichung der unterschiedlichen Abtreibungsgesetze nötig. Seit 1972 galt in der DDR eine Fristenregelung bis zur 12. Schwangerschaftswoche mit ergänzenden Indikationen. Die Entscheidungsmöglichkeit für einen Abbruch war gesetzlich als »Recht der Frau« festgeschrieben. Die westdeutsche Frauenbewegung setzte sich für eine Übernahme der ostdeutschen Regelung ein. Die ostdeutschen Frauen* wehrten sich vehement gegen die Einschränkung ihrer Rechte. Aber auch die *Lebensschützer* mobilisierten: Am 16. Juni 1990 demonstrierten 10.000 Menschen für die Liberalisierung des § 218 und 3.000 dagegen unter dem Motto »Leben und leben lassen – Solidarität mit Schwangeren« (vgl. Ritter 1997, 78). Eine erste gesamtdeutsche Gesetzesversion, die Abtreibungen in den ersten zwölf Wochen als »nicht rechtswidrig« definierte und Abbrüche zum Bestandteil der Leistung der Krankenkasse machte, wurde 1993 vom Bundesverfassungsgericht für nichtig erklärt. Es gebe eine

»grundsätzliche Pflicht zum Austragen des Kindes«, daher wäre auch eine grundsätzliche Strafbarkeit notwendig.[4]

In der bis heute gültigen Version des § 218, die am 1. Oktober 1995 in Kraft trat, wurde daher eine Pflichtberatung bei Abbrüchen bis zur 12. Woche festgelegt. Außerdem muss eine dreitägige Wartefrist zwischen Beratung und Abbruch eingehalten werden. Abtreibungen nach dieser sogenannten Beratungsregelung gelten weiterhin als rechtswidrig, bleiben aber straffrei. Wegen der Rechtswidrigkeit können sie auch nicht Teil der Versorgung durch die Krankenkassen sein. Bei Bedürftigkeit übernehmen die Bundesländer die Kosten, ein Antrag darauf kann bei der jeweiligen Krankenkasse gestellt werden. Bei der Pflichtberatung sollen die Gespräche auf den Schutz des »ungeborenen Lebens« zielorientiert, aber »ergebnisoffen« geführt werden. Mitte bis Ende der 1990er Jahre bemühten sich *Lebensrechts*-Gruppen verstärkt um die offizielle Anerkennung und Förderung ihrer eigenen Beratungseinrichtungen, die selbstverständlich keine Beratungsscheine ausstellen (vgl. Ritter 1997, 81 f.). Die *Lebensschutz*-Bewegung konnte auch in den Neuen Bundesländern Fuß fassen. Der Verein *Kooperative Arbeit Leben ehrfürchtig bewahren* (Kaleb) wurde 1990 in Leipzig gegründet. Er ist evangelikal geprägt und hat knapp 40 Regional- und Ortsgruppen, mittlerweile auch in Westdeutschland (vgl. Sanders u.a. 2014, 64).

Die *Lebensschutz*-Bewegung hat sich seitdem verbreitert und thematisch ausdifferenziert. 2001 wurde der *Bundesverband Lebensrecht* (BVL) als Dachverband deutscher *Lebensschutz*-Organisationen gegründet. Vorsitzende des aus 13 Organisationen bestehenden Verbandes ist seit Mai 2017 Alexandra Linder. Sie ist Autorin des teilweise verschwörungsideologisch

---

[4] Bundesverfassungsgericht (1993): BverfGE 88, 203 - Schwangerschaftsabbruch II.

121

anmutenden Buches »Geschäft Abtreibung«[5] und Vorsitzende der ALfA. In einem Interview mit der rechtskatholischen Webseite *Die Tagespost* forderte sie im September 2017 die Auflösung der Familienplanungsorganisation *Pro Familia*.[6] Sie löste den seit 2009 amtierenden, gut vernetzten katholischen Publizisten Martin Lohmann ab.

Die 2013 gegründete Partei *Alternative für Deutschland* (AfD) bietet einigen *Lebensschützern* eine politische Heimat. Die bekennende *Lebensschützerin* und rechts-konservative Lobbyistin Beatrix von Storch war seit Mai 2014 Europaabgeordnete und sitzt seit Oktober 2017 für die AfD im Deutschen Bundestag. Sie ist außerdem stellvertretende Parteivorsitzende und gehört dem Vorstand des Berliner Landesverbandes an. Die ehemalige Vorsitzende Frauke Petry schlug bereits als Spitzenkandidatin im sächsischen Wahlkampf Mitte 2014 ein Referendum über den § 218 als Mittel gegen den Kindermangel in Deutschland vor. Wie stark der Einfluss der *Lebensschützer* in der Partei ist und werden kann, ist noch nicht ausgemacht, einen einfachen »Durchmarsch« christlich-fundamen-talistischer Kreise scheint es aber nicht zu geben (vgl. Jentsch 2016). Im Wahlprogramm der AfD zur Bundestagswahl 2017 findet sich keine Forderung nach einem Verbot von Schwangerschaftsabbrüchen oder einer Verschärfung des § 218. Allerdings spricht sich die Partei für das Lebensrecht »Ungeborener« und für die Vermittlung von »Respekt vor dem Leben« in »Familien, Schule und Medien« aus. Die Schwangerschaftskonfliktberatung müsse »tatsächlich dem Schutz des Lebens dienen«, »die Wirksamkeit der Beratungsscheinregelung« für den »wirksame[n] Lebensschutz« sei zu überprüfen, außerdem müsse »die Melde-

---

[5] Linder, Alexandra M. (2009): Geschäft Abtreibung. Augsburg: Sankt-Ulrich-Verlag.
[6] Sebastian Sander: »Pro familia aufzulösen, wäre eine Feude«: Zur Person. Interview mit Alexandra Linder, in Die Tagespost, 11.09.2017, letzter Zugriff: 20.09.2017, online unter: http://www.die-tagespost.de/politik/Pro-familia-aufzuloesen-waere-eine-Freude-Zur-Person;art315,181605

pflicht für Abtreibungen verbessert werden«.[7] Eindeutig positioniert sich die Partei gegen ein Recht auf Abtreibung, wie es in feministischen Debatten um sexuelle und reproduktive Rechte gefordert wird.[8]

Die ideologischen und personellen Verbindungen zu verschiedenen rechten, antifeministischen Formationen sind vielfältig. Die *Lebensschutz*-Bewegung hat als Ein-Punkt-Bewegung zu solchen Kooperationen allerdings immer ein strategisches Verhältnis. Gerade der BVL unter Martin Lohmann legte sehr viel Wert darauf, eben nicht als rechts zu gelten, sondern bis weit in die Mitte anschlussfähig zu bleiben.

Aktionsformen

Die Aktionsformen der *Lebensschützer* umfassen in Deutschland ein weites Spektrum. Ein großer Teil der Aktivitäten wird auf ungewollt Schwangere gerichtet, um ihre Entscheidung ins Wanken zu bringen: es gibt Beratungsstellen, die nicht den zu einem legalen Abbruch nötigen Schein ausstellen, dafür aber über Kleiderkammern mit Babykleidung verfügen; Internetseiten, die irreführende Informationen über die Auswirkungen einer Abtreibung und den Entwicklungsstand des Fötus anbieten; »Gehsteigberatungen«, bei denen Schwangere vor Beratungsstellen oder Abtreibungspraxen penetrant angesprochen und ihnen Plastikföten in die Hand gedrückt werden (vgl. Sanders u.a. 2014, 51 f.).[9] Einige Aktionsformen sollen die Umsetzung der Entscheidung zum Schwangerschaftsabbruch verun-

---

[7] Vgl. AfD (2017): Programm für Deutschland. Wahlprogramm der Alternative für Deutschland für die Wahl zum Deutschen Bundestag am 24. September 2017.
[8] Für weitere Einschätzungen zu diesem Verhältnis vergleiche auch Sanders 2016 und Jentsch 2017.
[9] Ulrike Lembke bezeichnet diese Aktionsform treffender als »Gehsteigbelästigung« (Lembke 2017).

möglichen, indem Ärzt_innen, die Abtreibungen durchführen, verklagt werden oder dafür gesorgt wird, dass sie keine Praxisräume anmieten können (vgl. Müssigmann 2015). 2012 bilanzierte Sybill Schulz, die damalige Leiterin des Berliner Familienplanungszentrums Balance, in dem auch Abbrüche vorgenommen werden und das an den Mobilisierungen gegen den Berliner »Marsch für das Leben« beteiligt ist, die »neue Radikalität von Abtreibungsgegner_innen« sei »am deutlichsten greifbar in juristischen Auseinandersetzungen« (Schulz 2012, 86 f.). Radikale Abtreibungsgegner/innen erstatten systematisch Anzeigen wegen angeblicher Verstöße gegen das in § 219a Abs.1 festgelegte Werbeverbot für Schwangerschaftsabbrüche.[10]

»Marsch für das Leben«

Die wichtigsten öffentlichkeitswirksamen Aktionen sind die in verschiedenen deutschen, österreichischen und schweizer Städten jährlich stattfindenden »Märsche für das Leben«. An diesen wird die Kampagnenfähigkeit der *Lebensschutz*-Bewegung am deutlichsten, wie Eike Sanders, Ulli Jentsch und Felix Hansen in ihrem Band »Deutschland treibt sich ab« feststellen (2014, 49). Der vom Bundesverband Lebensrecht seit 2002 regelmäßig veranstaltete »Marsch für das Leben« in Berlin steht unter dem Motto »Ja zum Leben – für ein Europa ohne Abtreibung und Euthanasie!« Der Berliner Marsch ist das zentrale jährliche Event der deutschen *Lebensschutz*-Bewegung, für ihn wird bundes- und europaweit mobilisiert, er wird »aufwändig und sorgfältig orchestriert« (ebd.). Dazu gehören auch die regelmäßigen Auftritte von Frauen*, die ihre Abtreibung bereuen und

---

[10] Meist folgt auf solche Anzeigen kein Verfahren. Dass die Öffentlichmachung von Abtreibungsmöglichkeiten aber teuer werden kann und die Anzeigen zur Einschüchterung des medizinischen Personals beitragen, zeigt der Prozess gegen die Gynäkologin Kristina Hänel (vgl. Riese / Bruhn 2017).

von Müttern behinderter Kinder, die von ihrem Kind als dem schönsten Geschenk sprechen.

Bis 2008 fand der Marsch alle zwei Jahre statt, seitdem jährlich. Anfangs zogen einige hundert Teilnehmer/innen durch die Hauptstadt. 2011 wurde die 1000er Marke überschritten. Das stetige Wachstum der Veranstaltung hat sich seit 2014 verlangsamt und ist 2015 mit ca. 5.000 Teilnehmer/innen in Stagnation übergegangen.

Bei der als Schweigemarsch durchgeführten Demonstration werden ein Meter hohe weiße Holzkreuze und vorgefertigte Schilder im einheitlichen Design mitgeführt. Auf letzteren wird zunehmend nicht mehr nur Abtreibung, sondern ein breiteres biopolitisches Themenfeld thematisiert: Kritisiert werden die Selektion von als behindert diagnostizierten Föten und Sterbehilfe, die als »Euthanasie« bezeichnet wird. 2016 stand das Thema Pränataldiagnostik und die Kritik an der vorgeburtlichen Suche nach Behinderungen deutlich im Fokus der Auftaktkundgebung (vgl. Achtelik 2017).[11] Eine Verbindung zur »Neuen Rechten« besteht in der jahrelangen Unterstützung des »Marsch für das Leben« in Berlin durch die neurechte Wochenzeitung *Junge Freiheit*. Große Interviews mit Martin Lohmann, *Lebensrechts*-Themen pünktlich zum Berliner Marsch auf der Titelseite und die kostenlose Verteilung von Ausgaben der *Jungen Freiheit* an die Teilnehmer/innen – das dezidiert antifeministische »Leitmedium der ‚neuen Rechten‘« inszeniert sich als »Sprachrohr der Bewegung« (Sanders u.a. 2014, 88).

---

[11] Außerdem war eine stärkere Präsenz der *Ärzte für das Leben* zu verzeichnen, deren Vorsitzender, Paul Cullen, offenbar das Niveau der gesellschaftlichen Auseinandersetzung um Abtreibung verschärfen will, um den »Gegner« im »Kulturkampf« zu »besiegen« (vgl. Cullen, Paul (2016): ‚Quo vadis, Lebensschutz?‘, Rede auf dem Lebensrecht-Forum 19.11.16, http://www.kath.net/news/57579, Abruf: 1.3.17), für eine ausführliche Einschätzung der medizinethischen Argumentationen und Entwicklungen im Bereich *Lebensschutz* vgl. Sanders / Achtelik / Jentsch (2018).

Die AfD-Politikerin Beatrix von Storch lief bereits mehrfach bei dem Marsch mit, 2015 auch in der ersten Reihe. 2016 war das, wohl aufgrund ihrer Äußerungen zur Verteidigung der Landesgrenzen mittels Schusswaffengebrauch,[12] nicht mehr möglich. Die Rolle der AfD in der *Lebensschutz*-Bewegung ist weiterhin ungeklärt. 2016 betonte der damalige BVL-Vorsitzende Lohmann die »Überparteilichkeit« des Marsches. Der Marsch im September 2017, eine Woche vor der Bundestagswahl, fand zum ersten Mal unter der im Mai neu gewählten BVL-Vorsitzenden Alexandra Linder statt. Die Auftaktkundgebung wirkte konzeptlos, Linder moderierte nur wenig selbst. In allen Reden und Beiträgen wurden die immer gleichen *Lebensrechts*-Themen angeschnitten, einen inhaltlichen Fokus gab es aber nicht, ebenso kaum aktuelle Bezüge. Auffallend erwähnten vor allem die religiösen Redner die Menschenwürde von Geflüchteten.

2017 sank die Zahl deutlich auf nur etwas über 3.000 *Lebensschützer* (Sanders/Jentsch 2017). In ihrer Analyse dieser Veranstaltung betonen Sanders und Jentsch, was für einen »fragile[n] Balanceakt« der BVL mit dem jährlichen Event zwischen den verschiedenen religiösen, politischen und lebensweltlichen Strömungen der Bewegung versucht hat zu vollziehen und der auch für ihren Erfolg entscheidend war. Durch den politischen Erfolg der AfD wächst jedoch der Druck, sich zu positionieren. Das »Nicht-Entscheiden-Wollen« der Bewegung habe diese »gelähmt« und davon abgehalten, vom »gesellschaftlichen Erstarken antifeministischer Diskurse [zu] profitieren« (ebd.).

---

[12] Ende Januar 2016 hatten Petry und von Storch den Einsatz von Schusswaffen gegen illegal einreisende Geflüchtete als legitimes Mittel bezeichnet. Eine Nachfrage auf *Facebook*, »wollt Ihr etwa Frauen mit Kindern an der grünen Wiese den Zutritt mit Waffengewalt verhindern?« beantwortete von Storch mit »Ja«. Später ruderte sie zurück und bezeichnete den Schusswaffeneinsatz gegen Kinder als »richtigerweise nicht zulässig.« Frauen seien jedoch »verständig«, weswegen auf sie geschossen werden könne.

»One of Us«

»Lebensrechtler« betreiben zudem zunehmend professionell und erfolgreich Lobby- und Kampagnenarbeit auf europäischer Ebene. Mit der bisher aufwändigsten Kampagne »One of us« gelang es ihnen, die für ein EU-Bürgerbegehren benötigte Unterschriftenzahl beinahe zu verdoppeln. Gefordert wurde »die Würde des menschlichen Embryos zu achten und seine Unversehrtheit sicherzustellen.« Konkret richtete sich diese Petition gegen Stammzellenforschung und Abtreibungen. Im Mai 2014 lehnte die Europäische Kommission das Bürgerbegehren ab. Auch anhand der Kampagne gegen den Estrela-Bericht[13] im europäischen Parlament konnte man sehen, wie alle Entscheidungen, die die Bereiche sexuelle und reproduktive Selbstbestimmung betreffen, von gut miteinander vernetzten antifeministischen Rechtskonservativen attackiert werden (vgl. Kemper 2014, 38 f.).

Argumentationen

»Die Ergebnisse jeder Abtreibung sind immer dieselben: ein totes Kind, eine körperlich und meistens auch seelisch verletzte Frau, eine zerstörte Familie (über 60 % aller Beziehungen werden innerhalb eines Jahres nach einer Abtreibung beendet)« (Linder 2009, 9f.). In dieser Aufzählung fehlen die ‚aussterbenden Deutschen', die ‚allgemein versaute Moral' und die Apokalypse, um die Summe der Schrecknisse, für die Schwangerschaftsabbrüche verantwortlich gemacht werden, zu komplettie-

---

[13] Der Bericht »Rechte auf dem Gebiet der sexuellen und reproduktiven Gesundheit« der sozialistischen Abgeordneten Edite Estrela an das EU-Parlament forderte 2013 sichere Abtreibungsmöglichkeiten als Menschenrecht und modernen Sexualkundeunterricht an Schulen.

ren. Eine derartige Aneinanderreihung von Schreckensszenarien ist typisch für Argumentationen, wie sie von *Lebensschutz-Organisationen* vertreten werden. Zugleich finden sich im Zitat gleich mehrere der hier im Folgenden aufgeführten Argumentationslinien wieder.

Für das »ungeborene Leben«

Die *Lebensschützer* als Bewegung hält die Annahme zusammen, dass »das Leben« mit der Vereinigung von Ei- und Samenzelle beginnt und unbedingt schützenswert ist. Der Abbruch einer Schwangerschaft, die Verhinderung der Einnistung (Nidation) der befruchteten Eizelle z.B. durch die »Pille danach« oder auch die Nichteinpflanzung oder Zerstörung eines Embryos im Labor gelten daher als inakzeptable Tötungsvorgänge.[14] Diese Annahme wird vom deutschen Gesetz nicht geteilt: Der § 218 legt den Beginn einer Schwangerschaft mit der Nidation der befruchteten Eizelle fest. Für das Bürgerliche Gesetzbuch beginnt die Rechtsfähigkeit des Menschen mit der Geburt.[15] Das relativ strenge deutsche Embryonenschutzgesetz erklärt zwar den Embryo als eine »befruchtete, entwicklungsfähige menschliche Eizelle vom Zeitpunkt der Kernverschmelzung an« für schützenswert, »jede einem Embryo entnommene totipotente Zelle« aber genauso.[16]

Das mittlerweile omnipräsente technische, durch Ultraschall herstellbare Bild vom Fötus hat zur Etablierung der Figur des Fötus als Person beigetragen. Losgelöst von dem ihn eigent-

---

[14] Von der Verschmelzung von Samen- und Eizelle bis zur 11. Schwangerschaftswoche spricht man medizinisch vom Embryo, danach vom Fötus. Diese Begriffe benutzen *Lebensschützer* selten, stattdessen sprechen sie vom »Baby«, »Kind« oder »ungeborenem Leben«.
[15] BGB § 1 Beginn der Rechtsfähigkeit.
[16] Embryonenschutzgesetz - ESchG, § 8 Begriffsbestimmung (1); totipotente Zellen haben die Fähigkeit, einen vollständigen Organismus zu bilden. Menschliche embryonale Zellen sind bis längstens zum 8-Zell-Stadium totipotent.

lich umgebenden Körper der schwangeren Frau* wird er als
vermeintlich eigenständiges Wesen sichtbar, dem willentliche
Handlungen und Empfindungen zugeschrieben werden: Er
»spielt«, »boxt« oder »freut sich« (vgl. Duden 1991, 130). Das
Bedürfnis nach Emotionalisierung und Individualisierung des
eigenen werdenden Kindes ist bei werdenden Eltern verständlich, als gesellschaftliche Tendenz aber problematisch. Die
Ausbreitung der von Pränataldiagnostik und Schwangerschafts-
überwachung erzeugten Bilder kommt den Absichten der *Lebensschützer*, den Fötus als eigenständige Person mit Rechten
zu etablieren, entgegen. Wenn der Fötus als autonomes »unge-
borenes Kind« definiert ist und empfunden wird, wird eine Abtreibung zur »Tötung ungeborener Kinder« oder gar zum
»Mord«.[17]

*Für die (potentiell traumatisierten) Frauen**

Die antifeministischen und frauenverachtenden Tendenzen, die
mit der Überhöhung des Fötus einhergehen, sind nicht mehr so
offensichtlich, wenn die Frauen* als Opfer von Abtreibungen in
den Fokus gerückt werden. Die »Tötung« ihres »ungeborenen
Kindes« belastet jede Frau* schwer, davon sind radikale Ab-
treibungsgegner/innen überzeugt. Für die dadurch angeblich
verursachten psychischen Leiden wie Depressionen, heftige
Schuldgefühle, Flashbacks am Jahrestag des Abbruchs, eine
Erhöhung des Suizidrisikos oder erhöhten Drogengebrauch
haben sie das »Post-Abortion-Syndrom« (PAS) erfunden. Diese
Auswirkungen würden gesellschaftlich tabuisiert, die betroffenen Frauen* dadurch mit ihren Traumata alleingelassen. *Lebensschützer* wollen nicht nur »ungeborene Kinder« vor ihrer

---

[17] Für manche radikale Abtreibungsgegner/innen ist es mit dem Mordvorwurf
nicht getan: Auf der Seite babycaust.de werden Schwangerschaftsabbrüche
systematisch in die Nähe von Krieg, »ethnischen Säuberungen« und dem
Holocaust gerückt.

Abtreibung retten, sondern auch Frauen* vor einem schweren Schicksal bewahren.

Nur: »PAS« gibt es nicht. Qualitativ hochwertige vergleichende Studien kommen immer wieder zu dem Ergebnis, dass Abtreibungen weniger risikoreich für die psychische und physische Gesundheit sind als ausgetragene Schwangerschaften und Geburten. Risikofaktoren für die Entwicklung psychischer Beeinträchtigungen nach einem Schwangerschaftsabbruch sind demnach nicht der Eingriff, sondern u.a. die wahrgenommene Stigmatisierung, von anderen Personen ausgeübter Druck, geringe soziale Unterstützung für die Entscheidung und vorangegangene psychische Probleme (vgl. National Collaborating Centre for Mental Health 2011). Eine Langzeitstudie, die die Gefühle von Frauen* nach einer Abtreibung untersuchte, kam zu dem Ergebnis, dass die positiven Gefühle wie Erleichterung deutlich über die negativen wie Trauer überwiegen: Auch drei Jahre nach dem Eingriff bereuen 95 % der Frauen* den Schritt nicht (vgl. Rocca u.a. 2015, 2).

Der propagandistische Vorteil dieser Konstruktion liegt aber auf der Hand: Statt sich gegen die Frauen* zu stellen und sie als Mörderinnen betrachten zu müssen, können sie als arme Opfer angesehen und behandelt werden. Abtreibung wird so nicht nur zu einem Verbrechen an den »Kindern«, sondern auch an den »Müttern«. Dazu gibt es Vereine wie *Rahel e. V.*, wo sich »Frauen und Männer, die das Nachher erlebt – erlitten – haben« zusammenfinden, wie es auf der Webseite heißt. Bei den »Märschen für das Leben« gibt es immer wieder Frauen*, die von den traumatischen Folgen ihrer Abtreibung berichten und wie sie mit Reue, Beichte und Gebet wieder zu Gott zurückgefunden haben. Auch US-amerikanische *Lebensschutz*-Organisationen arbeiten mit der »PAS«-Konstruktion. Mit diesem nur vermeintlichen »PRO-Woman«-Ansatz sollen neue Anhänger/innen gewonnen und Gesetzesverschärfungen als Schutz für die Frauen* gelabelt werden (vgl. Rose 2011). Dies scheint eine erfolgreiche Strategie zu sein: So sind in South Dakota bereits Regelungen eingeführt worden, die Ärzt_innen verpflichten, die Frau* auf »statistisch relevante Risiken« der Abtreibung wie Depression und psychischen Stress, Suizid, Gefahr für nachfolgende Schwangerschaften und Tod aufmerksam zu machen (vgl. Lazzarini 2008).

Konservative Werte

Lebensschützer behaupten, eine »Kultur des Lebens« gegen eine »Kultur des Todes« zu verteidigen. Dieser »Kulturkampf« wird in verschiedenen Bereichen geführt: Die Ablehnung von Homosexualität als sündhaft und lustbetont gegen die Befürwortung von reproduktionsorientiertem heterosexuellen Geschlechtsverkehr, die Verteidigung der Großfamilie gegen Individualismus, von Christentum gegen Atheismus, Tradition gegen Emanzipation. Diesen Dualismen liegt ein deutliches Gut-Böse-Schema zugrunde, das teilweise auch direkt auf einen angeblichen Kampf zwischen Gott und Teufel bezogen wird. Der Kampf gegen Abtreibung wird zum »Vehikel für eine umfassende Kulturkritik an der heutigen Gesellschaft« (Sanders u.a. 2014, 22). Auch wenn viele *Lebensschutz*-Organisationen religiöse Unabhängigkeit behaupten, rekrutieren sich *Lebensschützer* aus einem religiös-christlichen, an konservativen und reaktionären Werten orientierten Milieu. Viele der *Lebensschützer* sind gläubige Christ/innen, die meisten Katholik/innen oder Evangelikale. Zwar sind nicht alle politisch aktiven *Lebensschützer* christliche Fundamentalist/innen, allerdings lehnen alle christlichen Fundamentalist/innen Abtreibung vehement ab.[18] In ihrer Religiosität bilden sie eine Ökumene von rechts, die Differenzen zwischen Katholiken und Evangelikalen in theologi-

---

[18] Christliche Fundamentalist/innen nehmen die Bibel wörtlich als »Offenbarung Gottes« und leiten daraus Regeln für ihr persönliches Leben, aber auch für die Gesellschaft ab (vgl. Lambrecht / Baars 2009).

schen Fragen unwichtig werden lässt. Dass die Zahl der radikalen Christ/innen steigt, stellt der Sektenbeauftragte der evangelischen Nordkirche, Jörg Pegelow, fest. Besonders besorgt zeigte er sich über die Zunahme von fundamentalistischen Gemeinden, die jeglichen Kontakt mit anderen Kirchengemeinden ablehnten (vgl. N. N. 2015).

Radikale Abtreibungsgegner/innen gehen fest davon aus, dass die eheliche Verbindung zwischen Frau* und Mann* die einzig mögliche, natürliche und gottgewollte ist. Hedwig von Beverfoerde, Gründerin der *Initiative Familienschutz* und Mitorganisatorin der *Demo für Alle*, sagte bei ihrer Rede auf der Auftaktkundgebung des Berliner »Marsch für das Leben« 2014: »Der beste Lebensschutz ist auch und eben gerade der Schutz der Familie!«[19] Damit meinte sie selbstverständlich die heterosexuelle Familie mit möglichst vielen Kindern. Die von ihr mitorganisierten *Demos für Alle* verurteilen eine schulische Aufklärung, die auch andere geschlechtliche Identitäten und Begehrensstrukturen anerkennt, als »Frühsexualisierung«. Der sich selbst als tolerant gebende ehemalige BVL-Vorsitzende Martin Lohmann warnte 2012 in der Talkshow *Hart aber fair* anlässlich eines schwul-lesbischen Weihnachtsmarktes vor einem »homosexuellen Hype«.[20]

In Fragen der Demographie treffen sich *Lebensschützer* und die *Neue Rechte*: »Ein Volk stirbt im Mutterleib« (ALfA), »Deutschland treibt sich ab« (Kaleb) oder die Sorge um das »bestanderhaltende[…] Niveau« der Geburtenrate der Deutschen im AfD-Programm.[21] Die selbstgewählte Kinderlosigkeit

---

[19] Beverfoerde, Hedwig von (2014): Rede auf der Kundgebung des »Marsch für das Leben« 2014, www.youtube.com/watch?v=Qd9oTxQiC0Y, (Abruf: 25.1.16).

[20] Hart aber fair: »Papa, Papa, Kind: Homo-Ehe ohne Grenzen?« Sendung vom 03.12.2012, www.youtube.com/watch?v=Yxa5UTyxnYY, (Abruf: 28.03.16).

[21] Alternative für Deutschland (AfD): Programm für Deutschland. Das Grundsatzprogramm der Alternative für Deutschland. Beschlossen auf dem Bundesparteitag in Stuttgart am 30.04./01.05.2016, S. 41.

wird zum moralischen und gesellschaftlichen Problem. Nur wegen der Bevölkerungsstatistik gegen Abtreibung zu sein, ist richtigen *Lebensschützern* aber zu billig, »denn das würde den Kindern und der Würde des Menschen nicht gerecht« (Linder 2009, 10).

Biopolitik & Behindertenrechte

Lebensschützer haben ihren Themenradius in den letzten Jahren auf alle Inhalte ausgedehnt, die zurzeit biopolitisch und -ethisch verhandelt werden: Sterbehilfe, Pränataldiagnostik (PND) und Präimplantationsdiagnostik (PID), Organspende, Behinderten-rechte, Embryonenforschung und selektive Schwangerschafts-abbrüche. Damit versuchen sie, ihr Themenfeld zu erweitern, eine breitere gesellschaftliche Akzeptanz zu erreichen und sich als Vertreter/innen der Interessen von Menschen mit Behinde-rung darzustellen.

Aufgrund der Intervention von Behindertenverbänden und Kirchen wurde 1995 bei der letztmaligen Reform des § 218 die embryopathische Indikation gestrichen. Abtreibungen wegen festgestellter Behinderung des Fötus sollten von der medizini-schen Indikation »aufgefangen werden«, wie es in der Begrün-dung des Gesetzentwurfes heißt (zitiert nach Riedel 2003, 55). Die Indikation für einen Abbruch ist nun nicht mehr die erwar-tete Schwere der Behinderung, sondern die dadurch angenom-mene Gefährdung der psychischen Gesundheit der Frau*.

Wegen ihrer Analyse des Fötus als mit Rechten ausgestat-tete Person gehen *Lebensschützer* von einer direkten Diskri-minierung behinderter Föten durch PND und PID aus: Embryonen und Föten mit festgestellten Beeinträchtigungen würden durch die Nichteinpflanzung bzw. Abtreibung schlechter behandelt als solche ohne auffällige Diagnosen. Für ein komplexeres Diskri-minierungsmodell, das nicht den Fötus in den Mittelpunkt stellt, sondern an aktuelle Debatten in der Behindertenbewegung anschließt, steht der langjährige *Lebensschutz*-Aktivist Hubert Hüppe. Als ehemaliger Beauftragter der Bundesregierung für die Belange behinderter Menschen hat er die Debatten in der Behindertenbewegung und ihre Forderung nach Inklusion mitgestaltet.[22] Seit seinem Amtsantritt 2009 hat er an jeden Berliner »Marsch für das Leben« ein Grußwort gesandt, immer auf dem Briefpapier seiner Behörde. An dem ersten Marsch nach seiner Amtszeit nahm er persönlich teil und hielt sogar eine Rede, in der er das aktuelle behindertenpolitische Ziel der Inklusion auf Föten ausweitete: »Inklusion fängt schon vor der Geburt an«.[23] Bei dem Marsch 2015 fand sich der Spruch dann bereits auf mehreren der vorgefertigten Schilder. *Lebensschützer* versuchen, sich als wichtigste Kritiker/innen an Pränataldiagnostik darzustellen und diese Kritik im öffentlichen Bewusstsein möglichst untrennbar mit dem Konzept des *Lebensschutzes* zu verknüpfen. Feministische Aktivist_innen mit Behinderung wehren sich schon lange dagegen, von *Lebensschützern* instrumentalisiert zu werden (vgl. Bremer Krüppelfrauen 1991).

Ausblick

Diskussionen darum, wie die Instrumentalisierung behinderten- und biopolitischer Themen durch radikale Abtreibungsgegner/innen wirksam entgegengetreten werden kann, oder darüber, wie eine emanzipatorische feministische Position zu Behinde-

---

[22] In dieser Rolle war er auch sehr aktiv gegen die Legalisierung der Präimplantationsdiagnostik 2011 in Deutschland und 2012 gegen die Einführung eines Testes aus dem Blut der Schwangeren auf Trisomien (Bluttest). Anders als die meisten seiner *Lebensschutz*-Kolleg/innen ist er in der Lage, diese Techniken wegen der negativen gesellschaftlichen Auswirkungen und diskriminierenden Effekte auf Menschen mit Beeinträchtigungen zu kritisieren.

[23] Hüppe, Hubert (2014): Rede auf der Kundgebung des »Marsch für das Leben« 2014. www.youtube.com/watch?v=-cITQLnT0NM (Abruf: 6. 4. 2015).

rung, pränataler Diagnostik und selektiven Schwangerschaftsabbrüchen aussehen kann, nehmen sowohl unter (Queer) Femi-
nist_innen als auch unter Kritiker_innen von selektiver pränataler Diagnostik zu (vgl. Netzwerk gegen Selektion durch
Pränataldiagnostik 2017).[24] Durch die wachsende Mobilisierung
wertkonservativer Kräfte, sei es bei den *Besorgten Eltern*, den
Demos für Alle, den verschiedenen -gidas, den »Märschen für
das Leben« oder den Wahlerfolgen der AfD ist die Versuchung
groß, alle linken, feministischen und emanzipatorischen Kräfte
unter dem Label der Selbstbestimmung sammeln zu wollen.
Dadurch besteht aber die Gefahr, die ambivalenten, problematischen und antiemanzipatorischen Konnotationen dieses Kon-
zeptes für die gemeinsame Sache und das größtmögliche
Bündnis auszublenden. »Selbstbestimmung« jedoch ist kein
eindeutig emanzipatorischer, positiver Begriff, sondern ein am-
bivalenter, der in Richtung optimierter Selbstverwertung und
konsumistischer Wunscherfüllung offen ist. Diese individualis-
tischen und neoliberalen Implikationen des Begriffs beeinträch-
tigen sein Potential, zur radikalen Veränderung gesellschaftlicher, sozialer und ökonomischer Machtverhältnisse beizutragen.

Lebensschützer engagieren sich gegen die Emanzipation
von traditionellen Familienformen, von Anstandsregeln und von
auf Reproduktion ausgerichteter Sexualität. Ihre Motivation
dabei ist vorgeblich das Wohl von Frauen*, Kindern und Behinderten. Nicht »anti«-feministisch sondern »für« die Frau*
soll ihr Engagement wahrgenommen werden. Dabei genügt ein
Blick auf die Bedingungen illegalisierter Abtreibungen, um zu
wissen, dass Forderungen nach Strafen und Gesetzesverschärfungen nie frauenfreundlich sein können. *Lebensschützer* wollen im »Kulturkampf« das ihre dazu beitragen, konservative

---

[24] Für die zunehmenden Diskussionen unter (Queer)Feminist_innen siehe die
Aufrufe der verschiedenen Bündnisse gegen die Märsche für das Leben, z. B.
https://whatthefuck.noblogs.org, http://gegen1000kreuze.blogsport.de/ oder
http://schweigemarsch-stoppen.de.

statt liberale Lebensmodelle wieder zur Mehrheitskultur zu machen. Die vermeintlich edlen Motive kommen aus der dezidiert rechtskonservativen Ecke und finden dort ihre Anknüpfungspunkte zu einer Anzahl weiterer Akteur/innen – über ihren dezidiert antifeministischen Gehalt.

Literatur

Achtelik, Kirsten (2017): Vorsicht »Lebensschützer«, in: GID 240, 18-19, http://www.gen-ethisches-netzwerk.de/GID/240/achtelik/vorsicht-lebensschuetzer, (Abruf: 29.9.17).

Bremer Krüppelfrauengruppe (1991): Trau, schau, wem … in: Frauen gegen den § 218 Bundesweite Koordination (Hg.): Vorsicht »Lebensschützer«! Die Macht der organisierten Abtreibungsgegner. Hamburg: konkret, 227–232.

Duden, Barbara (1991): Der Frauenleib als öffentlicher Ort: vom Missbrauch des Begriffs Leben. Hamburg: Luchterhand-Literaturverlag.

Jentsch, Ulli (2016): Die »Lebensschutz«-Bewegung und die AfD, in: Häusler, Alexander (Hg.): Die Alternative für Deutschland. Programmatik, Entwicklung und politische Verortung. Berlin: Springer, 99-107.

Jentsch, Ulli (2017): Kirchentag und Vorwahlkampf, https://www.apabiz.de/2017/kirchentag-und-vorwahlkampf-der-gescheiterte-versuch-die-afd-in-sachfragen-zuverstricken (Abruf: 20.9.17).

Jentsch, Ulli / Sanders, Eike (2016): Christlicher Demotourismus nach Sodom und Gomorra, https://www.apabiz.de/2016/christlicher-demotourismus-nach-sodom-und-gomorra (Abruf: 20.9.17).

Kemper, Andreas (2014): Keimzelle der Nation? Familien- und geschlechterpolitische Positionen der AfD – eine Expertise. Berlin: Friedrich-Ebert-Stiftung.

Kerstan, Birgit / Wilde, Helga (1981): Selbstbestimmung in der Offensive: Frauenbewegung, Selbsthilfe, Patientenrechte. Berlin: Verlagsgesellschaft Gesundheit.

Knecht, Michi (2006): Zwischen Religion, Biologie und Politik: eine kulturanthropologische Analyse der Lebensschutzbewegung. Münster: Lit.

Lambrecht, Oda / Baars, Christian (2009): Mission Gottesreich: Fundamentalistische Christen in Deutschland. Berlin: Ch. Links.

Lazzarini, Zita (2008): South Dakota's Abortion Script – Threatening the Physician-Patient Relationship, in: The New England Journal of Medizin 359: 2189-2191.

Lembke, Ulrike (2017): Staatliche Schutzpflichten gegen »Gehsteigbelastigung«, in djbz (Zeitschrift des Deutschen JuristInnenbundes) 1/2017 (März), S. 11/12. |

Rose, Melody (2011): Pro-Life, Pro-Woman? Frame Extension in the American Antiabortion Movement. Journal of Women, Politics & Policy 32, Nr. 1 : 1–27.

Müssigmann, Lena (2015): Keine Bleibe für Stapf, in: taz, 5.2.2015, www.taz.de/!5021346, (Abruf: 25.1.16).

National Collaborating Centre for Mental Health (2011): Induced abortion and mental health. A systematic review of the mental health outcomes of induced abortion, including their prevalence and associated factors. London. http://www.aomrc.org.uk /doc_view/9432-induced-abortion-and-mental-health, (Abruf: 25.1.16).

Netzwerk gegen Selektion durch Pränataldiagnostik (2017): Feministisches Positionspapier. Weder sogenannter Lebensschutz noch neoliberaler Feminismus, http://www.netzwerk-praenataldiagnostik.de/fileadmin/praenatal-diagnostik/2017-6-_Feministisches_Positionspapier_01.pdf (Abruf: 29.09.17).

N. N. (2015): Sekten-Experte besorgt über fundamentalistische Christen, www.evangelisch.de/inhalte/129740/28-12-2015/sekten experte-besorgt-ueber-fundamentalistische-christen, (Abruf: 25.1.16).

Riedel, Ulrike (2003): »Kind als Schaden«: die höchstrichterliche Rechtsprechung zur Arzthaftung für den Kindesunterhalt bei unerwünschter Geburt eines gesunden, kranken oder behinderten Kindes. Frankfurt/Main: Mabuse.

Riese, Dinah / Bruhn, Eiken (2017): Notfalls durch alle Instanzen, in: taz, 15.9.2017, www.taz.de/!5444891 (Abruf: 20.9.17)

Ritter, Barbara (1997): »Lebensschützerinnen«, in: Bitzan, Renate (Hg.): Rechte Frauen: Skingirls, Walküren und feine Damen. Berlin: Elefanten Press.

Rocca, Corinne H. u.a. (2015): Decision Rightness and Emotional Responses to Abortion in the United States: A Longitudinal Study. PLoS ONE 10(7): e0128832, www.plosone.org/article/fetchObject.action?uri=info:doi/10.1371/journal.pone.0128832&representation=PDF (Abruf: 25.1.16).

Sanders, Eike (2016): Wie Essig und Öl, https://www.apabiz.de/2016/wie-essig-und-oel (Abruf: 20.9.17).

Sanders, Eike / Jentsch, Ulli / Hansen, Felix (2014): »Deutschland treibt sich ab«. Organisierter »Lebensschutz«, christlicher Fundamentalismus und Antifeminismus. Münster: Unrast.

Sanders, Eike / Jentsch, Ulli (2017): Stillstand auf dem Kreuzweg, https://www.apabiz.de/2017/stillstand-auf-dem-kreuzweg (Abruf: 29.9.17).

Sanders, Eike / Achtelik, Kirsten / Jentsch, Ulli (2018): Kulturkampf und Gewissen. Medizinethische Strategien der »Lebensschutz«-Bewegung, im Erscheinen.

Schulz, Sybill (2012): Information oder Werbung? In: Familienplanungszentrum Balance (Hg.): Die neue Radikalität der Abtreibungsgegner_innen im (inter-)nationalen Raum: Ist die sexuelle Selbstbestimmung von Frauen heute in Gefahr? Neu-Ulm: AG Spak, 86 - 91.

Patrick Wielowiejski

Homosexuelle gegen Gender Mainstreaming

Antifeministische und antimuslimische Homofreundlichkeit in der *Alternative für Deutschland*[1]

Seit der Gründung der rechtspopulistischen *Alternative für Deutschland* (AfD) im Frühjahr 2013 hat sich das Themenspektrum der Partei erweitert. Neben der EU-Skepsis, die das Bild der AfD zu Beginn geprägt hat, sind inzwischen insbesondere der Kampf gegen Gender Mainstreaming und Gleichstellungspolitiken sowie eine strenge Zuwanderungs- und Asylpolitik getreten. Dabei geht die Ablehnung von Gender Mainstreaming einher mit Kampagnen gegen die Rechte sexueller Minderheiten sowie gegen Maßnahmen zur Förderung der Akzeptanz von sexueller und geschlechtlicher Vielfalt. Insbesondere der offen homophob auftretende christlich-fundamentalistische Flügel der AfD tritt mit solchen Positionen in Erscheinung (vgl. Arzheimer 2015; Berbuir et al. 2015; Kemper 2015).

Nichtsdestoweniger werden AfD-Politiker_innen nicht müde zu betonen, sie seien nicht homophob; manche befürworten offen homofreundliche Politiken. So lässt sich beispielsweise

---

[1] Ich danke Tina Böhmer für die hilfreichen Diskussionen und Anmerkungen zu diesem Artikel.

139

im Wahlprogramm der AfD zur Wahl der Bremischen Bürgerschaft im Mai 2015 folgendes lesen:

»Homosexualität ist ein selbstverständlicher Bestandteil der Bandbreite menschlicher Sexualität. Die Alternative für Deutschland in Bremen hat keinerlei Bestrebungen, diese zu bewerten oder einzugrenzen, solange sie auf dem gegenseitigen Interesse mündiger Bürger beruht [...]. Es bedarf in Deutschland eines ernsthaften Umganges mit Homosexualität. Die Entwicklung eines gerechten Bewusstseins für sexuelle Minderheiten ist Teil des Kampfes gegen das soziale Auseinanderfallen der Gesellschaft und gegen die immer offensichtlicher werdenden demokratischen Defizite in Deutschland« (AfD Landesverband Bremen 2015, 10).

Diese vage formulierte Homofreundlichkeit scheint zunächst erstaunlich, stellt sie doch einen Bruch mit der üblichen rechtskonservativen Haltung gegenüber Homosexualität dar, die traditionell als Bedrohung der Nation betrachtet wird (vgl. Nagel 2003, 163f.). Wie jedoch seit einigen Jahren unter dem Stichwort ‚Homonationalismus' diskutiert wird, ist diese Aufnahme von Schwulen und Lesben in das Narrativ der Nation »less a reflection of progressive gender relations than of regressive race relations« (Haritaworn et al. 2008, 72). Dies wird anhand eines Zitats des AfD-Abgeordneten Andreas Kalbitz im Landtag Brandenburg deutlich:

»Es ist eben leider nicht gewährleistet, wenn die Ghettoisierung in einigen Städten bei vermehrter ungesteuerter Zuwanderung fortschreitet, dass zwei Männer oder zwei Frauen in zehn Jahren noch händchenhaltend durch die Straßen gehen können, ohne um ihre Sicherheit und Unversehrtheit fürchten zu müssen« (Landtag Brandenburg 2015, 482).

Der vorliegende Beitrag analysiert das Phänomen der Homofreundlichkeit in der AfD als Instrument, das sowohl antifeministische als auch rassistische (insbesondere antimuslimische)

Positionen zu legitimieren hilft. Im Sinne einer breiteren Gegenwartsanalyse gerät dabei die Dialektik von Globalisierung und Neonationalismus in den Blick, in die der homofreundliche Diskurs der AfD eingebettet ist. Zentrale These dieses Artikels ist, dass dieser neue Nationalismus, der Homosexuelle als Teil der deutschen Nation akzeptiert, eine Reaktion auf die Widersprüche einer zunehmend globalisierten und gesellschaftlich liberalisierten Welt darstellt. Dabei spielen der antifeministische Widerstand gegen Gender Mainstreaming (imaginiert als Bedrohung der Nation »von oben« durch die europäischen Institutionen) und der rassistische Widerstand gegen bestimmte Formen von Einwanderung (die Bedrohung der Nation »von unten«) eine wichtige Rolle.

Im ersten Abschnitt des Artikels werden sowohl Grundzüge der familien- und geschlechterpolitischen als auch der migrationspolitischen Agenda der AfD betrachtet. Daran anschließend wird im zweiten Abschnitt anhand einiger Beispiele die Homofreundlichkeit in der AfD besprochen, um diese dann im dritten Abschnitt als Ausdruck zeitgenössischer Nationalismen (‚Neonationalismus' und ‚Homonationalismus') zu analysieren.

Noch ein Wort zur politischen Relevanz einer solchen Analyse: es geht mir in diesem Artikel nicht um die Frage, ob die AfD homophob ist oder nicht. Eine Partei ist kein monolithisches Gebilde, öffentliche Positionen werden oft nicht von allen Mitgliedern getragen und Aushandlungsprozesse verlaufen kontrovers und an vielen Stellen gleichzeitig. Die Vorstellung von »Toleranz« als zentralen europäischen Wert – insbesondere in ihrer juristischen Form – hat eine enorme Wirkmächtigkeit. Eine Partei, die in Deutschland und Europa parlamentarisch erfolgreich sein möchte, kann es sich momentan nicht leisten, Homosexualität als solche zu verurteilen, und zwar unabhängig davon, ob sie homophob »ist« oder nicht. Auch eine rechtspopulistische Partei wie die AfD wird es daher vermeiden wollen als homophob zu gelten und, wie wir sehen werden, sogar explizit homofreundlich in Erscheinung treten. Für eine dennoch oder gerade deswegen notwendige Kritik reicht es also nicht, die AfD schlechtweg als homophobe Partei zu verhandeln, wie dies öffentlich zurzeit meist geschieht. Mein Beitrag soll dabei helfen, die Positionen der AfD in ihrer Komplexität wahrnehmen zu können.

Die AfD: Euroskepsis, strenge Zuwanderungspolitik, Geschlechterkonservatismus

Als die AfD im Februar 2013 gegründet wurde, waren mit der von ihr vorgeschlagenen »Alternative« vor allem die Auflösung der Eurozone und eine Umgestaltung der deutschen Außenpolitik in Richtung stärkerer nationaler Autonomie und weniger europäischer Integration gemeint. Bei der Bundestagswahl im September 2013 kam sie sehr nah an die Fünf-Prozent-Hürde; bei der Europawahl im Mai 2014 erzielte sie bereits 7,1 Prozent und gewann sieben Sitze im Europäischen Parlament (vgl. Arzheimer 2015, 535; Berbuir et al. 2015, 154). Gleichwohl können die Erfolge der AfD bei den darauffolgenden Landtagswahlen und der Bundestagswahl 2017 nicht auf eine Ein-Thema-Kampagne zurückgeführt werden. Die mittlerweile bestehende thematische »Trias« aus Euroskepsis, strenger Zuwanderungspolitik und Geschlechterkonservatismus spiegelt sich in den verschiedenen Flügeln und Gruppen wider, die zur AfD gehören, insbesondere Neoliberale, Nationalkonservative und christliche Fundamentalist_innen (vgl. Korsch/ Wölk 2014, 3ff.; Kemper 2015, 28).

Maßgeblich für die familien- und geschlechterpolitische Agenda der AfD ist ein Geschlechterkonservatismus, den der Soziologe Andreas Kemper »Familialismus« nennt. Dieser Begriff »bezieht sich auf ein sehr eingeschränktes, bevölkerungsbiologisch-nationales und normatives Familienbild« (Kemper

2014, 61). Dahinter steckt eine Stärkung der Norm der weißen bürgerlichen Kernfamilie, die sich durch die Marginalisierung anderer Lebensentwürfe konstituiert (wie »Alleinerziehende, nichtdeutsche Familien, finanzschwache Familien und sogenannte Patchwork- bzw. Regenbogenfamilien« sowie »individuelle Lebensentwürfe, die keine Elternschaft vorsehen« (ebd.)). Laut Kemper handelt es sich beim Familialismus insbesondere auch um eine qualitative Bevölkerungspolitik, »die nicht nur regulieren möchte, wie viele Kinder es zu geben hat, sondern darüber hinaus, welche Bevölkerungsgruppen Kinder bekommen oder keine Kinder kriegen sollen« (ebd.). Neben diese Familienpolitik im engeren Sinne tritt eine Ablehnung von »Gender (Studies)« (oder von dem, »was diesem Begriff unterstellt wird« (Hark/Villa 2015, 7)) und Gender Mainstreaming, von gleichgeschlechtlicher Ehe und einer »Sexualpädagogik der Vielfalt« – letztlich also von wissenschaftlichen, politischen und pädagogischen Projekten, die die Freiheit von den Zwängen der Heteronormativität zum Ziel haben. In Zeiten einer (gefühlten oder realen) Bedrohung von Althergebrachtem, von ökonomischer Stabilität und nationaler, geschlechtlicher sowie religiöser Identität wird so die Familie als »Keimzelle der Nation« zum letzten »Bollwerk [...] der Sicherheit« (Kemper 2014, 62).

Wichtig ist in diesem Zusammenhang die Vorstellung einer »von denen da oben« gesteuerten Indoktrination – wahlweise durch »die Brüsseler EU-Bürokratie, de[n] Staat oder [...] die Gender-Professor_innen« (Hark/Villa 2015, 19). Die EU-Abgeordnete Beatrix von Storch bezeichnet Gender Mainstreaming beispielsweise als »intellektuellen Wohlstandsmüll«[2]; der Begriff »Gender« selbst wird zur Chiffre einer »politisch-bürokratisch verordnete[n] Nivellierung der Unterschiede zwi-

---

[2] Vgl. *Facebook*-Post vom 15. Dezember 2014, https://www.facebook.com/BeatrixVonStorch/photos/a.741122952595819.1073741847.5497963283951 50/829895417051905/?type=3&theater (Abruf: 04.01.2016).

schen Männern und Frauen«, die die AfD für »einen unzulässigen Eingriff des Staates in das private und gesellschaftliche Leben der Menschen« hält, »der überdies aus biologischen Gründen zum Scheitern verurteilt ist und eine Verschwendung von Steuergeldern darstellt«[3]. Die AfD kann in Deutschland als eine zentrale Akteurin im antifeministischen Feld des »Anti-Genderismus« (Hark/ Villa 2015) gelten (vgl. dazu auch Lang/ Peters in diesem Band).

Diese imaginierte Bedrohung von Volk und Nation »von oben« wird ergänzt durch die Bedrohung »von unten«: Zuwanderung. Generell wird Zuwanderung zwar begrüßt, jedoch nur für hochqualifizierte Personen; die übliche Rhetorik ist, dass Zuwanderung »in deutsche Sozialsysteme« abgelehnt wird. Dazu heißt es im Wahlprogramm der AfD zur Europawahl 2014:

> »Eine Einwanderung in deutsche Sozialsysteme lehnt die AfD strikt ab. […] Leistungen wie ALG II (Arbeitslosengeld), Kinder- und Wohngeld sollen nur solche Zuwanderer erhalten, die in erheblichem Umfang Steuern bzw. Sozialversicherungsbeiträge in Deutschland gezahlt haben oder deren Eltern das getan haben. Wenn Zuwanderer in Deutschland keine ausreichenden Mittel aus Erwerbseinkommen, Vermögen, Unterhalt oder Sozialleistungen zur Verfügung haben, müssen sie in ihre Heimat zurückkehren. […] Die Zuwanderung von Nicht-EU-Arbeitskräften sollte sich ausschließlich nach dem hiesigen Bedarf richten« (AfD 2014a, 15f.).

Der Zusammenhang von rigider Zuwanderungspolitik und Wohlstandschauvinismus ist an diesem Beispiel gut zu erkennen: Die Haltung der AfD gegenüber Zuwanderung richtet sich vor allem gegen arme Menschen. Dass dieser Zusammenhang darüber hinaus ein rassistischer ist, zeigt sich in der folgenden

---

[3] Vgl. http://alternativefuer-bw.de/wp-content/uploads/2015/07/GM_Erklaeru ng.pdf (Abruf: 04.01.2016).

Passage aus dem Wahlprogramm zur Bürgerschaftswahl in Hamburg 2015:

> »Immer deutlicher wird, wie aufwändig und schwierig gelungene Integration in komplexe Hochleistungskulturen westlicher Industrieländer für etliche Migranten sein kann. So bedarf gelungene Einwanderung einer ausgereiften Steuerung, die vor allem solche Menschen zu uns kommen lässt, denen es nach aller Erfahrung mit hoher Wahrscheinlichkeit gelingen wird, sich zügig in die Anforderungen von Beruf und Arbeitswelt, aber auch von Kultur und Gesellschaft, einzufinden und sich selbstbestimmt zu verwurzeln.« (AfD Landesverband Hamburg 2015, 19).

Dabei wird kaum verhehlt, dass sich der Verdacht der »Integrationsunfähigkeit« insbesondere gegen Muslim_innen richtet: »In diesem Zusammenhang fordern wir überdies – wie in Frankreich oder Belgien auch – ein Verbot der Vollverschleierung« (ebd.).

Seit dem Ausscheiden des Parteigründers Bernd Lucke aus der AfD und im Zuge der sogenannten Flüchtlingskrise im Jahr 2015 lässt sich insbesondere im Hinblick auf Asylpolitik eine Radikalisierung feststellen. Während in den Anfang 2014 erarbeiteten politischen Leitlinien der AfD der Fokus noch auf einem menschenwürdigen Umgang mit Asylsuchenden liegt, »wozu auch das Recht gehört, ihr Auskommen selbst erarbeiten zu dürfen« (AfD 2014b, 10f.), ist der Ton im Wahlprogramm für die Landtagswahl in Sachsen-Anhalt im März 2016 ein deutlich aggressiverer, mit besonderer Emphase auf Strenge und die Bedürfnisse »unseres eigenen Volkes« (AfD Landesverband Sachsen-Anhalt 2016, 23):

> »Asyl und Asylgesetz dienen nicht der Zuwanderung. Es sollen ausschließlich in ihrer Heimat politisch Verfolgte zeitweise Schutz in unserem Land erhalten. Fallen die Verfolgungsgründe weg, so kann ein Bleiberecht nach unseren Vorstellungen nur durch einen gesonderten Antrag auf Einwanderung erlangt wer-

den. Scheitert ein solcher Einwanderungsantrag, ist unser Land umgehend zu verlassen« (ebd., 24).

An derselben Stelle wird auch deutlich, dass die Familien- und Geschlechterpolitik sowie die Zuwanderungspolitik der AfD unmittelbar zusammenhängen:

> »So viel Zuwanderung wie nötig, aber so viel Familien- und Nachwuchsförderung sowie Qualifikation eigener Bevölkerung wie möglich!« (ebd., 23).

Familien- und Geschlechterpolitik sowie Zuwanderungspolitik ermöglichen somit für die AfD die Unterscheidung zwischen einem »Wir« und »den Anderen« auf zwei verschiedenen Ebenen: Zum einen manifestiert sich in ihnen die Abgrenzung des »einfachen Volkes« von der »Elite« bzw. der »Politiker-Kaste«, zum anderen die Abgrenzung der »Leistungsträger« des »deutschen Volkes« von den »Fremden und Sozialschmarotzern« (vgl. Häusler/ Roeser 2015, 25f.). Vor diesem Hintergrund muss die Frage behandelt werden, wie und wieso die AfD sich die »Entwicklung eines gerechten Bewusstseins für sexuelle Minderheiten« (AfD Landesverband Bremen 2015, 10) auf die Fahnen schreiben kann. Wie später deutlich werden soll, sucht die AfD mithilfe von homofreundlicher Rhetorik ihre antifeministischen und antimuslimischen Positionen zu legitimieren. Dabei ist »Homofreundlichkeit« jedoch unter Einschränkungen zu verstehen: Akzeptiert werden jene, deren primäre Loyalität der Nation gilt.

Schwule und Lesben gegen »Islamisierung« und »Genderwahn«

Die zwei Ebenen des Dualismus »Wir« und »die Anderen« sind ein zentrales Element der rechtspopulistischen Ideologie der

AfD.[4] Wer zu diesem »Wir« gehört und wer nicht, ist einerseits innerhalb der AfD eine permanent verhandelte Frage, andererseits aber auch in einen räumlichen und zeitlichen Kontext eingebettet und dementsprechend nicht zufällig. Die AfD Bremen schreibt in ihrem Programm zur Bürgerschaftswahl im Mai 2015:

> »Alle Bürger in Deutschland gleich welcher sexueller Orientierung sind Teil einer unteilbaren Gemeinschaft. Diese Gemeinschaft soll im Mittelpunkt stehen. Wir dürfen uns nicht von einer EU-gesteuerten Elite in ethnische, soziale und sexuelle Einzelgruppen aufspalten lassen!« (AfD Landesverband Bremen 2015, 10)

Die »unteilbare Gemeinschaft« der Nation, die im Mittelpunkt vor allen anderen Zugehörigkeiten oder Loyalitäten steht, ist ein klassischer nationalistischer Topos (vgl. Smith 2001, 22). Interessant ist an diesem Beispiel jedoch, dass diese Gemeinschaft hier prinzipiell als bestehend aus verschiedenen Ethnien, Schichten und Sexualitäten gedacht wird – sofern die Gemeinschaft der Nation im Mittelpunkt steht. Der_die Homosexuelle wird im traditionellen Nationalismus als Widerspruch zur Nation verstanden, weil er_sie sich dem Projekt der Reproduktion der Nation entzieht. Wie Feminist_innen werden Homosexuelle als potenziell illoyal angesehen, »since their commitment to gender and sexual equality raises doubts in the minds of nationalists about the strength of their allegiance to the nation as the primary unit of identification« (Nagel 2003, 163).

---

[4] Eine systematische Definition des nicht unumstrittenen Begriffs des Rechtspopulismus, den ich in diesem Beitrag verwende, unterbleibt an dieser Stelle. Verwiesen sei auf die von Häusler/Roeser 2015 (22ff.) genannten Elemente: autoritäre, nationalistische und (kulturalistisch-)rassistische Gesellschaftsvorstellungen bei (zumindest proklamierter) Abkehr von der extremen Rechten, taktische Befürwortung der (direkten) Demokratie, Gleichsetzung vom »Volk« mit den »kleinen Leuten« und ihre Gegenüberstellung mit den Feindbildern »korrupte Elite«, Muslim_innen und Zuwander_innen.

Wie kann es der AfD nun gelingen, nationalistisches Gedankengut an eine historische Situation anzupassen, in der eine offen homophobe Partei keine Aussicht auf politischen Erfolg hätte? Neben die Akzeptanz von Homosexualität, solange sie sich der nationalen Gemeinschaft unterordnet (»Wir sind gegen eine Aufteilung der Gesellschaft in sogenannte ‚Subkulturen'« (AfD Landesverband Bremen 2015, 10)), tritt insbesondere die Vorstellung der deutschen oder europäischen Gesellschaft als an sich homofreundlich und von Homophobie als einer Sache der Vergangenheit (vgl. El-Tayeb 2011; Haritaworn et al. 2008). So heißt es in einer Rede des brandenburgischen AfD-Abgeordneten Andreas Kalbitz:

> »Ich kann in Deutschland eine vorherrschende homophobe Stimmung gegen Schwule, Lesben, Transsexuelle, Transgender nicht erkennen. […] Ich erinnere mich – es ist schon einige Jahre her – an die TV-Serie »Lindenstraße«. Da waren gleichgeschlechtlich orientierte Rollen auch medial präsent und haben damit widergespiegelt, was in unserer glücklicherweise offenen Gesellschaft *längst Realität geworden ist*. Das ist auch gut so, aber damit ist es aus unserer Sicht auch schon gut« (Landtag Brandenburg 2015, 482; Hervorhebung P.W.).

Toleranz und Antidiskriminierung, in Deutschland und Europa insbesondere auch rechtlich verankert und somit schwer zu umgehen, werden kurzerhand zu »deutschen Werten«. In einer Debatte im Sächsischen Landtag über die Umsetzung von Bundesrecht bezüglich der Gleichstellung von eingetragenen Lebenspartnerschaften erhebt der AfD-Abgeordnete Detlev Spangenberg Friedrich den Großen zum »Urvater« deutscher Toleranz:

> »Wenn hier so getan wird, als wenn wir in Deutschland ein Volk sind, das laufend die Leute diskriminiert, dann, bitte, erinnern Sie sich an 1740. Wir hatten in Deutschland mit Friedrich II. die erste

Person, die die Freiheit angemahnt und auch durchgesetzt hat«
(Sächsischer Landtag 2015, 1132).

Das hält die AfD in dieser Debatte aber keineswegs davon ab,
dennoch gegen die Gleichstellung zu stimmen – im Gegenteil:

> »Die Staatsregierung sollte Zurückhaltung üben und der [gleich-
> geschlechtlichen] Beziehung keine besondere Bedeutung beimes-
> sen; das ist eine Beziehung wie jede andere. Jeder soll nach sei-
> ner Fasson selig werden. In diesem Sinne werden Sie auch die
> Akzeptanz in der Bevölkerung erhalten« (ebd., 1133).

Damit wird Toleranz zu einem Paradox: Die Ablehnung der
rechtlichen Gleichstellung von gleichgeschlechtlichen Paaren
impliziert deren Akzeptanz in der Bevölkerung.

Dass dieser Diskurs nicht ohne die intoleranten »Anderen«
auskommt, mit denen die deutsche Nation überhaupt erst als
tolerant konstruiert wird, ist wenig überraschend:

> »Toleranz gegenüber individuellen sexuellen Orientierungen wie
> der Homosexualität erfordert den entschiedenen Kampf gegen
> den bedrohlichen Einfluss des religiösen Fundamentalismus, wie
> zum Beispiel des Islamismus. Wir verlangen einen funktionie-
> renden Rechtsstaat mit einem funktionierenden Schutz für alle
> Schwulen und Lesben. Diese leben trotz der erfreulichen Tole-
> ranz des deutschen Volkes wegen der fortschreitenden Verbrei-
> tung islamistischen Gedankengutes, das der Mehrheit der Musli-
> me selbst völlig suspekt ist, nicht sicherer als vor Jahrzehnten«
> (AfD Landesverband Bremen 2015, 10f.; vgl. auch das Zitat von
> Andreas Kalbitz siehe oben).

Diese Rhetorik – Homophobie in Europa existiere nur, weil hier
zu viele Muslim_innen lebten – ist zwar sehr typisch für den
europäischen homonationalistischen Diskurs (vgl. El-Tayeb
2011; Haritaworn et al. 2008). Dennoch ist er hier auch abge-
schwächt: »religiöse[r] Fundamentalismus, wie zum Beispiel
de[r] Islamismus«, der »der Mehrheit der Muslime selbst völlig
suspekt ist«, sei das Problem, nicht »der Islam« oder »Mus-

lim_innen« als solche. Gleichwohl halte ich dies schlicht für einen Ausdruck des neuen Nationalismus, der ein gewisses Maß an ethnischer, religiöser und sexueller Vielfalt zulässt, solange die nationale Einheit sichergestellt ist. Es ist daher interessant, dass nicht nur Homosexuelle als Teil des nationalen »Wir« im Widerspruch zu den »fundamentalistischen« Anderen stehen können – es geht auch umgekehrt: Nachdem in Hamburg vorgeschlagen wurde, einige Fußgängerampeln mit Piktogrammen von schwulen und lesbischen Paaren auszustatten, beantragte die AfD in der Hamburgischen Bürgerschaft davon Abstand zu nehmen, denn »muslimische Mitbürger [könnten sich] durch schwule beziehungsweise lesbische Ampelmännchen/-frauchen beleidigt fühlen beziehungsweise eigene Piktogramme fordern«. Hamburg habe wichtigere Probleme, der Straßenverkehr dürfe »kein Spielfeld für Gender-Ideologen« werden (Bürgerschaft der Freien und Hansestadt Hamburg 2015). Der »muslimische Mitbürger« kann also durchaus auch Teil der Nation sein, nämlich in seiner imaginierten Eigenschaft als Widerspruch zur »EU-gesteuerten Gender-Ideologie«. Auch wenn dieses Beispiel zugegebenermaßen etwas skurril wirkt, illustriert es, dass Toleranz im Sinne der AfD – egal für welche gesellschaftliche Gruppe – sehr begrenzt ist. Sie endet dort, wo die Einheit der Nation durch die Betonung einer bestimmten Gruppe als bedroht wahrgenommen wird.

Die *Bundesinteressengemeinschaft Homosexuelle in der AfD* unterstreicht dieses Bild. Sie wurde im Oktober 2014 als erste anerkannte Bundesinteressengemeinschaft der AfD gegründet, ihre Ziele sind »die Partei vor sogenannten ‚Homophobie'-Vorwürfen [zu] schützen und eine andere – Anti-Gender gegründete – Minderheitenpolitik an[zu]stoßen« (Welsch 2015, 4). Ein Großteil ihrer Außenkommunikation läuft über *Facebook*, dabei richten sich ihre Posts in erster Linie gegen »Islamisierung« und »Genderwahn«. So heißt es beispielsweise: »Haben wir den Mut zur Wahrheit: Schwule müssen als Erstes mit Repressalien rechnen, wenn der Islam an Gewicht gewinnt. Das sehen wir auch in allen muslimischen und islamischen Staaten! Da haben weder Homosexuelle noch Juden oder Christen einen besonderen Schutz«[5] oder »JA zur traditionellen Familie als Grundpfeiler der Gesellschaft. JA zum Familiensplitting. JA zu einem respektvollen Umgang der unterschiedlichen Lebensentwürfen [sic]. NEIN zum Genderwahn! NEIN zur Frühsexualisierung! NEIN zur staatlichen Umerziehung!«[6] In diesen Beispielen wird deutlich, dass sich die *Homosexuellen in der AfD* auf beiden Ebenen des Dualismus »Wir« und »die Anderen« innerhalb des »Wir« der Nation positionieren. Als selbstverständliche Gegner und Opfer von »Islamisierung« (die Bedrohung der Nation »von unten«) und »Genderwahn« (die Bedrohung der Nation »von oben«) werden sie gleichsam selbstverständlicher Teil der nationalen Gemeinschaft. Der Kampf gegen die vermeintlichen Bedrohungen der Nation ist in dieser Logik der Kampf für die Akzeptanz Homosexueller.

Neonationalismus und Homonationalismus

Um die hier skizzierten politischen Positionen der AfD in ihrem globalen und historischen Kontext verstehen zu können, lohnt sich ein genauerer Blick auf die Frage, welche Formen zeitgenössische Nationalismen annehmen und was sie attraktiv macht. Von den Sozialanthropologen Marcus Banks und Andre Gingrich wurde kürzlich der Begriff ‚Neonationalismus' eingeführt (vgl. Banks/Gingrich 2006). Er beschreibt das Wiederauftau-

---

[5] Vgl. Post vom 25.12.2015, https://www.facebook.com/1490981311156762/photos/a.1491128981141995.1073741828.1490981311156762/1659610570960501/?type=3 (Abruf: 05.01.2016).
[6] Vgl. Post vom 09.12.2015, https://www.facebook.com/permalink.php?story_fbid=1654201584834733&id=1490981311156762 (Abruf: 05.01.2016).

chen nationalistischer Ideologie in der parlamentarischen Demokratie im ausgehenden 20. und beginnenden 21. Jahrhundert
unter veränderten globalen und transnationalen Bedingungen.
Es ist demnach die Globalisierung – für Europa insbesondere
Prozesse der Dekolonisierung und die Arbeitsmigration der
Nachkriegszeit –, auf die der Neonationalismus reagiert: Er
mobilisiert essentialisierende Vorstellungen lokaler Kultur gegen die reale oder vermeintliche Bedrohung von Statushierar-
chien sowie von geschlechtlicher, religiöser, nationaler und
ethnischer Identität. Im Gegensatz zu Rechtsextremen operieren
Neonationalist_innen vor allem auf legalen und parlamentarischen Ebenen und stellen das System der liberalen Demokratie
nicht grundsätzlich infrage. In Europa zeichnen sie sich in erster
Linie durch die Ablehnung von (bestimmten Formen der) Zuwanderung und zentralen EU-Entscheidungen aus sowie durch
die populistische Anrufung der »einfachen Leute« oder des
»Volkes«. Dabei ist die Homogenität dieses »Volkes« nicht
unbedingt ein entscheidendes Ideal: ein gewisses Maß an Heterogenität in der globalisierten Gesellschaft wird hingenommen.[7]
Diese letzten Punkte sind entscheidend für die Frage, wie und
warum sich Teile der AfD positiv auf die Akzeptanz von
LGBT-Identitäten und -Lebensweisen beziehen. Antimuslimische und antifeministische Positionen funktionieren hier als
Reaktion auf globale Migrationsströme zum einen und immer
stärker zentralisierte (EU-)Entscheidungen zum anderen; und so
lange diese Positionen beibehalten werden, lässt sich auch ein
Stück weit sexuelle Heterogenität akzeptieren.

Aus einer anderen Perspektive beobachten die Queer Studies und die Critical Race Studies die aktuellen Formen des

---

[7] Aktuelle Entwicklungen in Ländern wie Polen oder Ungarn legen allerdings
nahe, dass der Unterschied zwischen Neonationalismus und Rechtsextremismus kein trennscharfer ist. So spricht der ungarische Ministerpräsident Viktor
Orbán beispielsweise davon, einen »illiberalen Staat« in Ungarn errichten zu
wollen (Orbán 2014).

Nationalismus. Die Aufnahme von Lesben und Schwulen in das nationale Imaginäre, insbesondere seit Beginn des Jahrtausends, wird hier mit dem Begriff ‚Homonationalismus' analysiert. Jasbir Puar (2007), die den Begriff geprägt hat, beschreibt die Art und Weise, wie LGBT-Organisationen und -Aktivist_innen in den USA nach dem 11. September am patriotischen Diskurs teilnahmen und ihre Unterstützung für den »Krieg gegen den Terror« verkündeten – und sich somit in das nationale »Wir« gegen die »terroristischen Anderen« einschreiben konnten. Während Homosexuelle so zu respektablen Patriot_innen werden können, werden an ihrer Stelle neue Kategorien von Menschen konstruiert, die nicht in die Nation passen – insbesondere »terroristische« rassisierte Andere (vgl. Puar 2007, xiii). Für den europäischen Kontext lässt sich ein zunehmendes Maß an antimuslimischem Rassismus als Kehrseite des Erfolgs nationaler Gleichstellungserfolge feststellen (vgl. Jivraj/de Jong 2011). Fatima El-Tayeb (2011) untersucht dies am Beispiel des niederländischen Kontexts: Das nationale Narrativ ist hier seit langem geprägt von Vorstellungen von Toleranz und Liberalität. Im öffentlichen Diskurs würden Brüche in diesem Narrativ der traditionell liberalen Niederlande hingegen als von der wachsenden muslimischen Bevölkerung verursacht verstanden. Dabei würden nicht nur der Islam und die niederländische Kultur als unvereinbar miteinander dargestellt, sondern auf dieselbe Art und Weise auch der Islam und Homosexualität (die wiederum als Teil der niederländischen Kultur betrachtet werde). So positionieren Narrative von den »befreiten« niederländischen Lesben und Schwulen auf der einen Seite und von der Unterdrückung Homosexueller in muslimischen Communitys auf der anderen Seite sowohl queere als auch heterosexuelle Muslim_innen außerhalb von Nation und Moderne:

> »while the former, still culturally stuck in the age of shame, are
> incapable of embracing a modern queer identity, the latter cling
> to a repressive model of heterosexuality, out of synch with the

age of neoliberal consumer-citizens, offering participation to anyone willing and able to pay the price, including those formerly excluded, such as women and queers« (El-Tayeb 2011, 122f.).

In dieser Formulierung wird deutlich, dass durch Homonationalismus nur ganz bestimmte LGBTs in das Bild der Nation aufgenommen werden.

Fazit

Neonationalismus und Homonationalismus können als (kontingente) Folgen der Globalisierung und gesellschaftlichen Liberalisierung der letzten Jahrzehnte interpretiert werden. Während der Neonationalismus auf den Verlust stabiler und homogener nationaler Identitäten und die damit einhergehenden Verunsicherungen reagiert, werden die Wurzeln von Homonationalismus in Europa in den gesellschaftlichen, insbesondere rechtlichen Erfolgen der LGBT-Bewegungen gesehen: Je mehr die Akzeptanz für LGBTs als »europäischer Wert« gedeutet wird, desto mehr wird sie auch als das verstanden, was Europa definiert – und von den »homophoben Anderen« abgrenzt (vgl. Ayoub/Paternotte 2014).

Wie sich zeigt, ist es keineswegs so, dass die Prozesse von Globalisierung und Liberalisierung den Nationalstaat nur schwächen, obwohl sie in einem Spannungsfeld zum Nationalismus stehen: Neonationalismus und Homonationalismus sind Formen, in denen sich der Nationalismus gewissermaßen neu erfindet, um unter den Bedingungen des 21. Jahrhunderts bestehen zu können. Homofreundliche Positionen, die in der AfD zu finden sind, zeugen von der Vereinbarkeit unterschiedlicher Positionen mit einer Gesamtpartei, die auf eine rassistische und heteronormative Agenda setzt. Sie sind zu erklären als ein Ausdruck dieses zeitgenössischen Nationalismus. Solange die Akzeptanz Homosexueller den thematischen Schwerpunkten der AfD (Euroskepsis, strenge Zuwanderungspolitik, Geschlechterkonservatismus) nicht widerspricht – ja sie sogar bestätigt – nutzt sie der AfD, um ernst genommen zu werden. Antifeministische und antimuslimische Positionen lassen sich so legitimieren und der Widerstand gegen Gleichstellungspolitiken und offene Grenzen, im Dienste der Nation, wird gleichsam zum Ausdruck von Homofreundlichkeit schlechthin. Insofern Homosexuelle sich als loyal mit der Nation zeigen und bestätigen, dass »das deutsche Volk« überhaupt nicht homophob ist, können sie mit Unterstützung durch die AfD rechnen.

Wie ich versucht habe zu zeigen, ist es nicht unproblematisch, die AfD schlechtweg als homophob zu brandmarken. Gleichwohl ist die Homofreundlichkeit der AfD kritikwürdig: In einer Gesellschaft, die die Akzeptanz von Homosexuellen als nationalen Wert versteht, können antifeministische und antimuslimische Argumentationen durch homofreundliche Rhetorik an Legitimität gewinnen. Darüber hinaus öffnet sich die AfD gerade nicht für vielfältige Lebensmodelle, sondern für bestimmte Formen angepasster nationaler Homosexualität. Es bleibt zu beobachten, ob diese Argumentationsmuster in der AfD weiter an Bedeutung gewinnen werden.

Literatur

AfD Landesverband Bremen (2015): Wahlprogramm 2015, http://www.alternativefuer-bremen.de/wp/wp-content/uploads/2015/05/2015-05-04_AfD-Bremen_Wahlprogramm-2015_V2.6-3.pdf (Abruf: 19.08.2015).

AfD Landesverband Hamburg (2015): Wahlprogramm. Bürgerschaftswahl 2015, https://alternative-hamburg.de/wp-content/uploads/2 014/12/B%C3%BCrgerschaftswahl-Programm-D.pdf (Abruf: 19. 08.2015).

AfD Landesverband Sachsen-Anhalt (2016): Wahlprogramm zur Land tagswahl am 13. März 2016, http://www.afd-lsa.de/start/wp-content/uploads/2015/08/Wahlprogramm_31102015v2.pdf (Abruf: 04. 01.2016).

AfD (2014a): Programm der Alternative für Deutschland für die Wahl zum Europäischen Parlament am 25. Mai 2014, http://www.alternativefuer.de/wp-content/uploads/2014/03/Europaprogramm-der-AfD.pdf (Abruf: 19.08.2015).

AfD (2014b): Politische Leitlinien der Alternative für Deutschland, http://www.alternativefuer.de/wp-content/uploads/sites/ 7/ 2014/07/AfD_Leitlinien_2014_DE.pdf (Abruf: 06.01.2015).

Arzheimer, Kai (2015): The AfD: Finally a Successful Right-Wing Populist Eurosceptic Party for Germany? In: West European Politics 38 (3), 535-56.

Ayoub, Phillip M./ Paternotte, David (2014): Introduction, in: Dies. (Hg.): LGBT Activism and the Making of Europe. A Rainbow Europe? Basingstoke: Palgrave Macmillan, 1-25.

Banks, Marcus/ Gingrich, Andre (2006): Introduction: Neo-nationalism in Europe and Beyond, in: Dies. (Hg.): Neo-nationalism in Europe and Beyond. Perspectives from Social Anthropology, New York: Berghahn Books, 1-26.

Berbuir, Nicole/ Lewandowsky, Marcel/ Siri, Jasmin (2015): The AfD and Its Sympathisers: Finally a Right-Wing Populist Movement in Germany? German Politics 24 (2), 154-78.

Bürgerschaft der Freien und Hansestadt Hamburg (2015): Drucksache 21/747 v. 11.06.2015, https://www.buergerschaft-hh.de/ParlDok/dokument/48907/keine-umr%C3%BCstung-von-hamburger-wec hsellichtzeichenanlagen-%C2%A7-37-absatz-5-stvo-fu % C3 % 9Fg%C3%A4ngerampeln-mit-schwulen-ampelm%C3%A4nnern-und-lesbischen-ampelfrauen.pdf (Abruf: 06.01.2015).

El-Tayeb, Fatima (2011): European Others. Queering Ethnicity in Postnational Europe, Minneapolis: University of Minnesota Press.

Haritaworn, Jin/ Tauqir, Tamsila/ Erdem, Esra (2008): Gay Imperialism. Gender and Sexuality Discourse in the »War on Terror«, in: Kuntsman, Adi/ Miyake, Esperanza (Hg.): Out of Place. Interrogating Silences in Queerness/Raciality, York: Raw Nerve Books, 71-95.

Hark, Sabine/ Villa, Paula-Irene (2015): »Anti-Genderismus« – Warum dieses Buch? In: Dies. (Hg.): Anti-Genderismus. Sexualität und Geschlecht als Schauplätze aktueller politischer Auseinandersetzungen, Bielefeld: transcript, 7-13.

Häusler, Alexander/ Roeser, Rainer (2015): Die rechten »Mut«-Bürger. Entstehung, Entwicklung, Personal & Positionen der »Alternative für Deutschland«, Hamburg: VSA.

Jivraj, Suhraiya/ de Jong, Anisa (2011): The Dutch Homo-Emancipation Policy and Its Silencing Effects on Queer Muslims, in: Feminist Legal Studies 19 (2), 143-58.

Kemper, Andreas (2014): Keimzelle der Nation – Teil 2. Wie sich in Europa Parteien und Bewegungen für konservative Familienwerte, gegen Toleranz und Vielfalt und gegen eine progressive Geschlechterpolitik radikalisieren, Berlin: Friedrich-Ebert-Stiftung.

Kemper, Andreas (2015): Christlicher Fundamentalismus und neoliberal-nationalkonservative Ideologie am Beispiel der »Alternative für Deutschland«, in: Billmann, Lucie (Hg.): Unheilige Allianz: Das Geflecht von christlichen Fundamentalisten und politisch Rechten am Beispiel des Widerstands gegen den Bildungsplan in Baden-Württemberg, Berlin: Rosa-Luxemburg-Stiftung, 21-29.

Korsch, Felix/ Wölk, Volkmar (2014): National-konservativ und marktradikal. Eine politische Einordnung der »Alternative für Deutschland«, Berlin: Rosa-Luxemburg-Stiftung.

Landtag Brandenburg (2015): Plenarprotokoll 6/8 v. 18.03.2015, http://www.parldok.brandenburg.de/parladoku/w6/plpr/8.pdf (Abruf: 29.07.2015).

Nagel, Joane (2003): Race, Ethnicity, and Sexuality. Intimate Intersections, Forbidden Frontiers, Oxford/ New York: Oxford University Press.

Orbán, Viktor (2014): Prime Minister Viktor Orbán's Speech at the 25th Bálványos Summer Free University and Student Camp, http://www.kormany.hu/en/the-prime-minister/the-prime-minister-s-speeches/prime-minister-viktor-orban-s-speech-at-the-25th-balvanyos-summer-free-university-and-student-camp

(Abruf: 06.01.2016).

Puar, Jasbir K. (2007): Terrorist Assemblages. Homonationalism in Queer Times, Durham/ London: Duke University Press.

Sächsischer Landtag (2015): Plenarprotokoll 6/15 v. 11.06.2015, http://www.landtag.sachsen.de/de/aktuelles/sitzungskalender/prot okoll/735 (Abruf: 06.01.2015).

Smith, Anthony D. (2001): Nationalism. Theory, Ideology, History, Cambridge/ Malden: Polity.

Welsch, Mirko (2015): Ein Jahr Bundesinteressengemeinschaft »Homosexuelle in der AfD«, in: AfD Kompakt 17, 4.

Elli Scambor, Daniela Jauk

‚Mander es isch Zeit'[1]
Antifeministische Positionen im
österreichischen Männerrechtsdiskurs[2]

In den letzten zwei Dekaden haben sich im gesamten europäischen Raum Initiativen, Verbände, Bewegungen und Plattformen etabliert, die sich mit Männern und Gleichstellung beschäftigen (vgl. Scambor, Wojnicka & Bergmann 2013). Diese Bewegungen und Initiativen unterscheiden sich vor allem in ihrer
Positionierung zu Gleichstellungsfragen. Die Frage, wie sich
Männer- und Väterrechtsinitiativen in Österreich geschlechterpolitisch verorten, ist bislang wenig erforscht. In diesem Beitrag
nehmen wir deshalb explizit antifeministische Positionen in der
österreichischen Männerarbeit in den Blick. Als Grundlage für
diesen Beitrag ziehen wir eine im Jahr 2014 vorgelegte Studie
heran, in der Männerarbeit in Österreich mit Bezugnahme auf
das ‚triangle model' von Messner (2000) einer analytischen
Betrachtung unterzogen wurde (vgl. Scambor & Kirchengast
2014). Auf Basis dieser Ergebnisse präsentieren wir hier einen
aktualisierten Überblick über Akteur_innen[3] und antifeministi-

---

[1] ‚Männer es ist Zeit', nie bewiesener Aufruf des bärtigen Anführers der Tiro-
ler Bauernrebellen Andreas Hofer. Diese hatten sich im Jahr 1809 gegen
Napoleon erhoben und sind am Ende vernichtend geschlagen worden.
[2] Wir danken herzlich Anna Kirchengast als Co-Autorin der Studie, die diesem neuen und aktualisierten Beitrag zugrunde liegt (Scambor & Kirchengast
2014).
[3] Diese werden jeweils kurz in den Fußnoten vorgestellt.

159

sche Denkfiguren im österreichischen Männerrechtsdiskurs, die wir gleichzeitig einem Faktencheck unterziehen.

Während in den letzten Jahren für Deutschland Expertisen und Studien vorgelegt wurden, die sich mit antifeministischen Zugängen der Männer- und Väterrechtsinitiativen beschäftigten (vgl. z.b. Gesterkamp 2010, Kemper 2012, Rosenbrock 2012, Claus 2014), war es in Österreich lange Zeit um die Erforschung antifeministischer Denkweisen und Gruppierungen schlecht bestellt. Neben dem Bericht von Scambor und Kirchengast (2014) wurden vereinzelt wissenschaftliche Artikel publiziert, die sich in Ansätzen mit dem Thema beschäftigen (vgl. z.B. Brem 2012, Goetz 2013, Weiss 2013, Bergmann, Scambor & Scambor 2014). Darüber hinaus wird seit einigen Jahren durch Initiativen und Bewegungen wie bspw. *Plattform 20000frauen*[4], feministische Zeitschriften (bspw. *an.schlaege*) und Tagungen (zum Beispiel die Enquete *Maskulinismus.Anti.Feminismus* der Bundesministerin Heinisch-Hosek 2013[5]) auf antifeministische Aussagen diverser Männerrechtsvereine aufmerksam gemacht. Aber sowohl die politische als auch die wissenschaftliche Auseinandersetzung mit Männer- und Väterrechtsinitiativen in Österreich steckt bislang in den Kinderschuhen. Dieser Beitrag will deswegen weitere Forschung anregen, denn eine umfassende systematische Analyse des organisierten Antifeminismus mit all seinen Strömungen (z.B. auch christlich-fundamentalistisch, anti-gender, politische Rechte) in Österreich steht noch aus.

---

[4] http://www.zwanzigtausendfrauen.at [25.11.2015].
[5] Vortragsmitschnitte sind hier abrufbar: https://www.youtube. com / watch ? v=S9edt3MhdZc [01.12.2015].

Haupt-Sache Männer – Männerpolitik in Österreich und die Männerpolitische Grundsatzabteilung

Der besondere Kontext institutionalisierter Männerpolitik in Österreich besteht in der Tatsache, dass bereits im Jahr 2001 eine *Männerpolitische Grundsatzabteilung* (BMASK) auf ministerieller Ebene gegründet wurde. Diese wurde – bei gleichzeitiger Abschaffung des eigenständigen Frauenministeriums – vom damaligen Sozialminister Herbert Haupt (FPÖ) ins Leben gerufen, der damit Männer zur »Haupt-Sache«[6] erklärte, wie die Medien sarkastisch bemerkten. Mit der Gründung dieser Abteilung ging erstmals auf politischer Ebene eine Thematisierung der Männlichkeitskrise einher, die dann ab 2008 auch journalistisch verstärkt und breiter verhandelt wurde (Weiss 2013). Im Fokus der Abteilung standen zunächst Themen sozialpsychologischen Zuschnitts (z.b. die sogenannte ,Vaterentbehrung', Scheidungsfolgen). Gesellschaftliche Machtverhältnisse und Gender Mainstreaming-Konzepte blieben anfangs gänzlich ausgeblendet (Mayrhofer 2007).

Aufgrund der Verschiebung politischer Machtverhältnisse hin zu einer großen Koalition zwischen ÖVP und SPÖ, zeigen sich in der *Männerpolitischen Grundsatzabteilung* mittlerweile »strukturelle und inhaltliche Weiterentwicklungen« (Bergmann, Scambor & Scambor 2014, 176). Die Abteilung ist nun der Sektion *Europäische, internationale und sozialpolitische Grundsatzfragen* zugeordnet, was einer thematischen Fokussierung in Richtung Erwerbsarbeit, Migration und Gewaltprävention zuträglich gewesen sein dürfte (vgl. Raml, Dawid & Feistritzer 2011). Gleichberechtigte Partnerschaft, Diversität von Männern und Überwindung von Rollensterotypen und bestehenden männlichen Privilegien sind relevante Themen der

---

[6] Z.B. Der Standard vom 21. Juli 2003 http://derstandard.at/1356672/Haupt-Sache-Maennerabteilung, Die Presse vom 20.6.2009 http://diepresse.com/home/politik/innenpolitik/488924/HauptSache-Maenner [Abruf: 29.1.2016].

Männerpolitik geworden, die im Strategiepaper 2015 festgelegt wurden (vgl. BMASK 2015). Mit dem *Boys' Day*[7] gibt es seit dem Jahr 2008 ein Kooperationsprojekt mit der *Arbeitsgemeinschaft der Männerberatungsstellen und Männerbüros Österreichs* (AMÖ), deren Verhältnis zur *Männerpolitischen Abteilung* nicht immer friktionsfrei verlief. Noch im Gründungsmonat der *Männerpolitischen Grundsatzabteilung* im Jahr 2001 riefen Einrichtungen der institutionellen Männerarbeit in Österreich die AMÖ ins Leben, mit dem Ziel,»dem medialen Bild der Verteidigung der ‚armen Männer‘ ein Bild gegenüberzustellen, das den Mann auch in seiner Widersprüchlichkeit begreift.« (Brem 2012, 390)

‚Mander es isch Zeit!‘ – Männer- und Väterrechtsinitiativen in rot-weiß-rot

Die in den vergangenen anderthalb Jahrzehnten entstandenen Männerrechtsvereine haben Öffentlichkeit und Kommunikationskanäle eindeutig im Internet. Es gibt keine konkreten Zahlen oder genaueren Schätzungen zur Größe des Milieus. Eine Momentaufnahme von Internetauftritten und *Facebook*-Seiten der zentralen Initiativen finden sich in der diesem Beitrag zugrunde liegenden Studie, die u.a. Onlinepräsenzen einschlägiger Vereine systematisch untersuchte (vgl. Scambor & Kirchengast 2014). Es ließen sich hierbei fünf zentrale Themenfelder und Denkfiguren im österreichischen Männerrechtsdiskurs identifizieren, die in inhaltlichen Schattierungen und diversen Kombinationen zu finden sind: Feindbild Frauenpolitik und Frauen-

---

[7] Der *Boys' Day* ist ein Aktionstag, an dem Jungen ab dem 12. Lebensjahr soziale Berufe kennenlernen. Auftraggeberin ist die *Männerpolitische Grundsatzabteilung* (*BMASK*), operativ umgesetzt wird der *Boys' Day* von Männerberatungs- und Koordinationsstellen in den Bundesländern. http://www.boysday.at [Abruf: 3.12.2015].

förderung, Männer als »Opfer von Diskriminierung«, Jungen als Bildungsverlierer, Männer als Scheidungsopfer und Obsorge-Verlierer, und Männer als Opfer häuslicher Gewalt. In diesem Beitrag werden wir ausgewählte Denkfiguren näher betrachten und der Frage nachgehen, ob sich die Einschätzungen und Behauptungen der Akteur_innen mit der empirischen Datenlage decken. Dieser Faktencheck soll es den Leser_innen auch ermöglichen, im Alltag fundiert gegen antifeministische Parolen aufzutreten und mitunter haltlose Anwürfe gegen die Gleichstellungspolitik evidenzbasiert zu demaskieren.

Ähnlich wie in Deutschland lassen sich auch einige österreichische Männer- und Väterrechtsinitiativen unter der Leitideologie des Antifeminismus zusammenfassen (vgl. Rosenbrock 2012, Claus 2014, Hark & Villa 2015). Der Feminismus wird dabei als monolithischer Block konstruiert und Feminist_innen werden häufig mit Adjektiven wie »männerhassend» und »dialogverweigernd» versehen. Der Feminismus (i.d.R. im Singular gebraucht) wird hierzulande irreführend als machtvolles Netzwerk dargestellt, welches vor allem seit Implementierung der EU-Gleichstellungsstrategie Gender Mainstreaming Regierungsinstitutionen infiltriere. Dabei sind es nicht ausschließlich Männer- und Väterrechtsinitiativen, die sich dieser Denkfiguren bedienen. In zwei von der Stadt Wien geförderten Studien antifeministischer Ausrichtung wird etwa bspw. geschlussfolgert, dass »Gender Mainstreaming [nicht] zu einer ausgewogenen Beurteilung und Förderung der Lebenslagen von Frauen und Männern, sondern zu einer Vereinnahmung durch die Frauenpolitik« geführt habe[8]. Der Lohnunterschied zwischen Männern und Frauen sei suggeriert und fälschlich kon-

---

[8] Meiners, J. / Bauer-Jelinek, C. (2014): Die Teilhabe von Frauen und Männern am Geschlechterdiskurs und an der Neugestaltung der Geschlechterrollen – Entstehung und Einfluss von Feminismus und Maskulismus. Club of Vienna, Wien. http://www.clubofvienna.org/projekte/geschlechtergerechtigkeit/ [03.12.2015], 111.

struiert.[9] Maskulismus wird als Gegenstrategie beworben und als mehrheitsfähig konstruiert, denn durch ihn soll der »latente Männerhass«[10] in der Gesellschaft überwunden werden.

Dieser »latente Männerhass« der zeitgenössischen Gleichstellungspolitik, so lautet die Botschaft, verhindere Geschlechtergerechtigkeit, Männer würden diskriminiert.[11] Deutlicher macht es das Parteiprogramm der *Männerpartei[12]*, die eine Abschaffung von »sexistischen Regeln« (wie etwa Quotenregelungen) fordert und damit der »unglaublichen, jedoch tatsächlich ernst gemeinten, absichtlichen Benachteiligung von Männern…[durch]…menschenrechts- und vernunftwidrige Gesetze«[13] vehement entgegentritt. Sie setzt auf den Opferdiskurs und soll ein Sprachrohr sein für die »'politisch vergessenen' Menschen in Österreich, denn bereits von der Verfassung abwärts wird Männern Gleichbehandlung per Gesetz mehrfach verwehrt.«[14] In Wien, Vorarlberg, Niederösterreich und Tirol finden sich lokale Gruppen der *Männerpartei*. Sie erreichten bei

---

[9] Sardadvar, C. (2014): Die Teilhabe von Frauen und Männern an der Erwerbsarbeit in Verbindung mit Fragen der gesamtwirtschaftlichen Entwicklung in Österreich – Methoden zur Messung und Ausprägung der Einkommensverteilung an den Beispielen Geschlechter-Lohnlücke und Lohnquote. Club of Vienna, Wien. http://www.clubofvienna.org/projekte/geschlechter gerechtigkeit/ [Abruf: 3.12.2015].

[10] Wie FN 8, Meiners & Bauer-Jelinek 2014, 109.

[11] Zum Thema Männerdiskriminierung gibt es auch eine eigene Internetplattform www.maennerdiskriminierung.at. Derselbe Betreiber betreut auch www.frauendiskriminierung.at, www.gleichstellung.at (die wesentlich weniger Inhalt aufweisen) sowie ein Stadtmagazin www.wien-konkret.at das durch antifeministische Inhalte auffällt.

[12] Die *Männerpartei* versteht sich als politische Partei Österreichs. Sie wurde 2008 gegründet und ist seit 2009 in der Öffentlichkeit aktiv. Schwerpunkte der *Männerpartei* sind Gleichberechtigung für Väter, die Reform des Familienrechts, die Abschaffung »*jeglicher sinnloser Geschlechterquoten*«, die Gleichstellung von Männern und Frauen bei der Pension sowie die Gleichbehandlung bei Wehrpflicht und Zivildienst.

[13] Siehe Parteiprogramm der Männerpartei 2013 http://www.maennerpartei.at/ files/Maennerpartei-Parteiprogramm-2013-01.pdf [Abruf: 03.12.2015].

[14] Siehe Startseite der Männerpartei http://www.maennerpartei.at/ [Abruf: 03.12.2015].

den Vorarlberger Landtagswahlen 2014 0,4%[15] der Stimmen, bei den Nationalratswahlen 2013 in Vorarlberg waren es 0,3%[16].

Kontext und Analysemodell

Das so genannte ‚triangle model‘ (Messner 2000), im Folgenden als ‚Messner‘sches Dreieck‘ bezeichnet, erweist sich als effizient, wenn es darum geht, geschlechterpolitische Haltungen unterschiedlicher Initiativen zu verorten. Es orientiert sich an folgenden drei Eckpunkten, die systematisch in den Blick genommen werden: Kritik an institutionalisierten männlichen Privilegien, Betonung der ‚Kosten der Männlichkeit‘, also der Nachteile, die sich aus der Lebensrealität von Männern in der Gesellschaft ergeben können (z.B. Gesundheitsprobleme) und Betonung von Unterschieden (Diversität) innerhalb der männlichen Bevölkerungsgruppen (vgl. Messner 2000). Das ‚Messner’sche Dreieck‘, als Schablone über Leitbilder und Aktivitäten von Männerarbeitspraxen gelegt, lässt einerseits ‚balancierte‘ Zugänge erkennen, die Privilegien und Machtvorteile von Männern kritisch hinterfragen, gleichzeitig aber auf ‚Kosten‘ und Diversität von Männlichkeiten Bezug nehmen (Messner 2000). Den ‚balancierten‘ Positionen stehen ‚nicht ausbalancierte‘ Zugänge gegenüber, die Männer als das neue benachteiligte Geschlecht sowie als Opfer von Frauen (bzw. des Feminismus) beschreiben und dabei sowohl Privilegien als auch die Diversität von Männlichkeiten außer Acht lassen. Beispiele für beide Zugänge lassen sich in Österreich finden.

---

[15] http://www.wahlinformation.at/vorarlberg.html [Abruf: 17.10.2014].
[16] http://wahl13.bmi.gv.at [Abruf: 22.9.2014].

Institutionalisierte
Privilegien

"Kosten"
der Männlichkeit

Unterschiede /
Ungleichstellungen
zwischen Männern

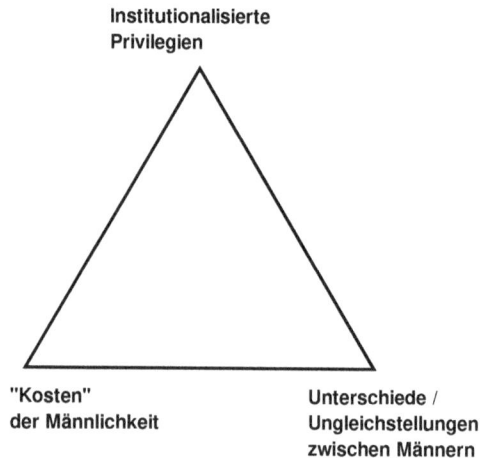

Abb.1 Messner'sches Dreieck
Quelle: Messner, 2000; eigene Übersetzung

Grundsätzlich bewegt sich Männerarbeit in Österreich hauptsächlich zwischen institutionalisierter Arbeit (z.b. Männerberatungsstellen, Forschungsinstitute, Jungenarbeitsstellen), Männerinitiationsgruppen sowie Männer- und Väterrechtsinitiativen (vgl. Brem 2012, Scambor & Kirchengast 2014). Evaluierungen der institutionellen Männerarbeit in Österreich zeigen, dass dabei der Großteil der Einrichtungen geschlechterreflektierende Arbeit und damit ‚balancierte‘ Zugänge in der Männerarbeit verfolgt. Siegl et al. (2013) analysierten 27 bundesweit erfasste Einrichtungen und stellen fest, dass vor allem Institutionen, die sich dem Leitbild der AMÖ[17] verpflichten, an Geschlechterdemokratie orientiert sind. Nichtsdestotrotz exis-

---

[17] Siehe Leitbild der AMÖ http://maenner.at/start.asp?ID=6 [01.12.2015].

tiert in Österreich auch ein spezifischer Nährboden für die neo-
konservative Verortung von Männerpolitik und die Bereitschaft
einiger Tages- und Wochenmedien, dieser auch entsprechend
Raum zu gewähren (Weiss 2013).

**Nicht ausbalanciert – Ausgewählte Denkformen, Diskurse
und Argumentationslinien antifeministischer Männerarbeit**

Im Folgenden wollen wir antifeministische Denkformen her-
ausgreifen und einem Faktencheck unterziehen. Gemein sind
den Diskursen die Themen »Jungen als Bildungsverlierer«,
»Gewalt gegen Männer« sowie »Männer als Scheidungsverlie-
rer«, derer sich die antifeministische Männerarbeit bedient, um
sich als Opfer eines alles beherrschenden Feminismus zu inszenieren.

Jungen als Bildungsverlierer

»Der ‚Bildungsverlierer'-Diskurs, der in nackten Zahlen Buben
als die weithin schlechteren Schüler und Absolventen und als
häufigere Repetenten ausweist, wird als ‚Dramatisierung von
Geschlecht' weggeredet.«[18], beklagt sich ein bekannter Propo-
nent der Denkfigur ‚Schulen fördern Mädchen und benachteiligen Buben' in einer österreichischen Tageszeitung im März
2015. Im besagten Bildungsverlierer-Diskurs lauten die Botschaften: Der steigende Anteil weiblicher Lehrkräfte (numeri-
sche Feminisierung) ist problematisch, da diese ‚den besonderen Bedürfnissen von Buben' nicht entgegenkommen können
(kulturelle Feminisierung, vgl. dazu Francis & Skelton 2005);
Lehrerinnen entmutigen und Lehrer ermutigen Buben; Buben
brauchen bubengerechte Methoden; grundsätzlich sind ‚die

---

[18] *Der Standard* 15.3.2015, http://derstandard.at/2000013509542/Der-blinde-
Fleck-der-Genderideologie [03.12.2015].

Buben' Bildungsverlierer. So fordert auch die *Männerpartei* –
eine im Jahr 2008 gegründete Partei mit Sitz in Vorarlberg (und
lokalen Gruppen in Wien, Niederösterreich und Tirol), die sich
als Sprachrohr versteht für die »politisch vergessenen« Männer,
denen »Gleichbehandlung per Gesetz mehrfach verwehrt«[19]
wird – beispielsweise »ideologiefreie Bildungspolitik«[20] und
verweist zum Statement »Buben sind im Bildungssystem deutlich benachteiligt« auf einen Artikel in der Online-Ausgabe
Südkurier, in welchem der Hinweis auf die Feminisierung des
Bildungssystems nicht fehlt (»Durch die Übermacht an Erziehe-
rinnen und Grundschullehrerinnen werden die Jungs vernachlässigt«[21]). In diesem Diskurs wird ausschließlich von einem
essentialistischen bipolaren Geschlechtssystem ausgegangen,
das Jungen und Mädchen unterschiedliche Fähigkeiten zuschreibt und damit ihren Handlungsspielraum einschränkt, anstatt ihn zu erweitern (vgl. Debus, Stuve & Budde 2013, Budde
2014).

Beginnen wir mit der Denkfigur ,Lehrerinnen entmutigen
und Lehrer ermutigen Buben'. Studien zu geschlechterbezoge-
nen Leistungsdifferenzen belegen, dass der Einfluss des Geschlechts der Lehrperson tendenziell überschätzt wird (vgl.
Faulstich-Wieland 2009, 2010, Budde 2009). Aus der Sicht von
Schüler_innen erweist sich das Geschlecht der Lehrperson als
unerheblich, vielmehr werden von ihnen pädagogische Kompetenzen und der Charakter der Lehrpersonen als entscheidende
Wirkfaktoren im pädagogischen Kontext genannt (vgl. Francis
et al. 2006). Speziell für Österreich konnten Bacher, Beham und
Lachmayr keinen statistisch relevanten Zusammenhang zwischen dem Anteil weiblicher Lehrpersonen in der Grundschule

---

[19] Siehe Startseite der Männerpartei http://www.maennerpartei.at/ [Abruf:
03.12.2015].
[20] http://www.maennerpartei.at/m%C3%A4nnerpartei-fordert-ideologiefreie-
bildungspolitik [Abruf: 01.12.2015].
[21] http://www.suedkurier.de/region/kreis-konstanz/konstanz/Sind-Jungen-die-
Bildungsverlierer;art372448,5287983 [Abruf: 01.12.2015].

und dem Bubenanteil in der Allgemeinbildenden Höheren Schule (AHS) nachweisen, »[...] wie dies die These der Feminisierung der Grundschule annimmt« (2008: 14). Dennoch zeigte sich ein deutlicher Effekt in der Sekundarstufe II: »Buben erzielen schlechtere Noten, wenn sie einen männlichen Klassenvorstand haben« (Bacher et al. 2008, 152), wodurch sich die Annahme, »dass Burschen männliche Lehrkräfte als Vorbilder benötigen, um gute schulische Leistungen erzielen zu können« (ebd.) »[...] als empirisch nicht haltbar« (Faulstich-Wieland 2010, 499) erweist.

Die Forderung nach ‚bubengerechten‘ (gemeint sind häufig bewegungsorientierte, aber auch an Wettbewerb und Kampf orientierte) Methoden gehen von der Annahme geschlechterspezifischer Interessen aus. Häufig handelt es sich dabei um Vorstellungen Erwachsener, die Geschlechterstereotype eher reproduzieren als verhindern (vgl. Budde 2009; Debus, Stuve & Budde 2013). So wird bspw. ausgeblendet, dass Jungen und Mädchen oft ähnliche Interessen haben, dass z.B. »im Jahr 2002 Harry Potter bei Jungen wie Mädchen zwischen zehn und 18 Jahren die beliebteste Lektüre war (vgl. Bischof/Heidtmann 2002: 252).« (Budde 2009, 77)

Wenden wir uns dem Denkmuster ‚Buben sind Bildungsverlierer‘ zu. Es liegt auf der Hand, dass bei diesem monokausalen Erklärungsmodell die Diversität von Jungen (z.B. soziale Herkunft, Migrationshintergrund) leicht übersehen wird. Mit Blick auf Bildungs(miss)erfolge erweist sich die Diversität von Jungen jedoch als bedeutsam. Befunde zu den sogenannten Early School Leavers (ESL) – jene Gruppe, die ohne Abschluss der Sekundarstufe II (Bsp. Lehrabschluss, Matura) aus dem Bildungssystem ausscheidet – zeigen bspw. deutlich, dass binnengeschlechtliche Unterschiede deutlich größer sind als jene zwischen Jungen und Mädchen. Im Jahr 2009 war der Anteil männlicher ESL mit Migrationshintergrund knapp viermal höher (22,4%) als der Anteil männlicher ESL ohne Migrationshintergrund (6%). Der Unterschied in der ESL-Rate aller Jungen (2010: 8,4%) im Vergleich zu allen Mädchen (2010: 8,2%) war hingegen vernachlässigbar (vgl. Scambor 2013, Scambor & Seidler 2013, Scambor, Wojnicka & Bergmann 2013, Bergmann, Scambor & Scambor 2014, Scambor 2014;). Steiner (2009) konnte darüber hinaus zeigen, dass das Risiko, aus dem Bildungssystem auszuscheiden, für die erste Generation (Migrationshintergrund) am höchsten ist.

Detaillierte Analysen zeigen, dass wir die Frage des Abschneidens von Jungen und Mädchen nicht wie ein Fußballspiel handhaben können, mit »Sieg oder Niederlage« (Budde 2009, 74). Ungleichheitsrelationen im österreichischen Bildungssystem sind stark mit sozialer Herkunft verknüpft, was sich u.a. daran zeigt, dass Kinder von Eltern mit niedrigem Bildungslevel ein vielfach höheres Bildungsausstiegsrisiko aufweisen als Kinder von Eltern mit mittlerer oder hoher Bildung (vgl. Steiner 2009, Gächter 2012). Etwa ein Fünftel der Leistungsunterschiede zwischen Schüler_innen konnte im Jahr 2006 auf familiäre Faktoren zurückgeführt werden, wobei gilt: hoher Bildungsabschluss der Eltern – hohes Leistungsniveau der Kinder (vgl. Breit & Schreiner, n.d.). Bruneforth & Lassnigg (2012) zufolge handelt es sich bei AHS-Einsteiger_innen hauptsächlich um Kinder, deren Eltern über ein hohes Bildungsniveau verfügen. Gleichzeitig erweist sich für Kinder aus bildungsfernen Haushalten ein Bildungsaufstieg als äußerst schwierig, weil Kinder in Österreich i.d.R. den Bildungsstand der Eltern reproduzieren und diesen nicht überholen (Breit & Schreiner, n.d.).

Allgemein gilt hier, dass es an der Zeit ist, in Diskussionen rund um Bildung und Geschlecht die oftmals beschworene ,Geschlechterdifferenz' nicht zu reproduzieren, sondern Jungen und Mädchen in ihrer Diversität wahrzunehmen (Budde et al. 2012, Busche, Scambor & Stuve 2012), weil dieser Zugang den Blick auf die tatsächlichen Bildungsverlierer und -verliererinnen ermöglicht.

Gewalt gegen Männer

Berichte und Präsentationen zu Gewalt in heterosexuellen Paarbeziehungen werden auf einschlägigen Webseiten von Männer- und Väterrechtsinitiativen häufig als gleichverteilte Gewalt (tendenziell mit einem Überhang männlicher Opferzahlen) bzw. als Gewalt von Frauen gegen Männer dargestellt. Dabei scheinen Differenzierungen von Gewaltformen i.d.R. nur dann vorgenommen zu werden, wenn dadurch die Hypothese ‚Gewalt geht von Frauen aus' bestätigt wird.[22] Andere Differenzierungen werden selten sichtbar, wie der Beitrag eines Vertreters von *Väter ohne Rechte* zeigt, der im Rahmen einer Podiumsdiskussion mit dem Titel »Gewalt ist nicht männlich« (2013) präsentiert wurde: »Gewalt ist nicht geschlechtsspezifisch und Frauen und Männer üben zu gleichen Anteilen Gewalt aus.«[23] Der Verein *Väter ohne Rechte* ist österreichweit aktiv (Vereinssitz Wien) und wurde im Jahr 2007 gegründet. Inhaltlich werden im Online-Auftritt Forderungen zugunsten einer gemeinsamen Obsorge und Doppelresidenz, sowie zur Verbesserung von Unterhalts- und Karenzregelungen für Väter benannt. Dabei werden Forderungen der *Väterplattform* zitiert. Im obigen Zitat finden sich mehrere generalisierende Hinweise. So scheinen bspw. aktuelle Ergebnisse der Forschung zu geschlechterbezogener Gewalt (z.b. hoher Frauenanteil bei Betroffenen von Gewalt im sozialen Nahraum oder hoher Männeranteil bei Betroffenen von Gewalt im öffentlichen Raum; vgl. Kapella et al. 2011) vernachlässigt zu werden. Auch die Aussage zur gleichverteilten Gewalt ist tendenziös dargestellt, denn diese sugge-

---

[22] Auf *vaeterplattform.eu* findet sich beispielsweise ein Eintrag vom 23.12.2013, in welchem vorwiegend jene Gewaltformen differenziert dargestellt werden, die implizit und z.T. explizit Frauen bzw. staatlichen Institutio nen zugewiesen werden, https://plus.google.com/u/0/106153210491014346 931/posts [Abruf: 29.01.2016].
[23] http://www.vaeter-ohne-rechte.at/wp-content/Gewalt-ist-nicht-maennlich.pdf [Abruf: 26.01.2016].

riert gleiche Gewaltbetroffenheit. Aber sobald Schwere und Folgen der Gewalt im sozialen Nahraum berücksichtigt werden, schälen sich die behördlich erfassten Betroffenenzahlen mit einem überwiegenden Frauenanteil heraus (s.u.).

Der Bericht über Gewalt an Männern[24] des Vereins *Vaterverbot* stellt ein weiteres Beispiel für einen ‚nicht ausbalancierten' Zugang dar, wird doch hauptsächlich parteilich argumentiert. Der Verein *Vaterverbot* wurde im Jahr 2008 gegründet, hat seinen Sitz in Steyr und ist österreichweit aktiv. Als Vereinsziele werden die »Gleichberechtigung beider Elternteile, gemeinsame Obsorge als Standard, ein gleichberechtigtes Unterhaltsmodell und als Konsequenz daraus die Doppelresidenz« benannt. Der Bericht über Gewalt an Männern nimmt u.a. Bezug auf (nicht zitierte) Studien, die einen hohen Männeranteil unter Betroffenen von Gewalt im sozialen Nahraum nachweisen. Der Differenz zu Daten über polizeiliche Interventionen (ca. 90% Frauen und 10% Männer als Betroffene von Gewalt im sozialen Nahraum, s.u.) wird kurzerhand mit der Hypothese begegnet, Männer würden die erlebte Gewalt nicht melden. Den Frauen wird hingegen unterstellt, eher die Polizei zu Hilfe zu rufen oder Anzeige zu erstatten.

Der genannte Bericht über Gewalt an Männern verweist auch auf eine (zitierte) Studie zu Scheidungsvätern von Gerhard Amendt, die bereits bei ihrem Erscheinen 2003 heftig kritisiert und gleichzeitig zum Referenzwerk antifeministischer Foren wurde. Die Erhebung in einschlägigen antifeministischen Väterforen und die Tatsache, dass »Mehrfachbeteiligungen und die Beteiligungen von ‚Nicht-Vätern' nicht reflektiert oder ausgeschlossen« (Rosenbrock 2012, 55) wurden, führten zu starken Verzerrungen der Stichprobe und damit zur Frage, ob diese Studie grundlegenden Ansprüchen an wissenschaftliche Forschung genügen kann. Während im Vorwort der Publikation

---

[24] http://www.vaterverbot.at/fileadmin/downloads/gewaltbericht_vaterverbot _2010.pdf [Abruf: 28.12.2015].

»Scheidungsväter« auf die verzerrte Stichprobe hingewiesen wurde (»denn wer seine Scheidung halbwegs zufriedenstellend bewältigt, hat weniger Anlass, zu einer Studie wie dieser beizutragen, als jemand, der damit eine bedrückende Zeit in seinem Leben verbindet«), bleibt die Stichprobe im Bericht über *Gewalt an Männern* unkommentiert. Ähnlich wie andere einschlägige Foren (z.b. *manndat.de*) zitiert *Vaterverbot* Täter_innenanteile (z.b. 60% Frauen), die angesichts der fehlenden Stichprobenbeschreibung tendenziös spezifische Gewaltkonstellationen (Frauen-Täterinnen/Männer-Betroffene) nahe legen. Hinweise auf Einzelbeispiele verstärken das Bild, dass schwere Gewalt von Frauen ausgehe. Im Hinweis auf die Studie von Amendt passiert eine Gleichsetzung von allen Gewalthandlungen, ungeachtet der Schwere, Häufigkeit und Folgen. Denkmuster, die von einer Gendersymmetrie der Gewalthandlungen bei Gewalt im sozialen Nahraum ausgehen, erweisen sich bei näherer Betrachtung jedoch als haltlos, vor allem dann, wenn die Folgen der Gewalt sichtbar werden.

Im Rahmen des *EU-Daphne*-Projekts *Psytel* (2010) konnte im internationalen Vergleich ein gemeinsames Muster bei gewaltsamen Todesfällen im Zusammenhang mit Gewalt in heterosexuellen Partnerschaften in allen beteiligten Ländern nachgewiesen werden: Frauen sind von Tötungsdelikten in Partnerschaften deutlich häufiger betroffen als Männer, ebenfalls von sexualisierter Gewalt (EU-weit im Jahr 2010 durchgängig über 80% Frauen, vgl. Scambor, Wojnicka & Bergmann 2013) bei fast ausschließlich männlicher Täterschaft. Dieses Muster zeigt sich auch in Österreich (vgl. Bergmann, Scambor & Scambor 2014) und es rückt zunehmend ins Hellfeld, v.a. in den Statistiken der Interventionsstellen bzw. Gewaltschutzzentren (vgl. Sorgo 2005), die hauptsächlich schwere, behördlich erfasste Gewalt abbilden.

Die *Wiener Interventionsstelle gegen Gewalt in der Familie* berichtete für das Jahr 2014 von 5.292 (87%) neu zugewiesenen

weiblichen und 789 (13%) männlichen Betroffenen. Der auffal-
lendste Unterschied zwischen weiblichen und männlichen Betroffenen bestand darin, dass bei ersteren die Gefährder_innen
fast ausschließlich männlich waren (über 95%), während bei
den männlichen Betroffenen die Gefährder_innen nicht überwiegend weiblich, sondern in 56,5 Prozent der Fälle ebenfalls
männlich waren. Das heißt,»auch die Gewalt an Männern ist
daher überwiegend Männergewalt« (*Wiener Interventionsstelle
gegen Gewalt in der Familie* 2015, 57). Die Daten der Interventionsstellen bzw. Gewaltschutzzentren in Österreich zeigen
regelmäßig eine Schieflage mit deutlich mehr gewaltbetroffenen
Frauen als Männern, wobei die hauptsächlich schwere Gewalt
oft von den männlichen (Ex-)Partnern ausgeht. Dennoch belegen die Hellfelddaten auch zur Hälfte weibliche
Gefährder_innen bei männlichen Betroffenen von Gewalt im
sozialen Nahraum (ca. 10%). Dieser Hinweis erscheint uns relevant, weil wir uns nicht dem Vorwurf der Männer- und
Väterrechts-initiativen aussetzen wollen, ‚auf einem Auge
blind' zu sein. Darüber hinaus geht es aber auch darum, jene
Gewalterfahrungen nicht zu verschweigen, durch welche Vorstellungen und Bilder von Männlichkeit brüchig werden (z.B.
bei sexualisierter Gewalt gegen Jungen; vgl. dazu Mosser 2009,
Bange 2007).

Befunde aus dem Dunkelfeld[25], z.B. Prävalenzstudien zu
Gewalt in heterosexuellen Partnerschaften, scheinen oberfläch-
lich betrachtet die viel zitierten Befunde von Männer- und
Väterrechtsinitiativen zu belegen, dass Männer und Frauen zu
gleichen Teilen körperliche Gewalt in heterosexuellen Paarbeziehungen erleben (vgl. Watson & Parsons 2005, Heiskanen &
Ruuskanen 2011). Detaillierte Analysen zeigen jedoch, dass

---

[25] Im Dunkelfeld werden all jene Gewalthandlungen zusammengefasst, die
nicht behördlich sichtbar werden sondern beispielsweise im Rahmen von
Gewaltprävalenzstudien erhoben werden (für Österreich vgl. z.B. Kapella et
al. 2011).

Frauen deutlich stärker von bedrohlichen, schweren und häufigen Übergriffen betroffen sind und dass häusliche Gewalt gegen Männer mit größerer Wahrscheinlichkeit von anderen Männern ausgeübt wird. Dies betrifft sowohl psychische als auch sexualisierte und körperliche Gewalt (vgl. dazu Kimmel 2002, Gloor & Meier 2003, Walby & Allen 2004, GiG-net 2008, Puchert & Scambor 2012, Bergmann, Scambor & Scambor 2014). Auch ist zu bedenken, dass Gegenwehr bei gewalttätigen Übergriffen in Prävalenzstudien als ‚Gewalterfahrung' bzw. ‚Gewalthandlung' in Erscheinung tritt.

Ein weiteres damit zusammenhängendes diskursives Feld antifeministischer Männerarbeit in Österreich sind ‚Männer als Scheidungsverlierer', dem wir uns nun zuwenden.

Männer als Scheidungsverlierer

Die Männer- und Väterrechtsinitiativen sind tragende Pfeiler der österreichischen Männerrechtsszene, wobei Goetz (2013) schreibt, dass die Ursprünge der Väterrechtsinitiativen in Österreich auf die Männerrechtsbewegung der 1990er Jahre zurückgehen. Sie präsentieren sich als Geflecht von Initiativen, die mittlerweile gut vernetzt sind. So sind beispielsweise *Väter ohne Rechte*[26], *Papa gibt Gas*[27], *Kindergefühle*[28], und die *Män-*

---

[26] Siehe FN 22.

[27] Der Verein *Papa gibt Gas* scheint Anfang 2011 gegründet worden zu sein, es wird kein genaues Gründungsdatum genannt. Er präsentiert sich als Anlaufstelle für Väter, deren Kontakt zu ihren Kindern eingeschränkt wurde. Erwartungsgemäß wird auf *Väter ohne Rechte, Verein Kindergefühle, Männerpartei* und *Väterplattform* verlinkt.

[28] Der Verein *Kindergefühle* wurde 2007 gegründet, ist Mitglied der *Väterplattform* und laut Eigenbeschreibung österreichweit tätig. Die Selbstbeschreibung fokussiert wie bei anderen Väterrechtsvereinen auf Kindesinteressen. Zur Mitgliederzahl sind keine Angaben zu finden, die *Facebook*-Gruppe des Vereins hat derzeit 1853 Mitglieder (Stand März 2015).

nerpartei in einer *Väterplattform* vernetzt[29], weitere Akti-vist_innen versammeln sich in den Organisationen *Im Namen Elterlicher Verantwortung* (INEV)[30] und *Vaterverbot*[31]. Die *Väterplattform* wiederum ist international mit der *Platform for European Fathers* (PEF)[32] verbunden, die im Jahr 2011 in Brüssel gegründet wurde. Der Verein *Recht der Kinder auf beide Eltern* mit Sitz in Linz war lange Zeit eine der größten Plattformen für Männer- und Väterrechtsinitiativen in Öster-reich, musste aber aufgrund rechtsextremer Aktivitäten vor einigen Jahren seine Tore schließen (vgl. Brem 2012). So wie manche andere Männer- und Väterrechtsinitiativen rekrutierte auch dieser Verein seine Mitglieder u.a. am rechten Rand. Das ‚Recht der Kinder' sollte mittels antifeministischer Postings und Blogs, ‚Feminist_innen-Bashing' und manchmal auch mittels gezielter Stalking-Aktionen durchgesetzt werden (vgl. Brem 2012). Die Vernetzung zeigt nicht immer notwendigerweise die Breite der Bewegung, sondern kommt auch durch Personaluni-onen zustande, so ist bspw. der Betreiber der Webseite *Papa gibt Gas* zugleich Obmann und Spitzenkandidat der eingangs beschriebenen *Männerpartei* und Obmann des *Männerservice*[33].

Spezifisch für diese Szene ist der politische Widerhall, den sie in Österreich mit dem Thema ‚Väter als Scheidungsverlie-rer' gefunden hat und findet. Der bereits erwähnte Sozialminis-

---

[29] Die *Väterplattform* findet sich mit eigener Website im Internet, zeichnet sich zuletzt jedoch durch längere Inaktivität aus – der letzte Eintrag stammt aus dem Jahr 2014.
[30] Ein Gründungsdatum von INEV ist nicht zu eruieren aus den Selbstdarstel-lungen, wohl aber dass es sich um einen Ein-Mann-Betrieb handelt wie aus einem auf der Vereins-Website gepostetem Zeitungsartikel hervorgeht http://www.inev.at/index.php/news/29-zeitungsbericht-vater-ohne-kinder-in-der-kleine-zeitung [Abruf: 22.3.2015]. Es findet sich nur eine einzige Verlinkung zum Verein »*Victims Mission Charity*« *Verein für die Wiederher-stellung und Wahrung der Würde von Überlebenden sexuellen Missbrauchs.*
[31] Siehe FN 25.
[32] http://europeanfathers.wordpress.com [25.11.2015].
[33] http://www.maennerservice.at/vorarlberg [20.04.2016].

ter Haupt beauftragte 2002 erstmals eine Studie, die sich der ‚neuen Risikogruppe männliche Scheidungsopfer' annahm (Denk et al. 2002). Medien berichteten damals darüber, dass man im Ministerium mit den Ergebnissen »unzufrieden« sei, da aus der Studie hervorgehe, dass Männer nicht generell benachteiligt seien. Armutsgefährdet seien vor allem Geschiedene, deren Gehalt schon vorher kaum für eine Familie reichte – dies gelte allerdings für beide Geschlechter.[34] Die Denkfigur des Zerfalls der Familie durch ‚Vaterverlust' spiegelt sich u.a. in einer rezenteren Studie wieder, die vom FPÖ Bildungsinstitut herausgegeben wurde.[35] Politisch mobilisiert wurde in diesem Zusammenhang auch rund um das Thema der Doppelresidenz. Tatsächlich hat der österreichische Verfassungsgerichtshof im Oktober 2015 entschieden, dass in Hinblick auf Artikel 8 der *Europäischen Menschenrechtskonvention* eine Doppelresidenz bei gemeinsamer Obsorge möglich sei, wenn es aus Sicht des Gerichts für das Kindeswohl am besten ist (das heißt: wenn auch schon vor der Trennung die Betreuungsarbeit geteilt wurde).[36] Wie diese konkret gehandhabt werden wird und auch gesetzlich verankert werden kann (z.B. mit dem Meldegesetz in Einklang zu bringen ist) bleibt abzuwarten und ist Gegenstand aktueller politischer Diskussionen.

Die Opferideologie der meisten Väterrechtsinitiativen basiert auf einem männlichen Krisendiskurs und ist an die Konstruktion starker Unterdrücker_innen (Frauen, Gerichte, etc.) bzw. eines allmächtigen Feminismus gebunden. Andernfalls müssten eigene Männlichkeitsvorstellungen in Frage gestellt

---

[34] http://www.ots.at/presseaussendung/OTS_20021027_OTS0012/profil-scheidungsstudie-enttaeuscht-fp-minister-haupt [Abruf: 29.01.2016].
[35] Tayenthal, T. (2012): Ein Vaterland ohne Väter. Mit der Familie zerbricht die Gesellschaft! FPÖ Bildungsinstitut, Wien. Zu beziehen unter http://www.fpoe-bildungsinstitut.at/publikation-details/-/detail/publikation/1001/d [Abruf: 03.12.2015]
[36] http://www.salzburg.com/nachrichten/oesterreich/politik/sn/artikel/scheidungskinder-koennen-zwei-wohnsitze-haben-170764/ [03.12.2015].

werden (vgl. Rosenbrock 2012; Claus 2014). Ganz deutlich wird diese auf der Website des oben genannten Vereins *Männerservice*, mit einer Regionalstelle in Vorarlberg. *Männerservice* tritt auf der Startseite *»Gegen Väterentrechtung!«* auf und »ist eine Anlaufstelle, die männerspezifischen Schlechterstellungen tatkräftig entgegentritt«. Auch die Bildsprache des Webauftritts unterstreicht die prekäre Selbsteinschätzung. Das Logo ist ein rot-weiß-roter Rettungsring mit dem Schriftzug »Mann in Not«. Der Verein bietet laut eigenen Angaben seit 2011 Männerberatung zu Scheidung, Unterhalt, Alimenten, Obsorge, Besuchsrecht und Kontaktrecht in einer feindlichen Welt:

> »Die Sorgen und Nöte vieler Männer steigen. Sie sind oft Ämtern und Gesetzen ausgeliefert, welche den Anspruch von Männern auf Lebens- und Familienglück dezidiert nicht unterstützen. Männer fühlen sich oft begründet ausgenutzt und ausgepresst. Vielen scheint, sie werden auf egoistisches Drängen anderer aus der Familie ausgeschlossen.«[37]

Interessant ist dabei, dass, entgegen dem traditionellen Modell des Vollzeit erwerbstätigen Familienernährers, Männlichkeit im Sinne von ,Caring Masculinity'[38] (fürsorglich, betreuend, sorgend) (vgl. Scambor, Wojnicka & Bergmann 2013; Bergmann, Scambor & Scambor 2014; Claus 2014) entworfen wird. Dieses Konzept tritt uns auf diversen Väterrechtsseiten in Gestalt des fürsorglichen Vaters entgegen, dem der Kontakt zu seinen Kindern verwehrt wird. Väterrechtsaktivist_innen erheben dabei den Anspruch, Interessen aller Väter zu vertreten. Fakt ist jedoch, dass sie sich – statistisch gesehen – auf eine sehr kleine Gruppe von Männern beziehen (nämlich jene, die in strittigen

---

[37] http://www.maennerservice.at/maennerservice/ [Abruf: 29.01.2016].
[38] Der Begriff ,Caring Masculinity' bezieht unterschiedliche Dimensionen mit ein: sich sorgen/kümmern um Kinder, ältere Menschen, Kolleg_innen, sich selbst, die soziale, politische, physische Umwelt etc., im Sinn eines weitreichenden Bezogen-Seins.

Scheidungen von Sorgerechtskonflikten betroffen sind). In Österreich erfolgte bspw. der Löwenanteil der im Jahr 2014 durchgeführten Scheidungen (14.607 bzw. 87,7%) in beiderseitigem Einvernehmen (§55a Ehegesetz). Bei den insgesamt 2.040 strittig bzw. nach ausländischem Recht geschiedenen Ehen war zu 55,1% der Mann Träger des Verschuldens, zu 10,3% die Frau, zu 23,4% beide sowie zu 11,1% keine_r von beiden. Insgesamt blieb ein gutes Drittel der 2014 geschiedenen Ehen (37,5%) kinderlos.[39]

Der Väterrechtsdiskurs ermöglicht die Konstruktion des Feindbilds eines institutionalisierten Feminismus, der den Frauen zuarbeitet (Dazu *vaterverbot.at:* »Stellen sie sich vor, man(n) würde einer Mutter die Kinder wegnehmen, ein unglaublicher Skandal. Den Vätern werden die Kinder weggenommen, eine gesellschaftliche Selbstverständlichkeit.«[40]). Zweitens erfordert diese Ungleichbehandlung ein Korrektiv. Deshalb muss bei Männern, so wie bei Frauen, eingegriffen werden (»Unsere Kinder haben das Recht von beiden Elternteilen durch das Leben begleitet zu werden. Denkt an die Zukunft Eurer Kinder – sie lieben euch beide«, Vgl. *vaterverbot.at*).

Resümee und Verortung im Messner'schen Dreieck

In Österreich existiert eine Vielfalt geschlechterpolitischer Haltungen in der Männerarbeit, wobei institutionelle Angebote (z.B. Männerberatung, Männlichkeitsforschung, Therapie, Jungenarbeit) vor allem von geschlechterdemokratischen Zugängen gekennzeichnet sind. Diese manifestieren sich u.a. in Leitbil-

---

[39] http://www.statistik.at/web_de/statistiken/menschen_und_gesellschaft/bevoelkerung/haushalte_familien_lebensformen/lebensformen/081199.html [Abruf: 29.1.2016].
[40] www.vaterverbot.at [29.1.2016].

dern, Arbeitsprinzipien und Missionen der AMÖ oder des im Jänner 2016 gegründeten *Dachverbands für Männerarbeit in Österreich* (DMÖ).[41] Dem gegenüber stehen die in diesem Beitrag besprochenen Initiativen, die sich eines tendenziösen Diskurses bedienen, der einem Faktencheck nicht standhalten kann. Ihnen ist gemein, dass sie einseitige Opferdiskurse konstruieren, wenn sie Männer als Scheidungs- und Gewaltopfer oder Jungen als Bildungsverlierer entwerfen. Im Kontext des vorgestellten ,triangle model' von Messner (2000) heißt das, dass vor allem die ,Kosten', also die Nachteile von Männlichkeiten, im Fokus dieser Männerarbeit stehen. Dieser Zugang ist im Sinne von Messner ,nicht ausbalanciert', weil er männliche Privilegien auf struktureller Ebene nicht berücksichtigt und weil die unterschiedliche Betroffenheit der Männer von Kosten oder der unterschiedliche Zugang von Männern zu Privilegien ausgeklammert bleiben (siehe Abb.2).

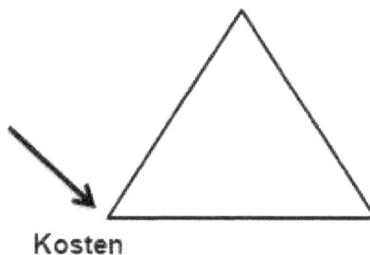

Abb. 2: Nicht ausbalancierte Zugänge zu Männerarbeit
Quelle: Messner, 2000; eigene Übersetzung.

Diese Fokussierung auf ,Kosten von Männlichkeit' führt Messner (2000) zufolge in der Regel zu verzerrten und generalisierenden Botschaften, wie sie uns hier in den Argumentationsli-

_____

[41] http://dmoe-info.at/ueber_uns/dachverband_[Abruf: 29.1.2016].

nien einzelner österreichischer Männer- und Väterrechtsinitiativen begegnen. Wenn wir hier vom ‚österreichischen Männerrechtsdiskurs' sprechen möchten wir an dieser Stelle noch einmal festhalten, dass wir in diesem Artikel einen Ausschnitt aus diesem Diskursfeld anhand dreier Denkfiguren präsentiert haben. Einige Beispiele von Überschneidungen zwischen antifeministischen Männerrechtsvereinen und österreichischer Politik wurden skizziert. Eine umfassende, systematische Einordnung und Darstellung der Verflechtung von Männerrechtsinitiativen und Politik muss aber in Folgeuntersuchungen erst erbracht werden.

Grundsätzlich werden im Männerrechtsdiskurs Themen der ‚Männerdiskriminierung'[42] zumeist in kumulierter Weise dargestellt: Fragen des (Ob-)Sorgerechts nach Trennungen werden oft gemeinsam mit Themen wie ‚Väter als Opfer häuslicher Gewalt' bzw. Quotenregelungen u.Ä. verhandelt und resultieren allesamt in der gleichen Diagnose: Männer sind das benachteiligte Geschlecht. Diese Haltung gipfelt letztlich in der Imagination eines alles beherrschenden Feminismus, der auch Regierungsstrukturen infiltriere: Mit dem Schlagwort einer angeblichen »Femokratie« untermalen antifeministische Kreise hier ihre These, staatliche Strukturen lägen in der Hand »des« Feminismus. Die strukturellen Benachteiligungen von Männern, wie sie im österreichischen Männerrechtsdiskurs gezeichnet werden, entbehren aber vielfach empirischer Grundlagen, wie wir im vorliegenden Beitrag zeigen konnten (vgl. auch Scambor & Kirchengast 2014).

Mit Nachteilen, die sich bspw. aus einer Orientierung am männlichen Ernährermodell ergeben, sind auch erhebliche Privilegien verbunden, die in ‚nicht ausbalancierten' Sichtweisen i.d.R. nicht thematisiert werden. Der Hyper-Sichtbarkeit von männlichen Unterhaltsleistungen nach Scheidungen steht im

---

[42] http://www.maennerdiskriminierung.at [Abruf: 01.11.2014].

Väterrechtsdiskurs bspw. die Unsichtbarkeit von hohem Einkommen, beruflichem Status und Freiheit von Reproduktionsarbeit gegenüber. Diversität wird kaum thematisiert. Auf die Situation gleichgeschlechtlicher Paare wird ebenso wenig Bezug genommen, wie auf die Lebensverhältnisse und -umstände bei Männern mit Migrationserfahrung. Familie, Sexualität, Beziehung und Elternschaft werden ausschließlich auf der (weißen) heteronormativen Ebene verhandelt. Das Paradoxon liegt dabei darin, dass der Kampf gegen Benachteiligung von Männern aufgenommen wird, obwohl die spezielle Gruppe, die im Fokus steht (weiß, männlich, heterosexuell) nicht konkret gefährdet ist (vgl. auch Hark & Villa 2015). Ein klares Bekenntnis zu allen drei Eckpfeilern des ‚Messner'schen Dreiecks' und zu Geschlechterdemokratie gibt es im Vergleich dazu bei den Mitgliedern des DMÖ. Die Mitglieder betrachten

> »geschlechterbezogene Privilegien, Kosten und Ungleichheiten gleichermaßen. Es gilt sowohl, strukturelle männliche Bevorzugungen in einer patriarchalen Gesellschaft sichtbar zu machen und kritisch zu reflektieren, gleichzeitig geht es auch darum, Benachteiligungen von Männern aufzuzeigen und die Diversität männlicher Lebenskonzepte zu berücksichtigen.«[43]

Dieses klare Bekenntnis illustriert auch die Verknüpfung von Theorie und Praxis, die in geschlechterdemokratischer Männerarbeit in Österreich passiert. Kritische Sozialwissenschaft und queere Diskurse finden hier ihren praktischen Niederschlag anstatt gänzlich ausgeblendet zu werden. Hier kann Männerarbeit passieren, die sich tatsächlich an einen Großteil unterschiedlicher Männer richtet, anstatt sich – im Sinne des ‚Messner'schen Dreiecks' buchstäblich ‚einbeinig' – am Rande der Glaubwürdigkeit und fernab der Faktenlage zu bewegen.

---

[43] http://dmoe-info.at/ueber_uns/dachverband [Abruf: 29.1.2016].

Literatur

Amendt, G. (2003): Scheidungsväter. Institut für Geschlechter- und Generationenforschung, Bremen. Bremen: Universität Bremen – Staats-und Universitätsbibliothek.

Bacher, J. / Beham, M. / Lachmayr, N. (Hg.) (2008): Geschlechterunterschiede in der Bildungswahl (1. Aufl.). Wiesbaden: VS Verlag für Sozialwissenschaften.

Bange, D. (2007): Sexueller Missbrauch an Jungen. Die Mauer des Schweigens. Göttingen: Hogrefe.

Bergmann, N. / Scambor, C. / Scambor, E. (2014): Bewegung im Geschlechterverhältnis? Zur Rolle der Männer in Österreich im europäischen Vergleich. Wiener Beiträge zur empirischen Sozialwissenschaft, Band 5. Münster Wien: LIT Verlag.

BMASK (2015): Strategie der Männerpolitischen Grundsatzabteilung. https://www.sozialministerium.at/cms/site/attachents/0/4/1/CH22 05/CMS1361175375197/strategie_der_maennerpolitischen_grun dsatzabteilung.pdf [Abruf: 28.11.2015].

Brem, J. (2012): Zur Therapie der Männlichkeit – Männerpolitik in Österreich, in Theunert, M. (Hg.), Männerpolitik. Was Jungen, Männer und Väter stark macht. Wiesbaden: Springer VS, 386–402.

Breit, S. / Schreiner, C. (n.d.): Familiäre Faktoren und Schulleistung – über Chancen(un)gleichheit. https://www.bifie.at/buch/815/6/1 [Abruf: 15.1.2016].

Bruneforth, M. / Lassnigg, L. (Hg.) (2012): Nationaler Bildungsbericht Österreich 2012. Band 1. Das Schulsystem im Spiegel von Daten und Indikatoren. Graz: Leykam.

Budde, J. / Faulstich-Weiland, H. (2005): Jungen zwischen Männlichkeit und Schule, in King, V. / Flaake, K. (Hg.), Männliche Adoleszenz. Sozialisation und Bildungsprozesse zwischen Kindheit und Erwachsensein. Frankfurt/Main: Campus, 37-56.

Budde, J. (2009): Perspektiven für Jungenforschung in Schulen, in Budde, J. / Mammes, I. (Hg.), Jungenforschung empirisch. Zwischen Schule, männlichem Habitus und Peerkultur. Wiesbaden: VS Verlag für Sozialwissenschaften, 73–89.

Budde, J. / Debus, K. / Krüger, S. / Stuve, O. (2012): Jungenpädagogik empirisch. Opladen: Verlag Barbara Budrich.

Budde, J. (2014): Differenz beobachten, in Tervooren, A. / Göhlich, N. / Engel, M. / Miethe, I. / Reh, S. (Hg.), Ethnographie und Differenz in pädagogischen Feldern. Internationale Entwicklungen erziehungswissenschaftlicher Forschung. Bielefeld: transcript, 133–149.

Busche, M. / Scambor, E. / Stuve, O. (2012): Eine intersektionale Perspektive in Sozialarbeit und Bildung, in *ERIS web journal*, 1/2012, 2-14.

Claus, R. (2014): Maskulismus. Antifeminismus zwischen vermeintlicher Salonfähigkeit und unverhohlenem Frauenhass. Berlin: Friedrich-Ebert-Stiftung. http://www.fes.de/cgi-bin/gbv.cgi?id=10861&ty=pdf [Abruf: 1.11.2015].

Debus, K. / Stuve, O. / Budde, J. (2013): Erweiterung der Perspektiven für die Berufs- und Lebensplanung von Jungen. Eine Praxishandreichung für die Schule. Kompetenzzentrum Technik-Diversity-Chancengleichheit e.V.

Denk, G. / Egger, A. / Mosberger, B. / Steiner, K. / Logar, S. (2002): *Neue Risikogruppe männliche Scheidungsopfer? Finanzielle und wirtschaftliche Implikationen* Endbericht 08/2002, Wien. http://www.abif.at/deutsch/download/publikationen.asp?rubrik=s oziales, [Abruf: 29.1.2015].

Faulstich-Wieland, H. (2009): »Jungenverhalten« als interaktive Herstellungspraxis, in Budde, J. / Mammes, I. (Hg.), Jungenforschung empirisch. Zwischen Schule, männlichem Habitus und Peerkultur. Wiesbaden: VS Verlag für Sozialwissenschaften, 91-101.

Faulstich-Wieland, H. (2010): Mehr Männer in die Grundschule: Welche Männer? In *Erziehung und Unterricht*, Mai/Juni 5-6, 497–504, http://www.oebv.at/sixcms/media.php/504/faulstich _wieland.pdf [Abruf: 29.01.2015].

Francis, B. / Skelton, C. / Carrington, B. / Hutchings, M. / Read, B. / Hall, I. (2006): A perfect match? Pupils' and teachers' views of the impact of matching educators and learners by gender. Paper presented at the British Educational Research Association Annual Conference, University of Warwick.

Gächter, A. (2012): Der Bildungserwerb der 15 bis 19 Jährigen. Erste Ergebnisse. Arbeitspapiere Migration und soziale Mobilität Nr. 26. https://www.zsi.at/attach/p26_12_bfi1stn.pdf [29.01.2015].

Gesterkamp, T. (2010): Geschlechterkampf von rechts. Wie Männerrechtler und Familienfundamentalisten sich gegen das Feindbild Feminismus radikalisieren. Hg. Abt. Wirtschafts- und Sozialpolitik der Friedrich-Ebert-Stiftung, Bonn. http://library.fes.de/pdf-files/wiso/07054.pdf [Abruf: 01.11.2014].

GiG-net (2008) Forschungsnetz Gewalt im Geschlechterverhältnis (2008): Gewalt im Geschlechterverhältnis. Erkenntnisse und Konsequenzen für Politik, Wissenschaft und soziale Praxis. Opladen: Verlag Barbara Budrich.

Gloor, D. / Meier, H. (2003): Gewaltbetroffene Männer – wissenschaftliche und gesellschaftlich-politische Einblicke in eine Debatte. In *FamPra.ch – Die Praxis des Familienrechts* 3, 526-547.

Goetz, J. (2013): »Vom Trennungsopfer bis zum Frauenhausjäger« – Die österreichische Väterrechtsbewegung macht mobil, in *AEP-Informationen, feministische Zeitschrift für Politik und Gesellschaft*, Heft 2/2013. http://forschungsgruppefipu.wordpress.com/2013/08/20/vom-trennungsopfer-bis-zum-frauenhausjager/ [Abruf: 31.10.2014].

Hark, S. / Villa, P-I. (Hg.) (2015): Anti-Genderismus. Sexualität und Geschlecht als Schauplätze aktueller politischer Auseinandersetzungen. Bielefeld: transcript Verlag

Kapella, O. / Baierl, A. / Rille-Pfeiffer, C. / Geserick, C. / Schmidt, E.-M. / Schröttle, M. (2011): Gewalt in der Familie und im nahen sozialen Umfeld. Österreichische Prävalenzstudie zur Gewalt an Frauen und Männern. Wien: Österreichisches Institut für Familienforschung an der Universität Wien (ÖIF).

Kemper, A. (Hg.) (2012): Die Maskulisten. Organisierter Antifeminismus im deutschsprachigen Raum. Münster: UNRAST-Verlag.

Kimmel, M. (2002): Gender symmetry in domestic violence. A substantive and methodological research review. In *Violence against women*, 11, 1332-1363.

Kimmel, M. (2010): Boys and school: A background paper on the 'boys crisis'. http://www.sweden.gov.se/content/1/c6/14/91/69/0 4632432.pdf [29.01.2015].

Mayrhofer, M. (2007): Männerpolitik im Kontext von Gender Mainstreaming. Die Männerpolitische Grundsatzabteilung im Österreichischen Sozialministerium, in Heinrich-Böll-Stiftung und Forum Männer in Theorie und Praxis der Geschlechterverhältnisse (Hg.), Männerpolitik(en). Berlin: Heinrich-Böll-Stiftung, 38-45.

Messner, M.A. (2000): Politics of masculinities. Men in movements. Lanham, MD: Altamira Press.

Mosser, P. (2009): Wege aus dem Dunkelfeld. Aufdeckung und Hilfesuche bei sexuellem Missbrauch an Jungen. Wiesbaden: VS Verlag.

Psytel (Hg.) (2010): Estimation of Intimate Partner Violence related mortality in Europe - IPV EU_Mortality. Synthesis of the scientific report. http://www.psytel.eu/en/violences.php [„Development of an Intimate Partner Violence module within the harmonised European Health Survey - EHIS - from Eurostat" – Synthèse (EN)] [Abruf: 10.11.2014].

Puchert, R. / Scambor, C. (2012): Gewalt gegen Männer. Erkenntnisse aus der Gewaltforschung und Hinweise für die Praxis, in *Polizei & Wissenschaft* 4/2012, 25-38.

Rosenbrock, H. (2012): Die antifeministische Männerrechtsbewegung. Denkweisen, Netzwerke und Online-Mobilisierung. Berlin: Heinrich-Böll-Stiftung. http://www.boell.de/sites/default/files/ antifeministische_maennerrechtsbewegung.pdf [Abruf: 1.11.2014].

Siegl, E. / Scambor, E. / Zingerle, M. / Mauerhofer, N. (2013): Studie Männerarbeit in Österreich. http://vmg-steiermark.at/ si-

tes/maennerberatung.mur.at/files/forschungdownloads/studie_ma
ennerarbeit_in_oesterreich.pdf [Abruf: 3.12.2015].

Scambor, E. (2013): Sind Burschen Bildungsverlierer? Eine Diskussion am Beispiel der Early School Leavers, in *Jugend Inside*
3/2013, 3–5, http://www.dv-jugend.at/fileadmin /user _upload /
Pdfs/jugendinside_sept_13.pdf [Abruf: 29.01.2015].

Scambor, E. / Seidler, V. (2013): Boys in education in Europe: Theo-
retical reflections and the case of early school leaving, in THY-
MOS, *Journal of Boyhood Studies*, 7 (1), 3-20.

Scambor, E. / Wojnicka, K. / Bergmann, N. (eds.) (2013): Study on
the Role of Men in Gender Equality, prepared for the European
Commission, written by S. Belghiti-Mahut, N. Bergmann, M.
Gärtner, J. Hearn, Ø. G. Holter, M. Hrženjak, R. Puchert, C.
Scambor, E. Scambor, H. Schuck, V. Seidler, A. White & K.
Wojnicka. http://ec.europa.eu/justice/events/role-of-men/index_
en.htm [Abruf: 1.12.2015].

Scambor, E. (2014): Sind alle Burschen Bildungsverlierer? Erhellende
Einblicke auf Basis einer intersektionalen Analyse der Early
School Leavers, in *Erziehung und Unterricht*, Jänner/Februar 1-
2/2014, 106-114.

Scambor, E. / Kirchengast, A. (2014): Zwischen Geschlechterdemokratie und Männerrechtsbewegung. Geschlechterpolitische Zugänge in der österreichischen Männerarbeit. Handreichung zur
Studie. Im Auftrag des Landes Steiermark, Abteilung 6 Gesellschaft und Diversität, Fachabteilung für Gesellschaft und Diversität. http://vmg-steiermark.at/sites/ maennerbera-
tung.mur.at/files/pdfdownload/zwischen_geschlechterdemokratie
_und_maennerrechtsbewegung_19112014_print.pdf [Abruf:
29.1.2015].

Sorgo, M, (2005): Was sind Interventionsstellen? In A. Dearing & B.
Haller (Hg.), Schutz vor Gewalt in der Familie. Wien: Verlag Österreich, 197-230.

Steiner, M. (2009): Early school leaving in Österreich 2008. Ausmaß,
Unterschiede, Beschäftigungswirkung. Research Report. Wien:

IHS Institut für Höhere Studien. http://media.arbeiterkammer.at/PDF/StudieEarlySchoolLeaving.pdf [Abruf: 29.01.2015].

Raml, R., Dawid, E. / Feistritzer, G. (2011): 2. Österreichischer Männerbericht. Wien (unter Mitarbeit von Mag. Nedeljko Radoijicic und Mag. Setare Seyyed-Hashemi). Wien: Bundesministerium für Arbeit, Soziales und Konsumentenschutz (BMASK), https://www.parlaent.gv.at/PAKT/VHG/XXIV/III/III_00279/imf name_236879.pdf [Abruf: 01.12.2015].

Walby, S. / Allen, J. (2004): Domestic violence, sexual assault and stalking. Findings from the British Crime Survey (Home Office Research Study 276). London: Home Office.

Watson, D. / Parsons, S. (2005): Domestic abuse of women and men in Ireland. Report on the National Study of Domestic Abuse. Dublin, Ireland: National Crime Council in association with the Economic and Social Research Institute.

Weiss, A. (2013): "Geschlechterkampf" – Inszenierungen von Frauenmacht und Männerleid, in: Riegraf, B. / Kahlert, H. / Liebig, B. / Peitz, M. / Hacker, H. / Reitsamer, R. (Hg.) Geschlechterverhältnisse und neue Öffentlichkeiten, Feministische Perspektiven, Münster 2013, 37-57.

Wiener Interventionsstelle gegen Gewalt in der Familie (2015): Tätigkeitsbericht 2014. http://www.interventionsstelle-wien.at/taetigkeitsbericht-2014, [Abruf: 31.01.2016].

Judith Goetz

»Vergemeinschaftet durch das Abverlangen von Standhalten und Beherrschung.«
Männerbund, Mensur und Antifeminismus bei deutschnationalen Burschenschaften

Wenngleich Antifeminismus nicht als ein »monolithisches Gebilde« gefasst werden kann, sondern »seine argumentativen Versatzstücke je nach den Bedürfnissen der jeweiligen Akteure« (Ebd., 15f) variieren, sich antifeministische Argumentationsmuster auch, abhängig von den jeweiligen Akteur/innen, unterscheiden können und antifeministische Ausdrucksformen einem historischen Wandel unterworfen sind, haben sich die burschenschaftlichen[1] Männerbünde als weitgehend resistent gegenüber dem gesellschaftlichen Wandel und Veränderungen – beispielsweise das Geschlechterverhältnis betreffend – erwiesen. Die Gründe dafür können einerseits in den antiquierten Brauchtumsformen gefunden werden, andererseits aber auch im Umstand, dass Burschenschaften seit dem zu Ende gehenden 19. Jahrhundert aktiv daran beteiligt sind, »zivilisatorische und

---

[1] Wenn ich im Folgenden von Burschenschaften spreche, sind damit nicht alle studentischen Verbindungen gemeint, sondern lediglich die (pflicht)schlagenden, von ihrem politischen Charakter her zumeist deutschnational, völkisch bis rechtsextrem ausgerichteten Männerbünde.

emanzipatorische Fortschritte zu behindern, zu revidieren und zu bekämpfen« (Kurth 2004, 177). Im Folgenden soll die feste Verankerung antifeministischer Denkformen sowohl im burschenschaftlichen Denken als auch im damit verbundenen Brauchtum in den Blick genommen werden. Dabei werde ich an Herrad Schenks Unterscheidung zwischen der Frauenfeindlichkeit im Allgemeinen und Antifeminismus »als Reaktion auf die Frauenbewegung, als Widerstand gegen deren tatsächliche oder vermeintliche Ziele« (Schenk 1992, 163) im Besonderen bzw. Ute Planerts Erweiterung anknüpfen und

> »zwischen 1. Misogynie – der Vorstellung einer ontologischen Minderwertigkeit der Frauen – als ‚feste(m) Bestandteil abendländischer Kultur', 2. Frauenfeindlichkeit – bewußten Handlungen und politische Praktiken, die darauf abzielen, die Diskriminierung von Frauen in die Tat umzusetzen – und 3. Antifeminismus als unmittelbare Reaktion auf Emanzipationsansprüche« (Planert 1998, 12)

differenzieren. Historisch kontextualisiert sollen am Beispiel der drei Wellen der Frauen*bewegungen antifeministische Reaktionsmuster von Burschenschaften aufgezeigt und die gleichbleibenden diskursiven und argumentativen Muster festgemacht werden. Dabei wird deutlich werden, dass burschenschaftlicher Antifeminismus nicht losgelöst von dem dahinter stehenden Sexismus erklärt werden kann, da gerade die dem Sexismus zugrunde liegende Konstruktion eines biologistischen und hierarchisch gedachten Geschlechterdualismus jene argumentative Grundlage bietet, auf die Burschenschafter in ihrer Ablehnung von durch Frauen*bewegungen angestoßene emanzipatorische Politiken bis heute rekurrieren. Burschenschaften tragen zudem durch ihre männerbündische Organisationsform maßgeblich zur Aufrechterhaltung und Reproduktion der besagten naturalisierenden Vorstellungen von Geschlecht bei. Gerade angesichts der durch die Frauen*bewegungen angestoßenen

Veränderungen und Transformation kommt homosozialen Männergemeinschaften »die zentrale Bedeutung [...] für die Reproduktion des männlichen Habitus zu[...]«. (Meuser 2001, 27)

Randbemerkungen

Dietrich Heither merkt rückblickend auf den von ihm mitherausgegebenen Sammelband »Blut und Paukboden« selbstkritisch an, dass

> »(e)ine Kritik am Korporationsunwesen, die sich nur an der dort kultivierten Weltanschauung abarbeitet, nicht aber auch Aspekte wie das studentische Fechten und den Männerbund als ‚Strukturprinzip zur Herstellung einer bestimmten (virilen oder heroischen) Männlichkeit' in die Analyse aufnimmt, unweigerlich ‚zu kurz (greift)'.« (Heither zit. n. Wedinger 2015, 326)

Wenngleich der Autor selbst dieses Manko in der wenige Jahre später publizierten Monographie »Verbündete Männer« bearbeitet und zahlreiche mit dem Themenkomplex verbundene (geschlechterpolitisch) nützliche Analysen ergänzt, findet der in burschenschaftlichen Kreisen kultivierte Antifeminismus bei Heither wie auch zahlreichen anderen zum Thema arbeitenden Expert_innen meist nur in Seitenbemerkungen oder Nebensätzen Erwähnung. Trotz weniger Ausnahmen (u.a. Kurth 2004, Wollner/Schiedel 2009) ist eine systematische Untersuchung von Antifeminismus als Grundpfeiler burschenschaftlichen Denkens bislang ebenso ausgeblieben wie die tiefer reichende Auseinandersetzung mit den in Burschenschaften kultivierten Sexismen. Auch sie kommen zwar stellenweise in den Aufzählungen der ‚Ideologien der Ungleichheit' vor, während jedoch Antisemitismus, völkischem Nationalismus und burschenschaftlichem Brauchtum in beinahe jeder (wissenschaftlichen) Auseinandersetzung mit der Thematik gebührend Platz eingeräumt wird, erschöpfen sich Thematisierungen von Sexismus und Antifeminismus zumeist in Randbemerkungen. Selbst in den Analysen zu Männerbund, Seilschaften, Ritualen, Habitus u.a. bleibt die dahinter stehende Ideologie des Antifeminismus, die ein zentrales Fundament selbiger ausmacht, weitgehend unerwähnt. Diese Leerstellen sollen im Folgenden ein Stück weit gefüllt werden.

Männerbünde und erste Frauen*bewegungen

Die männerbündische Organisationsform in beinahe allen studentischen Verbindungen sowie die damit verbundenen Brauchtumsformen stellen die »zentrale[n] Merkmale des Korporationsstudententums« (Heither 1999, 103) dar, wobei die Mensur im Besonderen das härteste Erziehungsmittel ausmacht. Die nähere Betrachtung des (burschenschaftlichen) Männerbundes scheint insofern von Bedeutung, als dass seine Reproduktion und Aufrechterhaltung als Teil einer antifeministischen Strategie verstanden werden muss, deren vorrangiges Ziel es ist, allem gesellschaftlichen und geschlechterpolitischen Wandel zum Trotz, dualistische Geschlechterideologien aufrecht zu erhalten. Bereits die Konzeption des Männerbundes selbst steht dabei in enger Verbindung mit der Geschichte emanzipatorischer politischer Bestrebungen von Frauen* bzw. der Frauen*bewegungen sowie den darauf folgenden antifeministischen Reaktionen. Während also »Frauenbewegungen«, wie Ute Planert (1998, 12) meint, »sowohl als Symptom wie als Motor gesellschaftlichen Wandels verstanden werden können«, gilt für Burschenschaften hingegen, was Stephan Peters (2004, 189) in Bezug auf Corps formulierte, dass sie nämlich »trotz der umfassenden gesellschaftlichen Veränderungen als Motor und Bewahrer der traditionellen Funktionszuschreibungen der Geschlechter« fungieren.

Erst die Emanzipationsbestrebungen der Ersten Frauen*bewegung und in weiterer Folge die Zulassung von Frauen* an den Universitäten führten zu einer weitreichenden »argumentative[n] Defensivposition« (Schäfer 2015, o.S.), so dass die Vorstellung männlicher Überlegenheit einer Erklärung bedurfte und die geschlechterspezifische Mitgliederselektion rein männlicher Organisationsformen (wie im Falle der Burschenschaften) auf Druck der Frauen*politik hin legitimiert werden musste. Die Selbstverständlichkeit bestimmter männlicher Privilegien war ins Wanken geraten und somit wurden Vorstellungen hegemonialer Männlichkeiten durch ihre Infragestellung geschwächt. Insofern mag es auch nicht verwundern, dass die Reaktionen von Burschenschaftern auf das Frauen*studium in der Regal negativ ausfielen, die Burschen den Zugang von Frauen* zu den Universitäten zuerst zu verhindern versuchten, weil sie eine »Feminisierung der Wissenschaft« befürchteten und Studentinnen in weiterer Folge entweder als Konkurrenz oder Störung wahrnahmen (vgl. Kurth 2004, 132, Stein 2009, 141) und ihnen das Leben an den Universitäten erschwerten. Die breit gefächerten Ziele der Antifeministen reichten dabei von Forderungen nach Geschlechtertrennung an den Universitäten und eigenen, schlechter qualifizierten Frauenakademien, Ausschluss vom Wahlrecht bis hin zur gänzlichen Zurückdrängung von Frauen* in ihre vermeintlich natürlichen Sphären. (vgl. Planert 1998, 63) Spätestens nach dem Ersten Weltkrieg wurden auch die Vorstellungen des Feindbildes Feminismus ausgeweitet mit der »‚Intellektualisierung' und ‚Individualisierung' der Frau« (Schenk 1992, 167) gleichgesetzt, die zur Zerstörung ihres Wesens sowie zur Vermännlichung der Frauen* und zur Verweichlichung der Männer führen würden. An den Universitären bestand ein »unerträgliches Arbeitsklima, solange der männerbündische Korporationsgeist mit seiner ausdrücklichen Feindschaft gegen studierende Frauen den Ton bis in die Hörsäle hinein prägte.« (Duden/Ebert zit. n. Heither

2000, 137) »Frauen ausdrücklich von der ‚grübelnden Wissenschaft' und der ‚großen Weltbühne'« (Schäfer 1997, 19) auszuschließen lag zudem bereits tief im frauenverachtenden Denken eines der wichtigsten Ideologen der Burschenschaften, Friedrich Ludwig Jahn, verankert, auf dessen patriarchales und antisemitisches Weltbild sich viele Korporationen bis heute beziehen. Auch die meisten polemisch verfassten, antifeministischen Texte der Zeit, die sich gegen höhere Bildung von Frauen* stark machten, stammten zumeist aus dem akademischen oder universitären Milieu und »begründeten dies ausführlich mit den intellektuellen und körperlichen Besonderheiten, d. h. Defiziten, des weiblichen Geschlechts.« (Schenk 1992, 163)

Was Burschenschafter an den Universitäten in dieser ersten Phase des burschenschaftlichen Antifeminismus versuchten, stand in enger Verbindung zu gesamtgesellschaftlichen Entwicklungen. So bestanden weitere antifeministische Reaktionsweisen auf die Erste Frauen*bewegung vor allem darin, dass die (spezifisch deutsche) antifeministische Männerbund-Ideologie von den bekannten Verfechtern des Männerbundgedankens wie beispielsweise Heinrich Schurtz (1902, Altersklassen und Männerbünde) oder Heinrich Blüher (1916, Der bürgerliche und der geistige Antifeminismus) nun auch theoretisch untermauert wurde. Sie sollte vor allem dazu dienen, männlich dominierte Macht- und Herrschaftsstrukturen aufrechtzuerhalten und die männerbündischen Strukturen weder in Frage zu stellen noch zu gefährden. In diesen Bestrebungen spiegelte sich nicht zuletzt die um die Jahrhundertwende aufkommende und durch Frauen*- und Arbeiter_innenbewegung ausgelöste Angst vor den Massen und den Frauen* seitens der Verfechter hegemonialer Männlichkeitsvorstellungen wider, so dass »der Männerbund [...] zum zentralen Kampfbegriff gegen eine Moderne [avancierte], die man sich zugleich weiblich und jüdisch vorstellte.« (Brunotte/Herrn 2008, 14) Sowohl Juden und Jüdinnen als auch Frauen* wurde die Bereitschaft zur Selbstaufgabe und die (exklusive) Fähigkeit, sich in Bünden zu organisieren, abgesprochen und Weiblichkeit als »Verkörperung der als bedrohlich empfundenen Triebnatur« (Heither 2000, 13) sowie als Sinnbild demokratisch-zivilisatorischer Veränderung verhandelt, so dass sie eine Bedrohung sowohl für den Fortbestand antiquierter Geschlechterbeziehungen als auch für die deutsche Nationalkultur darstellte.

Zusammenfassend lässt sich also sagen, dass Weiblichkeit nicht nur in den studentischen Korporationen »zum Symbol für Wandel und Modernität schlechthin« (Planert 1998, 260) imaginiert wurde und die männerbündische Organisationsform von Beginn an »eine Gegenkonzeption zur Emanzipation der Frau« darstellte. »Je enger die Frau an die Welt der Männer rückte, desto enger wurde die Bundkonzeption.« (Peters 2004, 194) Männerbünde fungieren somit einerseits als »Kernbestandteil von geschlechterhierarchisch zugunsten von Männern strukturierten Gesellschaften« (Kurth 2004, 15), andererseits aber auch als »Distanzkonstruktion zur Frau«, da Frauen* »bewußt ausgegrenzt, bzw. mit Funktionszuschreibungen« (Peters 186) versehen werden. Zudem funktionieren diese Gemeinschaften, wie auch Michael Meuser (2001, 8) meint, als

> »soziale Räume, in denen Männer Verunsicherungen, welche durch den Wandel der Geschlechterverhältnisse induziert werden« aufgefangen werden können und »die ihnen habituelle Sicherheit vermitteln. In dieser Hinsicht lässt sich die homosoziale Männergemeinschaft als ein kollektiver Akteur der Konstruktion der Geschlechterdifferenz und von hegemonialer Männlichkeit begreifen.«

E(h)rziehung

Dietrich Heithers Männerbundsdefinition folgend, der darunter »die freiwillige und bewusst eingegangene (und in diesem Sinne ‚rationale') Organisationsbeziehung von Männern zu dem Zweck, alle dem männlichen Stereotyp widersprechenden Einflüsse von ‚Weiblichkeit' aus der eigenen Sozialisation wie aus der bürgerlichen Öffentlichkeit fernzuhalten« (Heither 1999, 112) versteht, verdeutlicht die fundamentale antifeministische Verfasstheit dieser Struktur. Waren vor dem Aufkommen der Frauen*bewegung noch alle Männer mit Männlichkeit ausgestattet, musste Männlichkeit, um ihren Fortbestand abzusichern, nun mit bestimmten Ausschlusskriterien verbunden werden. Denn als weiblich wurden nicht nur Frauen* ausgemacht, sondern auch »feminine Männer, welche die als maskulin geltenden Geschlechtszuschreibungen bewusst oder unbewusst ablehnen bzw. nicht vertreten.« (ebd.) Es handelt sich folglich bis heute um eine

> »doppelte Abgrenzung, die zu Dominanzverhältnissen sowohl gegenüber Frauen als auch gegenüber anderen Männern führt.« (Meuser 2001, 6f.)

Auch die Einführung der Bestimmungsmensur Mitte des 19. Jahrhunderts in ihrer Funktion als nach Innen wie nach Außen gerichtete Abgrenzung von bzw. Vorbeugung vor »Verweiblichung« und »Verweichlichung« kann dementsprechend als Reaktion auf die stärker werdenden Emanzipationsbestrebungen von Frauen* gesehen werden. Vermeintlich weibliche Charakterzüge wie Schwäche, Emotionalität oder Feigheit werden im burschenschaftlichen Gedankengut mit Ehrenlosigkeit verbunden. Dementsprechend ist das Ziel der Mensur auch ihre Überwindung bei gleichzeitiger Konstruktion und Reproduktion eines bestimmten martialisch-heroischen, wehrhaften und virilen Männlichkeitsideals. Durch seine Überhöhung wird nicht nur die Hierarchie innerhalb der dualistischen Geschlechter-polarität gefestigt, sondern alles mit Weiblichkeit verbundene deklassiert und degradiert und kann daher als »eine Strategie der männlichen Beherrschung und somit zur Benachteiligung und Unterdrückung der Frau« (Peters 2004, 189) gewertet werden. Eine weitere funktionale Bedeutung der Mensur ergibt sich folglich dadurch, weiblich kodierte, demokratisch-zivilisatorische Einflüsse (der Frauen*bewegung) als Gegenposition zu (deutscher) männlicher Wehrhaftigkeit zu konstruieren und aus der Sphäre des Männerbundes wie auch aus der Gesellschaft und damit verbunden der Politik fernzuhalten. Der Sinn der Mensur besteht folglich darin,

> »als Ausweis der Privilegiertheit den ‚Minderen' deutlich zu machen, daß sie zu solch einer Selbstaufgabe nicht fähig sind und damit auch nicht für die Selbstlosigkeit fordernden Stellungen der Macht in Frage kommen.« (Heither/Kurth 1997, 67)

Bis heute scheint die »Monogeschlechtlichkeit« (Peters 2004, 161) in burschenschaftlichen Kreisen derart selbstverständlich zu sein, dass sie auch in der burschenschaftlichen Textproduktion in den seltensten Fällen thematisiert wird. Ähnliches gilt auch für das Wesen der Mensur, die ebenfalls zumeist erst auf Kritik hin verteidigt wird, ohne jedoch den Ausschluss von Frauen* im Besonderen zu rechtfertigen. So meint beispielsweise Werner Lackner (*B! Olympia Wien*) in der Festschrift »150 Jahre Burschenschaft«, dass Kritik in der Regel von »Vertretern des politisch (äußerst) linken Lagers« ausgehen würde, weil sie in der Mensur ein

> »wirksames Erziehungsmittel ihrer politischen Konkurrenten zu selbstbewussten, einsatzfreudigen und gemeinschaftsorientierten Persönlichkeiten, die nur schwer gängelbar sind, erkannt« (Lackner 2009, 178)

hätten. Der Symbolgehalt der Mensur führe zudem »zu einer opferbereiten Gemeinschaftsideologie, aber weg vom (sozialistischen) Gleichheitsideal« und diene dem »(konservativen) Festhalten an einmal akzeptierten Normen«. Dadurch stelle die Mensur »das bisher ökonomischste Mittel für den erwünschten Zweck« (ebd.) dar. Auch Wilhelm E. Nordmeier (*B! Ghibellinia-Leipzig Hannover, B! Germania Leipzig, B! Raczeks Bres-*

lau zu Bonn) (2014, 120) spricht in den *Burschenschaftlichen Blätter* von der Mensur als »Artefakt«, das »Entschlußkraft, Schneid und Selbstbeherrschung fordert und fördert« und »unbestreitbar eines der besten Integrationsinstrumente einer Verbindung« wäre. Warum Frauen* davon ausgeschlossen bleiben sollten, wird jedoch nicht kommentiert. Zwar beinhaltet die Formulierung des »(konservativen) Festhalten[s] an einmal akzeptierten Normen« verklausuliert auch das Geschlechterverhältnis, eine explizite Bezugnahme auf die Kritik an der männerbündischen Organisationsform bleibt jedoch aus. Das mag insofern verwundern, weil gerade die antifeministischen, weiblichkeitsabwehrenden Momente einen zentralen Stellenwert burschenschaftlichen Brauchtums ausmachen.

Bierfamilien

Studentische Korporationen verfügen in ihrem Brauchtum über eine ganze Reihe von »Hypotheken« (Schäfer 2015, o.J.), die die Einübung einer spezifischen Form von Männlichkeit und männlichem Habitus gewährleisten sollen und der Aufrechterhaltung bestimmter Männlichkeiten dienen. Ähnliches gilt auch, wie u.a. Lynn Blattmann (1996) nachweist, für den Biercomment, der zwar keine körperlichen Spuren hinterlässt, sich jedoch in seiner Funktionsweise kaum von der Mensur unterscheidet. Denn auch in den »im Biercomment festgesetzten Unterwerfungs- und Demütigungsrituale[n]« (ebd., 132) geht es um die »konnotative Koppelung von exzessivem Alkoholkonsum und Körperkraft«.

> »Die starke Geschlechtsgebundenheit dieses Verhaltens grenzte die Frauen aus, und mit dem demonstrativen exzessiven Alkoholkonsum wurde ,Männlichkeit' inszeniert. Das Spezielle und auf den ersten Blick paradoxe am verbindungsstudentischen Trinkexzeß liegt darin, daß er festen Regeln folgte und typische

Rituale beinhaltete. Sie dienten der Formierung und Verschmelzung der Männer und zementierten so die Abgrenzung spezifisch
männlicher und weiblicher Räume.« (ebd., 124)
Gleichzeitig führt das Fehlen von Frauen* im burschenschaftlichen Männerbund aber auch zu einer »eigenartig imaginäre[n]
Beziehung zur Weiblichkeit, die nicht zuletzt im Praktizieren
familienähnlicher Rituale ihren Ausdruck fand.« (Heither 2000,
131) Der sich im Männer- und Lebensbund manifestierende,
künstliche Familienverband von Männern, die Bierfamilie, fungiert zudem auch als Abgrenzung zur heterosexuellen (Klein-
)Familie und folgt der antifeministischen Vorstellung, dass
»[r]ichtige Männer [...] nur von richtigen Männern erzogen
werden« (Völger/Welck zit. n. Peters 2004, 171) könnten.

> »Die Verbindung selbst symbolisierte symbolisch die Mutter,
> und die Verbindungsmitglieder verstanden sich als ihre Söhne.
> Diese frauenlose Art der ‚Fortpflanzung' in den Verbindungen
> war nicht an die eigenen Gene geknüpft und hatte den Vorteil,
> daß durch die Selektion beim Aufnahmeverfahren eine größere
> qualitative Kohärenz als in der genetischen Familie möglich
> war.« (Blattmann 1996, 131)

Stephan Peters (2004, 189) geht sogar noch einen Schritt weiter
und erkennt in studentischen Korporationen

> »männliche Kompensationsinstitutionen [...], die die männliche
> Ausgeschlossenheit vom Reproduktionsprozeß (abgesehen vom
> reinen Zeugungsvorgang) durch die Erziehung und Formung ih-
> rer ausschließlich männlichen Mitglieder, eben durch die Förde-
> rung einer selbstzugeschriebenen (konstruierten) geistigen Über-
> legenheit unter Voraussetzung ihrer Zielsetzung (Elite) auszu-
> gleichen suchen.«

Im Männerbund wird also die »‚Utopie der reinen Männerge-
sellschaft', eines universitären und generell öffentlichen Lebens
ohne Frauen, ins 21. Jahrhundert« (Weidinger 2015, 323) trans-
feriert und die antifeministischen und antidemokratischen Mus-

ter dieser Organisationsform fortgeschrieben. Auch in Bezug auf die Mensur lässt sich sagen, »daß der männlichkeitsbildende Aspekt der Mensur wichtiger genommen wurde als die gesellschaftlichen und politischen Unvereinbarkeiten.« (Blattmann 1996, 123) Es wird also deutlich, dass nicht nur die männerbündische Organisationsform sowie die Vorstellung der Suprematie der Männerbünde auf antifeministischen Denkmustern basieren, sondern sich diese auch in nahezu allen Facetten und Praxen des burschenschaftlichen Brauchtums, in ihrer sozialen wie auch ihrer politischen Funktion, widerspiegeln.

Neue Frauen*bewegung, alte Burschenschaften

Da sich der Großteil der Burschenschaften während des Nationalsozialismus selbst aufgelöst und in den NS-Apparat eingegliedert hatte, mussten sich die Verbindungen in Österreich und der BRD nach 1945 erst wieder gründen. Mit der Restauration des burschenschaftlichen Verbandswesens in den 1950er Jahren kehrte auch eine neue Welle des Antifeminismus zurück an die Universitäten, da insbesondere »Anhänger des Korporationsstudententums« nach wie vor die mit der »biologischen Bestimmung der Frau« argumentierte Auffassung vertraten, »dass Frauen für die Hochschullaufbahn ungeeignet seien.« (Heither 2000, 286) Dennoch gerieten Burschenschaften durch die gesellschaftlichen Veränderungen, ausgelöst durch die 1968er Bewegungen, erneut in eine (Legitimations-)Krise, die sich einerseits durch sinkende Mitgliedszahlen und mangelnden Nachwuchs und andererseits durch eine erneute Schwächung ihres Elite-Status sowie der schwindenden männerbündischen Einstellungen bemerkbar machte. Durch die stärker werdende Neue bzw. Zweite Frauen*bewegung standen geschlechterpolitische Themen erneut auf der Tagesordnung, die wichtige Diskussionen in Hinblick auf Gleichberechtigung auf allen Ebenen,

Gewalt gegen Frauen*, Abtreibung, die sexuelle Befreiung der Frauen* u.ä. initiierten. Als Reaktion darauf formierten sich jedoch abermals antifeministische Strömungen. Wenngleich die von Antifeministen ausgehende Frauenverachtung sich diesmal eher subtil äußerte und im Vergleich zu den antifeministischen Antworten auf die Erste Frauen*bewegung auch Erklärungen der Minderwertigkeit der Frauen* in den Hintergrund traten, wurden biologistische Denkmuster, kombiniert mit Untergriffigkeiten, die »Emanzen« als »unansehnliche, unattraktive Frauen, ‚frustrierte Tucken‘, ‚freudlose Grauröcke‘, die in Wirklichkeit froh wären, wenn sich nur ein Mann für sie interessierte« (Schenk 1992, 174f.) darstellten, fortgesetzt. Durch die Berufung auf vermeintlich natürliche Aufgabenbereiche der Frau, wurden Argumente wie jene, dass emanzipierte Frauen* nicht zur Mutterschaft fähig wären und zum Untergang des Volkes beitragen würden, wie sich an der sinkenden Geburtenrate zeige, gegen Emanzipationsbestrebungen in Stellung gebracht. Dennoch wurde seitens der neuen sozialen Bewegungen auch die Zeitgemäßheit männerbündischer Organisationsformen erneut in Frage gestellt. Während ein Teil der (vor allem konfessionellen) studentischen Korporationen die Aufnahme von Frauen* auf den politischen Druck hin zumindest diskutierte, entwickelten vor allem Burschenschaften gemeinsam mit anderen Männerbünden neue Legitimationsstrategien. In der neu gegründeten Humboldt-Gesellschaft, die zwischen unterschiedlichen Männervereinen wie den Rotariern, Lions oder auch den Studentenverbindungen vermitteln sollte, wurden die Aufgaben des Männerbundes »neu« definiert:

»‚Männer zu erziehen, die sich verantwortlich für diese Gesellschaft fühlen. Die männliche Wesensart ist aus der Gesellschaft nicht zu entfernen.‘ Mehr denn je müsse aber ‚die Stellung der Frau herausgestellt werden, die dem Manne gleichwertig, aber nicht gleichartig ist. Es werden immer Aufgaben für den Mann verbleiben, die nach ihrer Art von der Frau nicht gelöst werden können.'« (Schneider zit. n. Heither 2000, 310f.).

Standen in der ersten Phase des (burschenschaftlichen) Antifeminismus vor allem biologistische Funktionszuschreibungen innerhalb eines hierarchisch konstruierten Geschlechterdualismus im Vordergrund, so ging es in der antifeministischen Reaktion auf die Zweite Frauen*bewegung in erster Linie um eine Wiederbelebung traditioneller Wertvorstellungen unter dem bis heute in burschenschaftlichen wie auch in rechten bzw. rechtsextremen Kreisen verbreiteten Credo »gleichwertig, aber nicht gleichartig«. Im Vordergrund steht für Burschenschafter wie auch anderen Antifeministen nach wie vor, die soziale Komponente der Produktion von Ungleichheit zu negieren und stattdessen biologistische Vorstellungen der vermeintlich natürlichen Aufgaben von Männern und Frauen* in dieser Gesellschaft fortzusetzen und die eigene privilegierte Stellung in der Gesellschaft abzusichern. In diesem Sinne ist die burschenschaftliche Geschlechterideologie »als Ideologie von den naturgewollten komplementären Geschlechterrollen und darauf basierende[r] Politik« (Weidinger 2015, 567) zu entlarven, die darauf abzielt, soziale, also gesellschaftlich produzierte Ungleichheit zu naturalisieren und als unüberwindbar darzustellen.

> »Von diesem Blickwinkel aus wird die eigene (männliche) Gruppe als homogen wahrgenommen, die vor dem als komplementär wahrgenommenen ‚Anderen', dem ‚Weiblichen' geschützt werden muss.« (Kurth 2004, 21)

Ohne dieses starre Strukturprinzip würde auch die Volksgemeinschaftsideologie nicht so einfach funktionieren.

Während die Aufnahmedebatten von Frauen* nichtschlagender Verbindungen zumeist im Sand verliefen und sich nur ein sehr geringer Teil (konfessioneller) Studentenverbindungen tatsächlich für Frauen* öffnete, verweigerten vor allem Burschenschaften die Diskussion gänzlich. Dabei wurden Argumente wie »Störung der bundesbrüderlichen Verhältnisse«, »Tradition« oder »Eifersuchtsprobleme« in Stellung gebracht. (Vgl. ebd., 316) Auch an dieser Stelle nimmt die Mensur einen zentralen Stellenwert ein, den Dietrich Heither (2000, 317) hervorhebt, wenn er meint, die »Mensur und das ihr korrespondierende Selbstverständnis« stellten »die wohl gravierendsten Hemmnisse dar, daher war (und ist) die Diskussion über die mögliche Aufnahme von Frauen in diesen Verbänden gegenüber den Auseinandersetzungen um die Mensur nachrangig.« Naturalisierungen und Essentialisierungen sozialer Rollenzuweisungen bieten letztendlich auch die Grundlage dafür, dass Frauen* dem burschenschaftlichen Denken zufolge keine Mensuren fechten könnten. Auf die enge Verwobenheit zwischen burschenschaftlichem Brauchtum und Geschlechtervorstellungen verweist auch Heither (1999, 113)

»Je kritischer sich die Studentenverbände und -verbindungen mit Formen des von ihnen praktizierten Brauchtums befassen und je rationaler ihre Analyse desselben ausfällt, desto weniger ausgeprägt ist das Denken in Geschlechterdualismen und desto liberaler der politische Standort der jeweiligen Korporation.«

Der burschenschaftliche Männerbund muss, wie auch Sophie Wollner und Heribert Schiedel (2009, 120) betonen,

»unbedingt rein gehalten werden [...]. Gegen die Zumutungen der Ambivalenz sucht der virile Mann Klarheit und Eindeutigkeit. Nichts ist ihm verhasster als die Verwischung, insbesondere jene der Geschlechter(-Identitäten).«

Ging es in der ersten Phase des (burschenschaftlichen) Antifeminismus um die Theoretisierung männlicher Überlegenheitsideologie sowie der Suprematie der Männerbünde, so mussten Männerbünde in der zweiten Phase gegen ihre Infragestellung und konkreter werdende Aufweichungsbedrohung erneut mit biologistischen Argumenten verteidigt werden. Geschlechterhierarchien halten schließlich auch Männerbünde aufrecht und diese wiederum tragen zur Reproduktion männlicher Herrschaft bei. Insofern bleiben Burschenschaften, wie es Peters (2004, 177) in Bezug auf die Corps betont,

> »als Männerbünde Institutionen, die trotz ihres geringen Anteils an der Studierendenschaft durch ihre Organisationsweise, ihren Anspruch und ihren Einfluß in der Gesellschaft mit dafür sorgen, daß Frauen in den ökonomischen, politischen, religiösen und kulturellen Machtzentren auch heute stark unterrepräsentiert sind.«

Diskursive Muster

Während andere Männer, »eine beachtliche Kreativität an den Tag [legen], um Irritationen, die durch den Wandel der Geschlechterverhältnisse erzeugt werden, nicht in Krisenerfahrungen münden zu lassen« (Meuser 2001, 11), scheint die burschenschaftliche Phantasie begrenzt. Wie bereits angedeutet haben sich antifeministische Rhetoriken in burschenschaftlichen Spektren bis heute kaum verändert, was den ihrem Denken zugrunde liegenden Biologismus betrifft, sondern lediglich hinsichtlich der Themen, auf die sie Bezug nehmen. Dies bedeutet jedoch nicht, dass Burschenschafter nicht auf aktuelle Entwicklungen wie die seit den 1990ern stärker werdenden Auseinandersetzungen rund um sex und gender sowie die Pluralisierung geschlechtlicher Identitäten reagieren. Im Gegenteil, mischen Burschenschafter in ihren Funktionen in den diversen politischen Gremien oder in ihren eigenen Publikationsorganen in den Diskussionen und Polemiken gegen »Genderwahn« und »Genderismus«, die nicht zuletzt als Reaktion auf eine dritte Welle des Feminismus bzw. auch der Frauen*bewegung verstanden werden können, mit. Aktuelle geschlechterpolitische Auseinandersetzungen von burschenschaftlicher Seite haben folglich vor allem Gleichstellungspolitiken (Quoten, Gender-Mainstreaming, Frauen*förderungsprogramme u.ä.) im Fokus, aber auch geschlechtersensible Sprache, die allesamt auf eine vermeintliche Geschlechtslosigkeit abzielen würden. Dementsprechend gilt nicht mehr die Frauen*bewegung als vorrangiges Ziel antifeministischer Rhetoriken, sondern die innerhalb feministischer Auseinandersetzungen entstandenen Theorien, (staatlichen) Gleichstellungspolitiken, allem voran Gender Mainstreaming, sowie die feministischen Errungenschaften der letzten Jahrzehnte. Die rhetorischen Mittel, die Burschenschafter ebenso wie andere Antifeministen dabei zum Einsatz bringen, sind zudem breiter geworden und reichen von Stigmatisierung, Lächerlichmachung, Umkehrungen, Anti-Etatismus bis hin zur Inszenierung als vermeintliche Tabubrecher.

»Bist Du normal geblieben, sind Political Correctness und Genderwahn spurlos an Dir vorbeigezogen?« heißt es beispielsweise auf der Startpage der »Heimatseite« der *B! Olympia* (Wien) und auch die *Burschenschaftlichen Blätter* verfassten 2010 einen Schwerpunkt zum Thema »Erzwungene Gleichstellung: Gender Mainstreaming«. Darin erkennen sie in Gender-Mainstreaming eine »Irrlehre« (Schlüsselberger 2010, 13) sowie eine »erzwungene Form der Gleichstellung, mit dem Leitbild eines geschlechtslosen Menschen« (Weidner 2010, 3), die ihre Ursprünge »im Feminismus, den 68ern und der linkssozialistischen Gleichmachungspolitik hat« (ebd.) und von einer »milliardenschwere[n] Lobby« (Schlüsselberger 2010, 14) unterstützt wird. Ziel wäre, so wird in den *Burschenschaftlichen Blättern* aufgedeckt und dabei Gender Mainstreaming in seiner Wirkmächtigkeit maßlos überschätzt, nicht die Gleichstellung der Geschlechter, sondern deren Abschaffung. In den sich über mehrere Beiträge erstreckenden Polemiken treten auch erneut Berufungen auf die Natur oder die Biologie als ein altbekanntes Muster zu Tage, das im Zuge der Auseinandersetzungen mit Gender Mainstreaming lediglich aktualisiert wird. So wird Gender Mainstreaming vorgeworfen, »alle wesentlichen Unterschiede zwischen Mann und Frau« zu leugnen »und damit allen

Ergebnissen der wissenschaftlichen Forschung« (Weidner 2010, 3) zu widersprechen, während es »tausend gute Gründe« gebe, »eine Gleichsetzung und völlige Gleichbehandlung der Geschlechter für verheerend zu halten« (Stolz 2010, 14). Wenngleich diese nicht näher benannt werden, wird deutlich, dass Burschenschafter erneut jene Selbstverständlichkeiten, mit denen sie sich die Welt erklären, in Gefahr sehen, da, so ihre Vorstellung, »die Ideologen durch Umerziehung [versuchen, diese] zu unterdrücken oder sogar auszurotten.« (Ebd., 16) Unbeeindruckt von den gesellschaftlichen Entwicklungen beharren sie darauf, dass »[v]on Natur aus [...] Frauen eben die Gebärenden und Männer die Erzeugenden« (Hinrichs 2010, 7) wären, beklagen, dass »die vorhandenen Unterschiede weder als von Gottes Schöpfung, dem Leben, der Natur Vorgegebenes begriffen werden« (Stolz 2010, 14) und bestehen darauf, das Biologie nicht abgeschafft werde könne. In dieser Delegitimierungsstrategie feministischer Errungenschaften und Theorien zeigt sich jenes alt bekannte diskursive Muster, abwechselnd die Wissenschaft, die Natur oder auch den lieben Gott ins Spiel zu bringen, wenn es um die Aufrechterhaltung der Annahme der Geschlechterdifferenz sowie dem dadurch produzierten Ungleichverhältnis geht.

Eine weitere wiederkehrende antifeministische Strategie ergibt sich dadurch, feministische Bestrebungen einerseits als Bestandteil sozialistischer, kommunistischer oder einfach linker Ideologien zu entlarven, andererseits aber auch als Ausdruck kapitalistischer Interessen darzustellen. So heißt es in den *Burschenschaftlichen Blättern*, dass sich in Bezug auf Gender Mainstreaming, »der marxistische Materialismus mit Interessen der modernen Wirtschaftslobby« (Rosenkranz 2010, 5) decken würde. Insofern gilt in burschenschaftlichen Kreisen bis heute, was Herrad Schenk (1992, 167) bereits in Bezug auf die Erste Frauen*bewegung schrieb:

»mal sind ‚Frauenbewegung, Sozialismus und das allgemeine Wohlleben', dann wieder Kapitalismus, Materialismus und Feminismus die Ursachen des Verfalls. ‚Feminismus' wächst sich zu einer Leerformel für all das aus, was in der Gegenwart an negativen Tendenzen festgestellt wird – zur Leerformel wie zum Sündenbock.«

Bereits im Zuge der Ersten Frauen*bewegung wurde, so ein weiteres diskursives Muster, von Antifeministen behauptet, »die gemäßigten Frauen« wären »nur ein Deckmäntelchen, mit dem die Radikalen sich tarnten« (Schenk 1992, 165). In eine ähnliche Kerbe, nämlich Emanzipationsforderungen zu delegitimieren, indem ihnen unterstellt wird, gänzlich andere Ziele zu verfolgen, schlägt Barbara Rosenkranz (2010, 6) wenn sie in besagter Schwerpunktnummer dazu auffordert, »dem Gender Mainstreaming die harmlose Maske der Gleichberechtigung vom Gesicht zu reißen«. Nicht zuletzt nimmt Stolz (2010, 16) auf den Männerbund und die (männliche) Überlegenheit Bezug, wenn er meint:

»Von den Aposteln der grauen Gleichmacherei wird es nicht etwa als bunte Vielfalt begriffen und begrüßt, wenn in den Burschenschaften Frauen nicht immer und überall mit von der Partie sind, genausowenig wie diese ewigen Zukurzgekommenen, diese professionellen Neider und Mißgönner eine geistige oder finanzielle Überlegenheit ertragen können.«

An diesen ausgewählten und relativ aktuellen Beispielen verdeutlicht sich nicht nur der Wunsch nach einer Re-Traditionalisierung, Re-Patriarchalisierung und Re-Maskulinisierung der Gesellschaft, sondern auch die Lang- und Zählebigkeit biologistischer Argumentationsweisen. Deren nahezu unveränderte diskursive Muster können erneut in enger Verbindung mit der männerbündischen Organisationsform sowie den damit verbundenen Brauchtumsformen gesehen werden.

„Homosoziale Gemeinschaften sind institutionelle Stützen des Leitbildes der hegemonialen Männlichkeit. Sie bieten ihren Mitgliedern unter anderem die Möglichkeit, tradierte Bilder männlicher Hegemonie auch gegenüber Irritationen aufrechtzuerhalten, wie sie durch die Umbrüche im Geschlechterverhältnis erzeugt werden." (Meuser 2001, 20) Da hegemoniale Männlichkeiten sowie die Vorstellung männlicher Vorherrschaft stärker denn je in Frage gestellt werden, bedürfen sie zur Sicherung der eigenen Privilegien der gegenseitigen Versicherung des Fortbestehens der Geschlechterdifferenz im Männerbund. »Die dabei gewonnene habituelle Sicherheit bleibt allerdings prekär, weil sie nur im Binnenraum der Männergemeinschaft gewiss ist.« (Ebd., 18) Es wäre folglich an der Zeit, ihnen auch den Binnenraum zu entziehen.

Literatur

Blattmann, Lynn (1996): „Laßt uns den Eid des neuen Bundes schwören...": Schweizerische Studentenverbindungen als Männerbünde 1870-1914, in: Kühne, Thomas (Hg.) (1996): Männergeschichte – Geschlechtergeschichte. Männlichkeit im Wandel der Moderne. Frankfurt am Main u.a.: Campus-Verlag. 119-135.

Brunotte, Ulrike/ Herrn, Rainer (2008): Statt einer Einleitung. Männlichkeiten und Moderne – Pathosformel, Wissenskulturen, Diskurse, in: Brunotte, Ulrike (Hg.) (2008): Männlichkeiten und Moderne. Geschlecht in den Wissenskulturen um 1900. Bielefeld: Transcript-Verlag. 9-24.

Bruns, Claudia (2008): Politik des Eros. Der Männerbund in Wissenschaft, Politik und Jugendkultur (1880 – 1934), Köln u.a.: Böhlau-Verlag.

Butterwegge, Christoph/ Hentges, Gudrun (Hg.) (1999): Alte und neue Rechte an den Hochschulen, Münster: Agenda-Verlag.

Heither, Dietrich, Gehler, Michael/ Kurth, Alexandra/ Schäfer, Gerhard (Hg.) (1997): Blut und Paukboden. Eine Geschichte der

Burschenschaften, Frankfurt am Mai: Fischer-Taschenbuch-Verlag.

Heither, Dietrich (2000): Verbündete Männer. Die Deutsche Burschenschaft – Weltanschauung, Politik und Brauchtum, Köln: PapyRossa-Verlag.

Heither, Dietrich/ Kurth, Alexandra (1997): Bürgerliche Revolutionäre – Antisemitische Nationalisten. Der Weg zum ersten Weltkrieg, in: Heither, Dietrich, Gehler, Michael/ Kurth, Alexandra/ Schäfer, Gerhard (Hg.) (1997), 54-76.

Heither, Dietrich (1999): Weltbild und Habitus eines schlagenden Männerbundes, in: Butterwegge, Christoph/ Hentges, Gudrun (Hg.) (1999), 92–113.

Hinrichs, Jürgen (2010): Gender-Mainstreaming – eine positive Bewegung! In: Burschenschaftliche Blätter 1/2010, 7-10.

Kurth, Alexandra (2004): Männer – Bünde – Rituale. Studentenverbindungen seit 1800, Frankfurt am Main u.a.: Campus-Verlag.

Meuser, Michael (2001): Männerwelten. Zur kollektiven Konstruktion hegemonialer Männlichkeit, in: Schriften des Essener Kollegs für Geschlechterforschung 2 (2001). Online: https://www.uni-due.de/ imperia/md/content/ekfg/michael_meuser_maennerwelten.pdf (Abruf: 12.1.2016).

Peters, Stephan (2004): Elite sein. Wie und für welche Gesellschaft sozialisiert eine studentische Korporation? Marburg: Tectum-Verlag.

Planert, Ute (1998): Antifeminismus im Kaiserreich. Diskurs, soziale Formation und politische Mentalität, Göttingen: Vandenhoeck & Ruprecht.

Rosenkranz, Barbara (2010): „Gender Mainstreaming" – Mehr als nur linke Spinnerei. Ein direkter Angriff auf die Identität des Menschen, in: Burschenschaftliche Blätter 1/2010, 4-6.

Schäfer, Gerhard (1997): Die frühe Burschenschaftsbewegung, in: Heither, Dietrich, Gehler, Michael/ Kurth, Alexandra/ Schäfer, Gerhard (Hg.) (1997), 14-52.

Schäfer, Gerhard (2015): Schulen der Männlichkeit. Studentische Verbindungen gestern und heute. Vortrag am 13.11.2015 von Gerhard Schäfer in der KTS Freiburg, Online: https://linksunten. indymedia.org/de/node/160478 (Abruf: 12.1.2016).

Schenk, Herrad (1992): Die feministische Herausforderung. 150 Jahre Frauenbewegung in Deutschland, München: Beck-Verlag.

Schlüsselberger, Gerhard (2010): Geschlechterpolitik und das Märchen der Anti-Diskriminierung..., in: Burschenschaftliche Blätter 1/2010, 11-14.

Stolz, Rolf (2010): Gender: Gleichmachung statt Gleichstellung – vom Grundgesetz zum Gender-Schwindel, in: Burschenschaftliche Blätter 1/2010, 14-16.

Weidinger, Bernhard (2015): „Im nationalen Abwehrkampf der Grenzlanddeutschen" Akademische Burschenschaften und Politik in Österreich nach 1945. Wien u.a.: Böhlau-Verlag.

Weidner, Norbert (2010): Mitteilung der Schriftleitung, in: Burschenschaftliche Blätter 1/2010, 3.

Wollner, Sophie/ Schiedel, Heribert (2009): Phobie und Germanomanie. Funktionen des Männerbundes, in: Österreichische Hochschüler_innenschaft (2009): Völkische Verbindungen. Beiträge zum deutschnationalen Korporationsunwesen in Österreich. Wien: Eigenverlag. 102-126.

III Öffentlichkeitsfelder und Diskursverläufe

Jonas Fedders

»Die Rockefellers und Rothschilds haben den Feminismus erfunden.«
Einige Anmerkungen zum Verhältnis von Antifeminismus und Antisemitismus[1]

Antifeminismus und Antisemitismus, Sexismus und Judenfeindschaft – was haben diese Phänomene miteinander zu tun?
Die zentrale These des vorliegenden Beitrags lautet, vereinfacht
gesagt: eine ganze Menge. Dass Antisemitismus und Antifemi-
nismus/Sexismus[2] häufig zusammen auftreten, kann kaum verwundern. Der Zusammenhang zwischen verschiedenen Formen
der gruppenbezogenen Menschenfeindlichkeit ist in der Vorur-
teilsforschung vielfach belegt worden (vgl. Adorno 1995; Heitmeyer 2012). Es geht daher nicht bloß um die Feststellung, dass
antifeministische und antisemitische Positionen sich als Versatzstücke für ein reaktionäres Weltbild eignen, sondern darum,

---

[1] Für hilfreiche Anmerkungen danke ich Alice Blum und Kathrin Schrader.
[2] Der Antifeminismus forciert die Abwehr feministischer Emanzipationsbewegungen. Das Metzler Lexikon Gender Studies Geschlechterforschung definiert
ihn als gegen »den Feminismus, die weibliche Emanzipation bzw. die Gleichberechtigung von Frauen und Männern gerichtete Haltung und politische
Praxis« (Helduser 2002, 17). Antifeministische Akteur/innen wollen die als
»natürlich« erklärte Ungleichheit zwischen den Geschlechtern festschreiben;
ihr Ziel ist die Verteidigung oder gar Verschärfung bestehender sexistischer
Machtasymmetrien. Ohne die Begriffe synonym setzen zu wollen, ist dem
Antifeminismus daher immer eine sexistische Grundposition inhärent, oder
anders formuliert: Der Sexismus ist stets ein Teilelement des Antifeminismus.
Dem begrenzten Umfang des vorliegenden Artikels ist es geschuldet, dass die
begriffliche Trennschärfe zwischen ‚Sexismus' und ‚Antifeminismus' an
einigen Stellen möglicherweise nicht aufrecht erhalten werden konnte.

die historischen und gegenwärtigen Verquickungen zwischen
Sexismus und Judenfeindschaft sowie mögliche Interdependen-
zen zu umreißen.

Dazu werde ich mich dem Themenkomplex zunächst historisch nähern und darlegen, welche ideologischen Verbindungen
antifeministische und antisemitische Positionen im 19. und frühen 20. Jahrhundert miteinander eingegangen sind. Es folgt ein
Abschnitt, in dem der Begriff des (modernen) Antisemitismus
genauer beleuchtet und insbesondere seine gegenwärtigen, zum
Teil codierten Artikulationsformen skizziert werden. Schließlich wende ich mich den zeitgenössischen Erscheinungen antifeministischer Mobilisierungen zu, um exemplarisch und anhand einzelner Textstellen[3] den Nachweis zu erbringen, dass
antifeministische und antisemitische Argumentationsweisen
nach wie vor eng miteinander verwoben sind. Elemente eines
verschwörungsideologischen Antisemitismus sind aus dem
Diskursfeld des organisierten Antifeminismus jedenfalls kaum
wegzudenken. Im letzten Abschnitt werden schließlich die Erkenntnisse rekapituliert und theoretisch eingeordnet.

Antifeminismus und Antisemitismus im Kaiserreich

Das 19. Jahrhundert war durch epochale ökonomische Modernisierungstendenzen und verschiedene gesellschaftliche Emanzipationsbewegungen gekennzeichnet. Am wahrnehmbarsten
standen dabei neben der »Judenfrage« spätestens ab der zweiten Hälfte des 19. Jahrhunderts auch die Forderungen von Frau-

---

[3] Die zugegebenermaßen etwas unzusammenhängende Aneinanderreihung
von Zitaten verschiedener Organisationen, Gruppen und Akteur_innen ist
keinesfalls mit einer systematisierten inhalts- oder diskursanalytischen
Vorgehensweise gleichzusetzen. Dennoch glaube ich, auf diese Weise einen
Einblick in verschiedene Argumentationsstränge des organisierten Antifeminismus zu ermöglichen und aufzuzeigen, inwiefern sich diese Elemente einen
verschwörungsideologischen Antisemitismus zu eigen gemacht haben.

en nach Gleichberechtigung und politischer Partizipation auf der politischen Agenda (vgl. Schaser/Schüler-Springorum 2010, 17). Zeitgleich entwickelten sich im »Jahrhundert der Emanzipation« (Volkov 2000, 26) diverse reaktionäre Gegenbewegungen etwa in Form des Antifeminismus und des Antisemitismus[4]; die Emanzipationsbestrebungen waren also »von Anfang an von einem Diskurs begleitet, der das Gegenteil, nämlich Ungleichheit aller Menschen mit naturwissenschaftlichen Erkenntnissen« zu untermauern versuchte (Sauer-Burghard 1999, 156). Dabei waren die verschiedenen anti-emanzipatorischen Ideologeme nicht zwingend durch eine Koexistenz gekennzeichnet, im Gegenteil: Antifeministische und antisemitische Argumente verschmolzen nur allzu häufig zu einem umfassenden reaktionären und anti-modernistischen Weltbild.

So stellt Ute Planert für das Kaiserreich fest, dass »Antifeminismus und Antisemitismus um die Jahrhundertwende nicht nur programmatisch-strukturelle Ähnlichkeiten hatten, sondern auch personell und organisatorisch eng miteinander verflochten waren« (Planert 1998, 17). Die Historikerin Shulamit Volkov prägte einst den Begriff vom Antisemitismus als »kulturellen Code«. Vermittels des Antisemitismus sei im späten 19. Jahrhundert »die Übernahme eines bestimmten Systems von Ideen und die Präferenz für spezifische soziale, politische und moralische Normen« ausgedrückt worden (Volkov 2000, 23). Die ideologische Nähe zwischen Antifeminismus und Antisemitis-

---

[4] Das Phänomen der Judenfeindschaft ist natürlich deutlich älter. Dennoch fällt die Entstehung des ‚modernen Antisemitismus' zeitlich mit der jüdischen Emanzipation zusammen. So wurde die »Judenfrage« anfangs als »Emanzipationsfrage« formuliert, auf die schließlich eine neue »Judenfrage« folgte, »die nun nicht mehr emanzipatorisch, sondern antisemitisch gestellt wurde« (Rürup 2004, 84). Auch misogyne Einstellungen sind bereits seit der Antike verbreitet. Antifeminismus beschreibt aber im Gegensatz zur Misogynie nicht »generellen Frauenhaß, sondern tritt erst als Reaktion auf die historischen Frauenbewegungen auf und wendet sich gegen deren vermeintliche oder tatsächliche Ziele und Errungenschaften« (Helduser 2002, 17). Als explizite ‚Gegenbewegung' ist der Antifeminismus daher ein Phänomen der Moderne.

mus lag für sie deshalb auf der Hand: »Ausgesprochene Gegner der Frauenbewegung waren fast ausnahmslos auch radikale Antisemiten« (Volkov 2001, 75). Bereits Max Horkheimer und Theodor W. Adorno sahen sich in der »Dialektik der Aufklärung« bei ihrer Analyse des Antisemitismus auf den Antifeminismus verwiesen: »Die Erklärung des Hasses gegen das Weib als die schwächere an geistiger und körperlicher Macht, die an ihrer Stirn das Siegel der Herrschaft trägt, ist zugleich die des Judenhasses« (Horkheimer/Adorno 2010, 120).

Ein gutes Beispiel für die Konvergenz zwischen Antifeminismus und Antisemitismus liefert das Werk des frauen- und judenfeindlichen Philosophen Otto Weininger. In seiner vielbeachteten Dissertationsschrift »Geschlecht und Charakter«, die kurz nach der Jahrhundertwende veröffentlicht wurde, heißt es:

> »Daß der Jude nicht erst seit gestern, sondern mehr oder weniger von jeher staatsfremd ist, deutet bereits darauf hin, daß dem Juden wie dem Weibe die Persönlichkeit fehlt […] Denn nur aus dem Mangel des intelligiblen Ich kann, wie alle weibliche, auch die jüdische Unsoziabilität abzuleiten sein« (Weininger 1980, 411f.).

Es sind solche Ausführungen, die das Verhältnis zwischen Antifeminismus und Antisemitismus zuweilen gar als »zwei Seiten einer Medaille« erscheinen lassen (vgl. Schaser 2003, 66). Eine solche Definition ist mitunter problematisch; legt sie doch den Schluss nahe, bei antifeministischen und antisemitischen Einstellungen handele es sich im Prinzip um ein und dasselbe Phänomen. Meines Erachtens existierten dagegen einerseits strukturelle Gemeinsamkeiten zwischen beiden Phänomenen. Andererseits fanden Teilelemente beider Phänomene in der je wechselseitigen Begründung des anderen Phänomens Verwendung.

Als gemeinsames Merkmal sticht zunächst die Diskontinuität der Legitimationsgrundlagen und damit verbunden der spezifisch historische Charakter beider Phänomene ins Auge: So fällt mit der zunehmenden Technisierung und Rationalisierung der

Gesellschaft der »Wandel vom christlichen Antijudaismus und der christlichen Frauenfeindlichkeit zum rassistischen Antisemitismus und biologistischen Sexismus« (Sauer-Burghard 1999) zeitlich zusammen. Als weitere Gemeinsamkeit kann zudem das Moment der Naturalisierung/Biologisierung gelten, mit deren Hilfe die angeblich defizitären Eigenschaften von Frauen und Jüd_innen zu allen Zeiten essentialisiert wurden. Beide Gruppen wurden dehumanisiert, indem sie als unzivilisiert, triebhaft und kulturlos konstruiert wurden. Auf diese Weise konnte der weiße, christliche Mann »als ausschließliches Kulturwesen hochstilisiert« (ebd., 156) und gleichzeitig als Repräsentant des Normativen positioniert werden. Insofern besitzen antifeministische und antisemitische Positionen gleichermaßen eine identitätsstiftende Funktion.

Gleichzeitig fand eine Verquickung der Zuschreibungen statt: Das heißt, der Jude wurde mit »weiblichen«, die Frau mit »jüdischen« Eigenschaften identifiziert und dadurch abgewertet; antifeministische und antisemitische Positionen lieferten sich wechselseitig »Argumente« zur Unterfütterung des je anderen Phänomens. Dies manifestierte sich etwa auf der Ebene der Sexualisierung: Die weibliche Sexualität, seit jeher als »abnormal« diskreditiert, wurde »in der Figur des Juden dämonisiert« (Dijkstra 1999, 570). Im Antisemitismus existierte das »Bild des sexuell ausschweifenden und/oder perversen Mannes, und die Frauen gelten als sexuell verführerisch sowie bedrohlich« (Rommelspacher 1995, 41). Diverse Diskurse assoziierten Jüd_innen zudem »mit sexueller Devianz und Geschlechtskrankheiten – und mit Prostituierten als denjenigen Frauen, die Devianz und Krankheiten im Zusammenhang von Sexualität wie niemand sonst symbolisierten« (Kerner 2009, 322). Zuweilen wurde Juden der Vorwurf der Vergewaltigung und des »Mädchenhandels« gemacht. Eine explizierte Form eines solch sexualisierten Antisemitismus fand etwa dann statt, wenn die zuvor konstatierte Triebhaftigkeit und die angeblichen Vergewaltigungen von »deutschen Mädchen« durch »lüsterne« und »perverse« jüdische Männer als »planmäßiges und weltweit koordiniertes Handeln zur Vernichtung des ‚deutschen Volkes' mittels der ‚Vergiftung' seiner Frauen« halluziniert wurde (Gehmacher 1998, 103).

Darüber hinaus wurden jüdische Männer in vielerlei Hinsicht effeminiert: Aufgrund der Zirkumzision fehle den Juden ein wichtiger Teil ihrer männlichen Identität, wegen ihres angeblich unterdurchschnittlichen Brustumfangs seien sie nicht für den Militärdienst geeignet, infolge ihrer imaginierten Anfälligkeit für Nasenbluten wurde das Klischee vom »menstruierenden Juden« entwickelt (vgl. Hödl 1997). Die antisemitischen Attacken kulminierten schließlich im Bild des »weibischen Juden«. Die als weiblich klassifizierten körperlichen Konstitutionsmerkmale wurden damit zum Argument gegen die Juden gemacht – die antisemitische Diskreditierung setzte also die Geringschätzung des Weiblichen voraus; sie verließ sich darauf, dass mit der Effemination von Juden eine gesellschaftliche Abwertung einhergehe. Gleichzeitig wurden durch den Rückgriff auf das Bild des »weibischen Juden« frauenfeindliche Praxen und patriarchale Verhältnisse bestärkt, insoweit die Juden durch ihre Effeminierung erneut »der Norm des Maskulinen gegenübergestellt« (Hödl 2005, 88) werden konnten. Dass sich jüdische Frauen durch die argumentative Verknüpfung von Antifeminismus und Antisemitismus de facto einer Doppelstigmatisierung ausgesetzt sahen, liegt insofern auf der Hand.

Moderner Antisemitismus: eine Begriffsbestimmung

Der Antisemitismus ist nicht nur ein Vorurteil; er fungiert als umfassendes Welterklärungsmodell. Seine Wurzeln hat der moderne Antisemitismus in der christlich motivierten Judenfeindschaft des Mittelalters (vgl. Benz 2007, 19f.). Bereits damals kursierten negative Erzählungen und Anschuldigungen, mit deren Hilfe die jüdische Minderheit stigmatisiert und verfolgt wurde, etwa die Legende der »Brunnenvergiftungen« oder die Klischees vom »jüdischen Wucher« (vgl. Rohrbacher/ Schmidt 1991). Die Jüd_innen galten schon damals als eine kleine, kaum durchschaubare und gegen die christliche Mehrheitsgesellschaft verschworene Gemeinschaft. Später erhielten die judenfeindlichen Ressentiments einen zunehmend »wissenschaftlicheren« und vor allem biologistischen Charakter: Jüd_innen hatten nun nicht mehr nur die »falsche« Religion; sie wurden als »Gegenrasse« konstruiert, als »das negative Prinzip als solches« (Horkheimer/Adorno 2010, 177). Zentrales Motiv des modernen Antisemitismus war und ist das Phantasma einer »jüdischen Weltverschwörung« (vgl. Piper 1995). Jüd_innen wurden dämonisiert und für alle als bedrohlich und negativ empfundenen Begleiterscheinungen der Moderne verantwortlich gemacht. Als »Drahtzieher« des Weltgeschehens vermutet, nutzten sie ihre Macht über das Finanzsystem (»Geldjuden«, »Judenzins«) und die Medien (»verjudete Presse«), um ihre Weltherrschaft zu realisieren. Die Personifizierung apersonaler Strukturen, gesellschaftlicher Prozesse und sozialer Konflikte erweist sich insofern als entscheidendes Merkmal des verschwörungsideologischen Antisemitismus:

> »Der Antisemit leuchtet in die verborgenen Winkel, er entlarvt, er deckt die Machenschaften auf, er weiß, dass hinter allen Sachzwängen Menschen stecken. Er weiß sie zu benennen: die Juden. Nicht als Individuum, sondern als Prinzip: der Jude« (Claussen 2005, 62).

Die unbegreifliche Faktizität von Auschwitz hat den eliminatorischen Charakter des Antisemitismus offengelegt (vgl. Goldhagen 1996). Gleichzeitig führten die grausamen Details über die systematische Massenvernichtung des europäischen Judentums dazu, dass vormals legitime (antisemitische) Weltanschauungen tabuisiert und z.T. aus dem öffentlichpolitischen Diskurs ausgeschlossen wurden. Offene Judenfeind-schaft wird heute juristisch und größtenteils auch gesellschaft-lich sanktioniert. Die Tabuisierung hat indes keineswegs dazu geführt, dass judenfeindliche Stereotype abgelegt wurden oder gar aus dem historisch tradierten Wissen einer Gesellschaft verschwunden sind. Der Antisemitismus der Gegenwart bedient sich verschiedener »kommunikativer Umwege«[5] (vgl. Salzborn 2014) und tritt in der Regel codiert auf. Auf diese Weise wird die konkrete Benennung des angegriffenen Objekts obsolet:

> »So muss nicht ein einziges Mal das Wort Jude oder jüdisch in einer Äußerung vorkommen, um judenfeindliche Inhalte zu ver-mitteln. Vielmehr vertrauen die Produzenten darauf, dass ihre Rezipienten den gemeinten Sinn über Schlussfolgerungen (als Implikaturen) erschließen können. Implikaturen sind nicht expli-zit formulierte, aber über den Inhalt der Äußerung im Kontext er-schließbare Bedeutungen« (Schwarz-Friesel/Reinharz 2013, 38, Herv. i. Orig.).

Antisemitische Codes und Chiffren wirken für sich genommen deshalb häufig harmlos. Entscheidend ist nicht der reale Bezug zum Judentum, sondern dass die antisemitische Botschaft von den Rezipient_innen einer codierten Aussage problemlos ent-

---

[5] Als Beispiel sei der ‚sekundäre Antisemitismus' genannt, der behauptet, Jüd_innen zögen moralische und finanzielle Vorteile aus der Shoah, und damit auf alte Klischees vom »geldgierigen« und »rachsüchtigen« Judentum zurückgreift. Dieser auf Schuldabwehr zielende Antisemitismus ist häufig mit der Forderung nach einem »Schlussstrich« unter die Gedenken an die nationalsozialistischen Verbrechen verbunden. Heute lebenden Jüd_innen wird auf diese Weise qua Existenz ihre eigene Verfolgungsgeschichte zum Vorwurf macht: »Ob sie wollen oder nicht, sie werden zu einem Stachel der Gesellschaft, zu unbequemen Unruhestiftern, denen sodann das vorgeworfen wird, wozu die Verhältnisse sie selbst gemacht haben« (Grünberg 2013: 284). Eine ähnliche Umwegkommunikation ermöglicht der ‚israelbezogene Anti-semitismus', der vermeintliche oder tatsächliche Unzulänglichkeiten des jü-dischen Staates einer obsessiven Kritik unterzieht und mit antisemitischen Ressentiments vermischt (dies ist z.B. der Fall, wenn behauptet wird, die israelische Siedlungspolitik entspreche dem Streben nach einer »jüdischen Weltherrschaft«).

schlüsselt werden kann. Deshalb ist es auch irrelevant, ob die Familien Rockefeller und Rothschild, das Bankhaus Goldman Sachs oder andere Finanzinstitutionen an der »Ostküste« wirklich einen jüdischen Hintergrund haben – im antisemitischen Diskurs fungieren sie allesamt als Signifikanten für eine einflussreiche und die ganze Welt regierende jüdische (Geld-) Elite.[6] Selbst wenn keine Personengruppen benannt werden, greift die Strippenzieher-Logik stets auf tradierte Anschuldigungen zurück, die historisch ausschließlich Jüd_innen betrafen. Damit bleibt objektiv der antisemitische Gehalt einer Aussage auch dann bestehen, wenn sie nicht explizit Jüd_innen zugeordnet wird – denn alle (können) wissen, wer oder was mit den Andeutungen gemeint ist.

Antifeminismus und Antisemitismus in der Gegenwart

Elemente eines verschwörungsideologischen Antisemitismus sind in vielen Bereichen des organisierten Antifeminismus anzutreffen. In einer Publikation der *Besorgten Eltern*[7] wird beispielsweise die Frage nach den »Drahtziehern« und »verborgenen Absichten« des Feminismus gestellt; die Broschüre verspricht aufzuklären, welche »geheimen Ziele die Gender-Ideologie verfolgt«.[8] Neben der Verwendung der klassischen Strippenzieher-Logik fällt hier die Behauptung einer massiven

---

[6] Teilweise sind diese Signifikanten schon sehr alt. Beispielhaft sei auf den nationalsozialistischen Propagandafilm »Die Rothschilds« verwiesen, der im Juni 1940 erschienen ist (vgl. hierzu Dörner 2015, 415f.).
[7] Bei den *Besorgten Eltern* handelt es sich neben dem Netzwerk *Demo für Alle* um eine der relevantesten Gruppen im Kontext der bundesweiten Mobilisierungen gegen die als »Frühsexualisierung« dämonisierten sexualpädagogischen Angebote für Kinder und Jugendliche.
[8] Besorgte Eltern (2015): Die verborgenen Wurzeln der modernen Sexualaufklärung. Online unter: http://www.besorgte-eltern.net/pdf/broschu re/broschure_wurzeln/BE_Verborgene-Wurzeln_A5_v02.pdf (Abruf:12.01. 2016).

Geheimhaltungsabsicht auf. Die *Besorgten Eltern* stilisieren sich auf diese Weise als Verkünderin einer unausgesprochenen Wahrheit. Interessant ist vor allem, dass die »Gender-Ideologie« als bloßes Mittel zum Zweck konstruiert wird. Emanzipations- und Gleichstellungsbemühungen werden nicht als Ziel für sich anerkannt, sondern nur als Vorwand für einen größeren, dahinter stehenden und freilich streng geheimen Plan vermutet. Die Halluzination einer angeblichen »Umerziehung« als Motiv des »Genderismus« ist ein zentraler und immer wiederkehrender Bestandteil gegenwärtiger antifeministischer Argumentationen. Bei Birgit Kelle, einer bekannten Akteurin und Autorin des antifeministischen Milieus, heißt es dazu: »In den Augen der Strippenzieher an der Gender-Front stören Eltern nur noch bei der Umformung ihrer Kinder zum neuen Menschen«.[9] Auch die Kampagne *Free Gender*, die vor einigen Jahren von parteilosen Neonazis initiiert wurde (vgl. Sanders 2010), führt dies ganz explizit aus: Die wahren Ziele des »Gender-Mainstreamings« würden »bewusst verschleiert«, schließlich gehe es primär um nicht weniger als »die Schaffung eines neuen Menschentypus« (vgl. auch Lang/Peters in diesem Band).[10]

Und bei einer anderen Neonazi-Gruppe hieß es: »Entartung, Raffgier, Genderwahn und Perversion sind die Waffen, die in unseren Tagen gegen das deutsche Volk eingesetzt werden«.[11] An dieser Aufzählung ist bemerkenswert, dass »Genderwahn und Perversion« unmittelbar im Anschluss an zwei

---

[9] Kelle, Birgit (2015): »Der Gender-Wahn muss beendet werden«. Interview mit Birgit Kelle. Online unter: http://www.freiewelt.net/interview/der-genderwahn-muss-beendet-werden-10055431/ (Abruf: 12.01.2016).

[10] Free Gender (o.J.): Raus aus den Köpfen. Genderterror abschaffen. Online unter: http://www.free-gender.de/wp-content/uploads/2011/02/Infoheft-1.pdf (Abruf: 14.11.2015). Zur Kampagne »Free Gender« vgl. auch Winter 2016, 220f.

[11] Gedenkbündnis Bad Nenndorf (2013): Das Gedenkbündnis informiert auf dem Tag der deutschen Zukunft. Online unter: http://www.badnenndorf 2013.trauermarsch.info/das-gedenkbundnis-informiert-auf-dem-tag-der-deutschen-zukunft/ (Abruf: 07.12.2015).

Begriffe genannt werden, die eindeutig dem nationalsozialistischen Jargon entnommen wurden und dort zur negativen Klassifikation von etwas »Jüdischem« oder »Verjudetem« Verwendung gefunden haben (»entartete Kunst«; »raffgierige Juden«). Diese Aneinanderreihung erweckt den Eindruck, als hätten antifeministische Positionen das Repertoire bzw. Argumentationsarsenal klassisch-antisemitischer Denkweisen angereichert.

In all den genannten Beispielen – so unterschiedlich sie auch sein mögen – werden emanzipative Forderungen als schädlicher Geheimplan umgedeutet oder gar als »Waffe« gegen das »deutsche Volk« in Stellung gebracht. Es handelt sich um handfeste Verschwörungsideologien:

> »Zentrale Botschaft von Verschwörungstheorien ist stets die angebliche Feindschaft der Minderheit gegen die Mehrheit; die Aktionspläne der Minderheit werden ‚aufgedeckt‘, um Erklärungen zu finden […] oder als Beweis für die Beherrschung der Welt durch finstere Mächte« (Benz 2007, 15).

Der Schritt zum manifesten Antisemitismus ist in einer solch vereinfachten Weltauffassung mindestens strukturell angelegt. Dass es sich beim Feminismus »in Wahrheit« um eine ‚lancierte Strategie mächtiger Eliten im Hintergrund‘ handele, wird in antifeministischen Zusammenhängen teilweise nicht nur angedeutet, sondern explizit ausgeführt und zu einer umfassenden antisemitischen Verschwörungsideologie verdichtet. Beispielhaft sei hier auf eine Passage aus der auflagenstarken Querfront-Zeitschrift *Compact* verwiesen, deren Artikel regelmäßig auf eine Vielzahl antisemitischer Stereotype zurückgreifen (vgl. Culina/Fedders 2016). Verschiedene Autor/innen der *Compact* hetzen gegen die »Gender-Ideologie«; Chefredakteur Jürgen Elsässer trat sogar als Redner bei einer Demonstration der *Besorgten Eltern* auf. In dem Magazin wird ein angeblicher »Nicholas Rockefeller« mit den folgenden Worten zitiert:

»Der Feminismus ist unsere Erfindung aus zwei Gründen. Vorher zahlte nur die Hälfte der Bevölkerung Steuern, jetzt fast alle, weil die Frauen arbeiten gehen. Außerdem wurde damit die Familie zerstört, und wir haben dadurch die Macht über die Kinder erhalten. Sie sind unter unserer Kontrolle mit unseren Medien und bekommen unsere Botschaft eingetrichtert, stehen nicht mehr unter dem Einfluss der intakten Familie. Indem wir die Frauen gegen die Männer aufhetzen und die Partnerschaft und die Gemeinschaft der Familie zerstören, haben wir eine kaputte Gesellschaft aus Egoisten geschaffen, die arbeiten (für die angebliche Karriere), konsumieren (Mode, Schönheit, Marken), dadurch unsere Sklaven sind und es dann auch noch gut finden«.[12]

Der zitierte »Nicholas Rockefeller« lässt zunächst verlauten, dass es sich beim Feminismus um »unsere Erfindung« handele. Damit nimmt das Zitat diskursiv Bezug auf die Familie Rockefeller als Code für eine »einflussreiche jüdische Elite«. Sodann wird von »Nicholas Rockefeller« erklärt, dass der Feminismus einerseits die umfassende Inklusion aller Menschen in Lohnarbeitsverhältnisse erstrebe und andererseits die »Macht über die Kinder« sowie deren Kontrolle mithilfe der Medien. Beides greift auf antisemitische Stereotype über »skrupellose jüdische Kapitalisten« bzw. die »Judenpresse« zurück. Eine solche Argumentation wird in der *Compact* wiederholt aufgegriffen und zum Teil in leicht abgewandelter Form reproduziert.[13]

---

[12] Compact 11/2013, 53.

[13] So schreibt Chefredakteur Jürgen Elsässer im Editorial: »Warum die Emanzen, obwohl in der krassen Minderheit, von den Mächtigen unterstützt werden, ist schnell erklärt: Die Zerschlagung der Familie bringt die Frauen in die Fabrik – als Lohndrückerinnen. Am Ende malochen beide für das Geld, das früher Papa alleine nach Hause brachte. Der Unternehmer freut sich über den Extra-Profit. Was als Befreiung der Frau firmiert, ist in Wahrheit mehr Schufterei und Unfreiheit für ihn und für sie. Sollte man den Feminismus nicht besser als Vehikel des Raubtier-Kapitalismus beschreiben?« (vgl. *Compact* 7/2011, 3). Für eine genauere Auseinandersetzung mit der Rolle der *Compact* im organisierten Antifeminismus vgl. den Beitrag von Kevin Culina in diesem Band.

Bei dem gesamten Zitat handelt es sich indes um ein Falsifikat. Eine einfache Recherche genügt, um herauszufinden, dass es einen »Nicholas Rockefeller« nie gab. Diese Tatsache ändert aber nichts an der Reichweite und der Wirkung dieses Zitats. Theodor W. Adornos Diktum vom Antisemitismus als »Gerücht über die Juden« (2003: 125) beweist hier einmal mehr seine Plausibilität. Wird bei Internetsuchdiensten der Name »Nicholas Rockefeller« eingegeben, so findet sich dieses angebliche »Geständnis« dutzendfach auf diversen Internetseiten. Doch obwohl nicht nur das Zitat, sondern selbst der angebliche Urheber eine offenkundige Fälschung ist, büßt diese Verschwörungstheorie über die angeblichen »Drahtzieher« des Feminismus nichts an ihrer Relevanz für antisemitische Welterklärungsmuster ein.

Eine radikalisierte Form dieses verschwörungsideologischen Antisemitismus trifft man auch in diversen antifeministischen und maskulinistischen Internetforen und Websites an. So kursiert beispielsweise die folgende Erklärung über den »Ursprung des Feminismus« vielerorts im World Wide Web:

»Die Rockefellers und Rothschilds haben den Feminismus erfunden um die Familie zu zerstören und um die Mann-Frau-Beziehung zu vergiften. Ein typischer Fall von Teile und Herrsche. Ihr Ziel ist es eine Bevölkerung von egoistischen Individuen zu schaffen, welche den idealen steuerbaren Konsumenten darstellen. Ausserdem wollen sie damit die Welt entvölkern, in dem immer weniger Kinder geboren werden. Und sie wollen eine einzige Weltregierung errichten, die alles bestimmt und kontrolliert. Warum? Weil diese globale Geldelite meint sie sind Gott, da sie Geld mit ihren Zentralbanken aus dem Nichts schaffen können. Geld regiert die Welt ist ihr Motto. Damit und mit dem Zins und Zinseszins System und der totalen Verschuldung versklaven sie die Menschheit. Jeder der ihnen zu diesen Zielen im Weg steht wird vernichtet«.[14]

Neben der Familie Rockefeller werden hier die Rothschilds als weiterer antisemitischer Code in die Argumentation eingeführt. Das Ziel dieser als mächtig und jüdisch identifizierten »globalen Geldeliten« sei es, durch gezielte gesellschaftliche Umbrüche und Traditionswandlungen »eine einzige Weltregierung« zu errichten, also ihre Weltherrschaft zu realisieren. Sie kontrollierten die Zentralbanken und versklavten die Menschheit mithilfe von »Zins und Zinseszins-System«. Wenige Sätze vorher wird zudem behauptet, »die von der Elite kontrollierten Medien« (ebd.) unterstützen diese Pläne. Bei all diesen Vorwürfen handelt es sich um klassische Motive des modernen Antisemitismus. Die Verknüpfung zwischen diesem objektiv antisemitischen Gehalt und (vermeintlichen) Jüd_innen findet vermittels der als Codes fungierenden Signifikanten »Rockefeller« und »Rothschild« statt. Zwar handelt es sich bei dem Zitat nur um einen Blog-Beitrag, weshalb seine Relevanz für die antifeministische Szene keinesfalls überschätzt werden sollte. Dennoch bleibt festzuhalten: Die Vermutung, dass »der« Feminismus von einflussreichen Eliten im Hintergrund erfunden worden sei und gezielt eingesetzt werde, um dem »deutschen Volk« Schaden zuzufügen, wird mindestens andeutungsweise in vielerlei Argumentationen des organisierten Antifeminismus postuliert.

Fazit und Ausblick

Welche Erkenntnisse halten die beispielhaft angeführten Verwendungsweisen antisemitischer Ressentiments im Kontext des

---

[14] Der Honigmann (2012): Der Ursprung des Feminismus. Online unter: https://derhonigmannsagt.wordpress.com/2012/03/12/der-ursprung-des-feminismus/ (Abruf: 12.01.2016, Schreibweise im Original).

organisierten Antifeminismus für das Verhältnis von Sexismus und Judenfeindschaft bereit? Was die historischen Korrelationen betrifft, so lässt sich zunächst resümierend festhalten, dass antifeministische und antisemitische Positionen in ihrem gleichzeitigen Auftreten häufig die je andere Position argumentativ erweitern. So stellt Birgit Rommelspacher zwar das Spezifikum des modernen Antisemitismus im Prinzip völlig treffend heraus, wenn sie betont, dass es sich aus psychoanalytischer Sicht bei antisemitischen Phantasmen eher um eine »Über-Ich-Projektion« handele, bei der den Jüd_innen ein Zuviel an Intelligenz, Geschicklichkeit und Macht unterstellt werde, während der (koloniale) Rassismus eher durch eine »Es-Projektion« gekennzeichnet sei, die den rassifizierten Subjekten Triebhaftigkeit, Primitivität und Unzivilisiertheit vorwerfe (vgl. Rommelspacher 2009, 26f.). Durch die Sexualisierung von Jüd_innen und die Effemination von Juden wird jedoch gerade das vermeintlich Triebhafte, Affektive und Primitive betont und als weiteres Motiv in den antisemitischen Diskurs eingeführt. Insofern leistet die Verknüpfung von Sexismus/Antifeminismus und Judenfeindschaft auch einen Beitrag zur Heterogenität des Antisemitismus.

Das gegenwärtige Verhältnis von Antifeminismus und Antisemitismus ist demgegenüber häufig in erster Linie wechselseitig funktional: Aufgrund der Tabuisierung des Antisemitismus, so Karin Stögner, erfordere dessen Artikulation »heute mehr denn je bestimmter anderer Ideologien aus dem Reservoir des antidemokratischen Syndroms, die ihn verdecken, hinter denen er jedoch ungehindert fortzuwuchern imstande ist« (2014, 288). Beim Sexismus handele es sich um eine dieser Ideologien. Die Idee vom Antifeminismus als Vehikel des Antisemitismus ist durchaus nachvollziehbar: Unbestritten nehmen antifeministische und antisemitische Argumentationen in der postnazistischen Gesellschaft einen unterschiedlichen Stellenwert ein:

»Denn während Forderungen nach einer Zurücknahme der Judenemanzipation nach 1945 in Deutschland unakzeptabel geworden sind, scheinen in weiten Teilen nicht nur der männlichen Bevölkerung die aktuellen Fragen nach dem Sinn und Zweck von Gleichstellungsbemühungen immer noch keine eindeutige Antwort auf die Berechtigung der Frauenemanzipation zuzulassen« (Schaser 2003, 70).

Andererseits kann auch in umgekehrter Weise der Antisemitismus als Vehikel des Antifeminismus gedacht werden. Denn die von Antifeminist/innen postulierte Opferposition der Männer gerät nicht selten in Konflikt mit ihrem durch »Stärke« gekennzeichneten traditionellen Männlichkeitsideal (vgl. Schutzbach 2015, 6). Der Rückgriff auf antisemitische Argumentationsmuster vermag hier Abhilfe zu schaffen: Wenn der Feminismus nicht einfach nur ein Kampf ist, der von als »schwach« konstruierten Frauen geführt wird, sondern eine Strategie, die von einflussreichen Eliten im Hintergrund forciert und mithilfe ihrer finanziellen und medialen Macht durchgesetzt wird, dann gewinnt die von den Antifeminist/innen für sich in Anspruch genommene Hilflosigkeit jedenfalls in ihrer eigenen Logik ein Stück weit an Plausibilität.

Karin Stögner resümiert die Affinität zwischen Antisemitismus und Sexismus wie folgt:

»Ein gemeinsamer Kern ist die Furcht vor der Veränderung des Status quo der bürgerlichen Gesellschaft gerade auch von denen, die von diesem ordo in ihren Möglichkeiten menschlicher Entfaltung massiv eingeschränkt werden.« (Stögner 2014, 284).

Mit Blick auf emanzipative Perspektiven und Gegenstrategien gilt es zudem festzuhalten, dass es kein Primat des Antisemitismus oder des Antifeminismus geben kann. Erst wenn sowohl die Gleichzeitigkeit als auch die Verwobenheit von Herrschafts- und Diskriminierungsverhältnissen erkannt werden, können wirksame Gegenstrategien entwickelt werden. Keinem Projekt gegen Antifeminismus oder Antisemitismus wird es gelingen, isoliert und für sich alleine erfolgreich sein; vielmehr wird sich jedes emanzipative Projekt universalisieren müssen,»um an die Gesamtheit und widersprüchliche Einheit der gesellschaftlichen Arbeitsteilung und Herrschaftsverhältnisse heranzureichen und diese in Frage zu stellen« (Demirović 2011, 542).

Literatur

Adorno, Theodor W. (1995): Studien zum autoritären Charakter, Frankfurt/M: Suhrkamp.

Adorno, Theodor W. (2003): Minima Moralia. Reflexionen aus dem beschädigten Leben, Frankfurt/M: Suhrkamp.

Benz, Wolfgang (2007): Die Protokolle der Weisen von Zion. Die Legende von der jüdischen Weltverschwörung, München: C.H. Beck.

Claussen, Detlev (2005): Grenzen der Aufklärung. Die gesellschaftliche Genese des modernen Antisemitismus, Frankfurt/M: Fischer.

Culina, Kevin / Fedders, Jonas (2016): Im Feindbild vereint. Zur Relevanz des Antisemitismus in der Querfront-Zeitschrift Compact, Münster: edition assemblage.

Demirović, Alex (2011): Kritische Gesellschaftstheorie und die Vielfalt der Emanzipationsperspektiven, in: Prokla. Zeitschrift für kritische Sozialwissenschaft 41 (4), 519-542.

Dijkstra, Bram (1999): Das Böse ist eine Frau. Männliche Gewaltphantasien und die Angst vor der weiblichen Sexualität, Reinbek: Rohwolt.

Dörner, Bernward (2015): Die Rothschilds (Film von Erich Waschneck, 1940), in: Benz, Wolfgang (Hg.): Handbuch des Antisemitismus. Judenfeindschaft in Geschichte und Gegenwart. Band 7. Literatur, Film, Theater und Kunst, Berlin: De Gruyter, 415-416.

Gehmacher, Johanna (1998): Die Eine und der Andere. Moderner Antisemitismus als Geschlechtergeschichte, in: Bereswill, Mechthild / Wagner, Leonie (Hg.): Bürgerliche Frauenbewegung und Antisemitismus, Tübingen: edition diskord.

Goldhagen, Daniel J. (1996): Hitlers willige Vollstrecker. Ganze gewöhnliche Deutsche und der Holocaust, Berlin: Siedler.

Grünberg, Kurt (2013): Ist das Antisemitismus? Deutsch-jüdische Erfahrungen nach der Shoah, in: Psychoanalyse. Texte zur Sozialforschung 17 (2), 275-286.

Heitmeyer, Wilhelm (2012): Deutsche Zustände. Folge 10, Frankfurt/M: Surhkamp.

Helduser, Urte (2002): Antifeminismus, in: Kroll, Renate (Hg.): Metzler Lexikon Gender Studies Geschlechterforschung. Ansätze – Personen – Grundbegriffe, Stuttgart: J.B. Meltzer, 17-18.

Hödl, Klaus (1997): Die Pathologisierung des jüdischen Körpers. Antisemitismus, Geschlecht und Medizin im Fin de Siècle, Wien: Picus Verlag.

Hödl, Klaus (2005): Genderkonstruktion im Spannungsfeld von Fremd- und Selbstzuschreibung. Der „verweiblichte Jude" im diskursiven Spannungsfeld im zentraleuropäischen Fin de Siècle, in: AG Gender-Killer (Hg.): Antisemitismus und Geschlecht. Von »effeminierten Juden«, »maskulinisierten Jüdinnen« und anderen Geschlechterbildern, Münster: Unrast, 81-101.

Horkheimer, Max / Adorno, Theodor W. (2010): Dialektik der Aufklärung. Philosophische Fragmente, Frankfurt/M: Fischer.

Kerner, Ina (2009): Differenzen und Macht. Zur Anatomie von Rassismus und Sexismus, Frankfurt/M u.a.: Campus.

Piper, Ernst (1995): »Die jüdische Weltverschwörung«, in: Schoeps, Julius H. / Schlör, Joachim (Hg.): Antisemitismus. Vorurteile und Mythen, München u.a.: Piper, 127-135.

Planert, Ute (1998): Antifeminismus im Kaiserreich. Diskurs, soziale Formation und politische Mentalität, Göttingen: Vandenhoeck & Ruprecht.

Rohrbacher, Stefan / Schmidt, Michael (1991): Judenbilder. Kulturgeschichte antijüdischer Mythen und antisemitischer Vorurteile, Reinbek: Rohwolt.

Rommelspacher, Birgit (1995): Dominanzkultur. Texte zu Fremdheit und Macht, Berlin: Orlanda Frauenverlag.

Rommelspacher, Birgit (2009): Was ist eigentlich Rassismus? In: Melter, Claus / Mecheril, Paul (Hg.): Rassismuskritik. Rassismustheorie und -forschung, Schwalbach/Ts.: Wochenschau Verlag, 25-38.

Rürup, Reinhard (2004): Antisemitismus und moderne Gesellschaft. Antijüdisches Denken und antijüdische Agitation im 19. und frühen 20. Jahrhundert, in: Braun, Christina von / Ziege, Eva-Maria (Hg.): »Das ‚bewegliche‘ Vorurteil«. Aspekte des internationalen Antisemitismus, Würzburg: Königshausen & Neumann, 81-100.

Salzborn, Samuel (2014): Antisemitismus. Geschichte, Theorie, Empirie, Baden-Baden: Nomos.

Sanders, Eike (2010): »free-gender«, in: Antifaschistisches Infoblatt. Online unter: https://www.antifainfoblatt.de/artikel/%C2%BB free-gender%C2%AB (Abruf: 07.12.2015).

Sauer-Burghard, Brunhilde (1999): Vom Paradigmenwechsel der Legitimationsbeschaffung patriarchaler Herrschaft in der Moderne – Der Wandel vom christlichen Antijudaismus und der christlichen Frauenfeindschaft zum rassistischen Antisemitismus und biologistischen Sexismus, in: Bukow, Wolf-Dietrich / Ottersbach, Markus (Hg.): Die Zivilgesellschaft in der Zerreißprobe. Wie reagieren Gesellschaft und Wissenschaft auf die postmoderne Herausforderung?, Opladen: Leske + Budrich.

Schaser, Angelika (2003): Einige Bemerkungen zum Thema Antisemitismus und Antifeminismus, in: Ariadne. Forum für Frauen- und Geschlechtergeschichte, Nr. 43, 66-71.

Schaser, Angelika / Schüler-Springorum, Stefanie (2010): Liberalismus und Emanzipation. In- und Exklusionsprozesse im deutschen Liberalismus, in: Dies. (Hg.): Liberalismus und Emanzipation. In- und Exklusionsprozesse im deutschen Liberalismus, Stuttgart: Franz Steiner Verlag, 9-22.

Schutzbach, Franziska (2015): Der organisierte Hass der Antifeministen, in: genderstudies. Zeitschrift des interdisziplinären Zentrums für Geschlechterforschung IZFG, Nr. 27, 5-7.

Schwarz-Friesel, Monika / Reinharz, Jehuda (2013): Die Sprache der Judenfeindschaft im 21. Jahrhundert, Berlin u.a.: De Gruyter.

Stögner, Karin (2014): Antisemitismus und Sexismus. Historischgesellschaftliche Konstellationen, Baden-Baden: Nomos.

Volkov, Shulamit (2000): Antisemitismus als kultureller Code, in: Antisemitismus als kultureller Code. Zehn Essays, München: C.H. Beck, 13-36.

Volkov, Shulamit (2001): Antisemitismus und Antifeminismus: Soziale Norm oder kultureller Code, in: Das jüdische Projekt der Moderne. Zehn Essays, München: C.H. Beck, 62-81.

Weininger, Otto (1980): Geschlecht und Charakter. Eine prinzipielle Untersuchung, München: Matthes & Seitz.

Winter, Sebastian (2016): Gegen »närrischen Individualismus« und »Sexlust«. Zur affektiven Attraktivität der Imaginationen geschlechtlichen Heils im »Nationalen Widerstand«, in: Busch, Charlotte / Gehrlein, Martin / Uhlig, Tom David (Hg.): Schiefheilungen. Zeitgenössische Betrachtungen über Antisemitismus, Wiesbaden: Springer VS, 219-239.

Birge Krondorfer

»Schreibweisen dieser Art sind daher zu unterlassen.«
Wem gehört die Sprache? Eine paradigmatische Geschichte aus Österreich

»Nicht schon wieder!« – entfuhr mir ein Seufzer, »Ich glaub, ich spinn«, war die Reaktion einer Freundin. Am 20. Februar 2014 kursierte ein E-Mail in einer feministisch-akademischen Liste:

> »Nachstehend schicke ich Dir den Link zum 'Normen-Entwurfs-Portal'. Dieser ÖNORM-Entwurf A 1080 Punkt 7 enthält Formulierungen, die für mich Beispiele für eine nicht-geschlechtergerechte Sprache sind; angeführte Negativ-Beispiele sind meinem Verständnis zufolge hingegen geschlechtergerecht. Ich halte es für unverändert wichtig, dass sich auch Gleichbehandlungsstellen der Bundesländer und Städte, die sich schon lange mit der Umsetzung einer geschlechtergerechten Sprache befassen, mittels Stellungnahme zu diesem Entwurf einbringen.«

Das war der Anstoß zu einer extraordinären Kettenreaktion pro- und antifeministischer Kampagnen.[1] Die in den medialen Annalen als »Kampf ums Binnen-I« eingetragenen Ereignisse lassen sich den gängig gewordenen antifeministischen Reflexen und

---

[1] Der Beitrag ist aus der Perspektive einer beobachtenden Involviertheit verfasst und besteht aus einer chronologischen Rekonstruktion, basierend auf in der feministischen Öffentlichkeit zirkulierenden Stellungnahmen, Presseinformationen und -kommentaren sowie kleinen Diagnosen.

Ressentiments zuordnen: maskulistische Wutbürger, »Political-Correctness«-Ab- und »Genderwahn«-Beschwörer_innen und hier nun österreichische Abwehrkämpfe gegen »Sprachfeminismus«. Gemeinsam ist ihnen der Angriff auf Gleichstellungspolitiken als Bevormundung durch den Staat. In Österreich lässt sich – wenn man es so sehen will – »Sprachfeminismus« mit dem verpönten »Staatsfeminismus« gleichsetzen; zumindest kommen hier gegenderte Formen mehr zur Anwendung als bspw. in Deutschland.[2] Aber diese sind nicht nur nicht im Mainstream angekommen, sondern es werden, wie die folgende Geschichte – Kuriositäten inklusive – beschreibt, bereits vorhandene Erfolge[3] auf die Position der Apologie verwiesen. Die Erzählung[4] steht exemplarisch für das, was uns im Kontext wachsender Ungleichheitsdynamiken bevorsteht: die Reduktion der feministischen Agenda auf die Verteidigung von Errungenschaften und Werten.

Ein fabulierendes Komitee

»Eine ÖNORM ist eine vom Austrian Standards Institute veröffentlichte nationale Norm. Bei ÖNORMEN handelt es sich um freiwillige Standards, die in Normungsgremien erarbeitet werden.

---

[2] Z.B. der weibliche Index bei der Magistra (Mag.ª) und der Doktorin (Dr.in). Aus Sicht einer Deutschen kann das als »unangestrengt fortschrittlicher Austriazismus« erscheinen (Roedig 2014).

[3] In Österreich gab es ab 1979 das Staatssekretariat für allgemeine Frauenfragen und seit 1990 gibt es das Bundesministerium für Frauenangelegenheiten. Vor diesem Hintergrund waren ab 1985 geschlechtsspezifische Stellenausschreibungen gesetzlich verboten und 1988 sind weibliche Amtstitel eingeführt worden. 1990 wurden legistische Richtlinien des Bundeskanzleramtes zur sprachlichen Gleichbehandlung im Bundesrecht verabschiedet und seit 2001 gibt es Ministerratsbeschlüsse zum geschlechtergerechten Sprachgebrauch in der gesamten Bundesverwaltung.

[4] Der Text ist eine erweiterte Fassung von »Kämpfe um die Normierung geschlechtergerechter Sprache« in Femina Politica 01/15.

Das Normenwesen ist in Österreich [...] gemäß des Bundesverfassungsgesetzes Bundeskompetenz.«[5]

Das Austrian Standard Institute (hier: ASI), u.a. Mitglied der Internationalen Organisation für Normung, ist ein Verein der seinen zahlenden Mitgliedern »die Entwicklung freiwilliger Regelwerke im Dialog und Konsens aller betroffenen Kreise und ihre vielfältigen positiven Auswirkungen auf Wirtschaft, Verwaltung und Gesellschaft« anbietet.[6] Da geht es um die Normung von Dingen wie Hüttenbaustoffe, Verkehrssysteme, Marktforschungsdesigns, die in fast 300 Komitees erarbeitet wird. Aktuell ist auf der Homepage des ASI das Komitee 045, zuständig für die ÖNORM A 1080 zur Regelung des Schriftverkehrs mit dem Auftrag »Büroorganisation und schriftliche Kommunikation«, eine Leerstelle. Es wurde nach den Turbulenzen um die Neuauflage dieser ÖNORM vorläufig aufgelöst.

Seit 1981 erteilte das Komitee praktische Hinweise für die Gestaltung von offiziellen Textsorten, gab formelle Empfehlungen für den geschäftlichen Schriftverkehr und amtliche Dokumente und wollte Bildungs- und politischen Institutionen als Leitfaden dienen. In dem 90-seitigen Entwurf 2014 waren neben Neuerungen für SMS, Protokollführung, Absenderangaben etc. in Kapitel sieben »Richtlinien für die Textgestaltung« und Normierungsempfehlungen für »geschlechtergerechtes Formulieren« enthalten. Nicht zum ersten Mal: schon drei Jahre zuvor wurde eine diesbezügliche Regulierung versucht, die durch empörte Reaktionen und – gemäß der Gerüchteküche – nach einem geharnischten frauenministeriellen Wink abgewendet wurden.[7]

---

[5] https://www.austrian-standards.at/infopedia-themencenter/infopedia-artikel/oenorm/ (Abruf: 10.1. 2016)
[6] https://www.austrian-standards.at/ueber-uns/unsere-organisation/ (Abruf: 20.1.2015).
[7] Natürlich ist es ein Affront für ein Bundesfrauenmisterium, wenn eine selbsternannte Normierungstruppe auf gesellschaftlicher Ebene gegen Richtlinien des Bundes ansteuert; in anderen Worten, es ging hier um Hegemonie.

Über die Motive der Wiederaufnahme dieses Teilbereichs der Richtlinien lässt sich, wie ebenso über die Zusammensetzung und fachliche Expertise des Komitees, nur spekulieren. Es wird vermutet, dass das Buch »Sprachliches ‚Gendern'? – Ja, aber richtig!« (Fröhler 2009) wie bereits 2011 als Grundlage diente. Wer allzu sehr auf der Welle des Genderns reite, so wird der Autor auf einem Internetportal zitiert, dem könne das Sprachruder entgleiten. Worte wie »BürgerInnen«, »Fachkräftin« oder gar »Frauschaft« würden in die sprachliche Narretei führen. Deshalb sei es angebracht, sich an die deutschen Sprachregeln zu erinnern und sie auch einzuhalten.[8] Fröhler, selbst Germanist und Schulbuchautor (sic), sowie die Chefin des Komitees 045, eine Trainerin in den Fachgebieten »Sekretariat, Kommunikation und Motivation«, waren die einzigen identifizierbaren Komiteemitglieder. Letztere erklärte im März öffentlich:

> »Die feministische Linguistik [...] ist ein ideologisches Programm im Gewand der Wissenschaft. [...] [Das Binnen-I] wird uns von gewissen Kreisen politisch oktroyiert. Es gibt sehr, sehr viele Menschen, die das Binnen-I nicht verwenden – ich erlebe das täglich in meinen Seminaren.«[9]

Wohl um diesen »sehr, sehr vielen Menschen« entgegen zu kommen, wurden im Kapitel »Gestaltungskriterien«, in welchem auch die titelgebende Instruktion dieses Aufsatzes steht, unter der Vorgabe der Bemühung um sprachliche Korrektheit und allgemeine Verständlichkeit bisherige Entwicklungen zu

---

[8] Vgl.: http://www.managementclub.at/salzburg/veranstaltungen/1819/43087/ Gerecht-oder-gleich-Sprachliches-GENDERN-ja-aber-richtig (Abruf: 29.1.2015).

[9] http://www.wienerzeitung.at/nachrichten/oesterreich/politik/616367_ Welcher-Frau-hat-Binnen-I-zu-besserem-Job-verholfen.html (Abruf: 09.01.2016).

geschlechtssensibler Sprachführung kritisiert.[10] Ganz im Sinn antifeministischer Wendungen:

>>Geschlechtergerechte Sprache macht viel Arbeit, ist unästhetisch und bringt nichts – Frauen sind doch sowieso immer mitgemeint!<< (Roßhart 2011, 9).

Wellen der Erregung

Im generell vorgesehenen sechswöchigen Stellungnahmeverfahren zu Normempfehlungen – potentiell offen für alle Bürger_innen – wurde das Komitee 045 mit wohl noch nie da gewesenen 1.400 Stellungnahmen sonst divergierender Kontexte wie feministische Szenen, zivilgesellschaftliche wie realpolitische Organisationen, Universitäten, Gewerkschaften, Unternehmen etc. überschwemmt. Diese wandten sich in seltener Einigkeit gegen die Revitalisierung sprachlicher Ungleichbehandlung, wunderten sich über die Anmaßung des Instituts, Anweisungen zu geschlechtergerechter Sprache anzuvisieren und stellten fest, dass der Entwurf nicht auf dem Boden der Rechtsgrundlagen stehe. Die Appelle beinhalteten die Sicht- und Ansprechbarkeit von Frauen wie Männern, die Anregung von Bewusstseinsprozessen, die Erweiterung von Perspektiven und die Veränderung gesellschaftlicher Strukturen durch Spra-

---

[10] Dafür wollte wohl der Katalog selbst vorbildlich sein und gab, nebst Verballhornungen wie >>Kinderinnen<<, kabarettreife Beispiele zur Abweisung weiblicher Ableitungen: >>Die Gschnasfeste hatten den Charakter von Hausbällen, TeilnehmerInnen waren die KünstlerInnen mit ihren FreundInnen und MäzenInnen<<; oder: >>Dieser Grundsatz macht plausibel, warum eine bekannte Komödie den Titel ‚Weh dem, der lügt' trägt und nicht ‚Weh der/dem, die/der lügt'<<; oder zum Binnen-I: >>Schreibweisen dieser Art haben als zusätzliche Schwachstelle an sich, dass sich in vielen Schrifttypen das große i = I vom kleinen L = l nicht unterscheidet, was zusätzliche Irritationen beim Lesen erzeugt.<< Vgl.: https://www.austrian-standards.at/fileadmin/user/bilder /content-infopedia/ENTWURF_%C3%96NORM-A1080_201403 _ANSICHTSexemplar.pdf (Abruf: 7.1.2016)

che. Zu den besonders inkriminierten Aussagen des Standardi-
sierungsentwurfs gehörten jene zur Abschaffung des Binnen-I,
zur Wiederbelebung der Generalklausel und zur Beschränkung
weiblicher Suffixe.

Der Charakter der ÖNORM-Textur wird beispielhaft an der
hier in Paraphrase wiedergegebenen »Stellungnahme des Vereins österreichischer Juristinnen«[11] deutlich: Der an mehreren
Stellen erfolgte Vorschlag, die männliche Formulierung für die
Bezeichnung aller Geschlechter als »allgemeingültige Form« zu
verwenden, mache die Notwendigkeit einer tatsächlich geschlechtergerechten Sprache deutlich. Die Konstruktion von
»männlich« als Norm (und damit Gleichsetzung von Mann =
Mensch) sei definitiv mit der modernen Realität nicht mehr
konform. Der ÖNORM-Entwurf A 1080 behauptet, dass einge-
schlechtliche Angaben ein Grundmerkmal in der Grammatik-
struktur der deutschen Sprache und damit verständlich seien.
Zahlreiche sprachwissenschaftliche Studien belegen jedoch,
dass Texte, die ausschließlich die männliche Sprachform verwenden, bei Rezipienten und Rezipientinnen eine kognitive
Überrepräsentanz von Männern erzeugen. Frauen werden eben
nicht »mitgemeint«. Auch eine »neutrale« Bedeutung kann
nicht durch die Verwendung einer Generalklausel, wonach sich
personenbezogene Ausdrücke in ihrer »allgemeinen Bedeutung« (gemeint ist die männliche Form) auf Frauen und Männer
gleichermaßen beziehen würden, hergestellt werden. Die Verwendung des Binnen-I hat sich im Alltagssprachgebrauch als
eine wesentliche Variante der Sichtbarmachung der weiblichen
und männlichen Form etabliert. Zusätzlich ist auf die zeitgemä-
ßen Gleichstellungs- und Genderkonzepte hinzuweisen, die –
entgegen der Darstellung des Entwurfs, demgemäß Nomen für
Lebewesen »zusätzlich [zum grammatikalischen] ein natürliches Geschlecht« haben – von vielfältigen Geschlechtern aus-

---

[11]   http://www.juristinnen.at/wp-content/uploads//V%C3%B6J_Stellungnah
me_%C3%96NORM-A-1080.pdf (Abruf: 8.1.2016).

gehen. Auch sieht das Bundesverfassungsgesetz vor, Amtsbezeichnungen, Titel, akademische Grade und Berufsbezeichnungen in jener Form zu verwenden, die das Geschlecht zum Ausdruck bringen. Würden entsprechende Abkürzungen ausschließlich in der männlichen Form verwendet, würde nicht nur das Führen von Titeln durch Frauen unsichtbar gemacht, sondern leide aufgrund der unpräzisen Bezeichnung auch das Verständnis eines Textes darunter. Außerdem ist darauf zu verweisen, dass weibliche Sprachformen in jenen Konstellationen, wo es geschlechterstereotyp »passend« erscheint (»Putzfrauen« oder »Kindergärtnerinnen«) im Entwurf durchaus verwendet werden. Wenn also nicht durchgängig geschlechtergerecht formuliert wird, werden traditionelle Bilder über Frauen und Männer fest- und fortgeschrieben. Eine geschlechtergerechte Sprache impliziere demnach nicht nur die Existenz von mehr als dem männlichen Geschlecht, sondern auch die Botschaft, dass Geschlechtergleichstellung ein gesellschaftspolitischer Wert ist. In Österreich normieren bereits Gleichbehandlungsgesetze für den Öffentlichen Dienst und die Privatwirtschaft bei Stellenausschreibungen die sprachliche Gleichbehandlung und die Verwaltung setzt im Rahmen von Gender Mainstreaming Projekte zu geschlechtergerechter Sprache um (Leitfäden für einen nichtdiskriminierenden Sprachgebrauch, Empfehlungen für geschlechtergerechtes Formulieren). Der ÖNORM-Entwurf konterkariere somit schon vorhandene Realisierungen und Vorgaben.

Aufgeschreckt durch den – inzwischen auch medial beginnenden – Aufruhr fühlte sich das ASI bereits ab Mitte März bemüßigt, sein bis dato politisch unverdächtiges Image zu verteidigen; motiviert wohl auch durch Abhängigkeit von öffentlichen Geldern. Man bemühte sich via Presseerklärung um Schadensbegrenzung: die Norm sei noch in Diskussion und wie jede Norm nicht verbindlich, sämtliche Verfasser einer Stellungnahme würden zu einer Sitzung eingeladen werden und für einen Beschluss benötige es Einstimmigkeit. Austrian Standards sei sich bewusst, dass das Thema einer geschlechtergerechten Sprache große Breitenwirkung habe und es dazu sehr unterschiedliche Standpunkte gäbe. Es wurde betont, nicht direkt für die Empfehlungen verantwortlich zu sein. Vielmehr würden diese in der Hand eines eigenen Komitees liegen, man selbst diene nur als Plattform. Ende März verlautbarte das ASI, die heftigen Proteste erforderten eine Überarbeitung des Entwurfs. Das Thema verschwand vorläufig von der Bildfläche.

Konverse Ballungen

Österreich ist eine Gegend scheinaufgehobener Kontraste. Im Mai 2014 präsentierte sich das Land, das nur aufgrund europäischen Drucks seine Homosexuellenparagrafen in den letzten Jahren modernisiert hatte[12], im Hype um die queere Kunstfigur Conchita Wurst, die für die Nation den *Eurovision Song Contest* gewonnen hatte, als weltoffen. Im Juni 2014 produzierte ein in Trachtenlederhosen singender Volksrock 'n' Roller eine veritable Erregung, als er bei der Eröffnung des österreichischen *Formel-1-Grand-Prix* die Bundeshymne in der traditionellen Version zum Besten gab.[13] Als neben anderen Politikerinnen auch die Bildungs- und Frauenministerin den Sänger zurechtwies, erntete sie via *Facebook* einen tausendfachen sexistischen

---

[12] Bis 1971 war jede homosexuelle Handlung mit Strafe bedroht. Ein bis fünf Jahre schweren Kerkers sah der Paragraf 129 I b Strafgesetz vor, der 1852 unter Kaiser Franz Joseph verschärft worden war und dann 119 Jahre lang unverändert galt. Bestehen blieben Werbe- und Vereinsverbot sowie Prostitutionsverbot und für männliche Homosexuelle ein Mindestalter von 18 Jahren. Erst nachdem der Europäische Gerichtshof für Menschenrechte die Gesetzgebung als Verstoß gegen die Europäische Menschenrechtskonvention verurteilt hatte, wurden 2002 die strafrechtlichen Diskriminierungen beseitigt.
[13] Eine Initiative von Parteipolitikerinnen hatte 2012 erwirkt, dass die österreichische Bundeshymne per Gesetz ‚gegendert' wurde. Die Zeile »Heimat bist du großer Söhne« heißt nunmehr »Heimat großer Töchter und Söhne«.

Shitstorm – Morddrohungen inklusive. Im Juli 2014 veröffentlichte die *Kronen Zeitung*[14] einen offenen Brief an eben diese Ministerin sowie den Wissenschafts- und Wirtschaftsminister mit dem Titel »Sprachliche Gleichbehandlung«, der mit folgendem Plädoyer endete:

> »Ein minimaler Prozentsatz kämpferischer Sprachfeministinnen darf nicht länger der nahezu 90-prozentigen Mehrheit der Staatsbürger ihren Willen aufzwingen. Der Entwurf der ÖNORM A 1080, der die öffentliche Debatte zu diesem Thema ausgelöst hatte, präsentiert einen Vorschlag, der die feministischen Anliegen maximal berücksichtigt, aber andererseits eine Rückkehr zur sprachlichen Normalität ermöglicht. Die Unterzeichneten plädieren daher mit Nachdruck dafür, diesen Entwurf auch auf höchster politischer Ebene zu unterstützen und zur Grundlage der Textgestaltung im öffentlichen Bereich zu erklären.«[15]

Nach eigenen Angaben stellvertretend für »Hochschul-, Gymnasial- und Pflichtschullehrer, Journalisten, Schriftsteller und Personen des Gesellschaftslebens«, verfassten ein emeritierter Sprachwissenschaftler, eine Translationswissenschaftlerin, ein Gymnasiallehrer und zwei emeritierte Germanistikprofessoren diesen Aufruf. Die Ankündigung des ASI, den ÖNORM-Entwurf aufgrund der massiven Proteste zu überarbeiten, hatte den Mitverfasser Horst Fröhler veranlasst, Verbündete für eine Gegenoffensive zu mobilisieren. Deren Produkt wurde von 800 Befürworter_innen, darunter wissenschaftliche Prominenz, un-

---

[14] Die *Krone* – vergleichbar mit der deutschen *Bild*-Zeitung – wird im Durchschnitt täglich von 35 Prozent der ÖsterreicherInnen konsumiert. Über die *Kronen Zeitung*, das politisch einflussreichste Medium im Land, darf man laut Gerichtsurteil sagen, dass sie antisemitische und rassistische Tendenzen unterstützt.
[15] Offener Brief. Sprachliche Gleichbehandlung. http://www.krone.at/Nachrichten/Sprachliche_Gleichbehandlung-Offener_Brief-Story-411691 (Abruf: 17.1.2016).

terschrieben.[16] Der offene Brief enthielt die Ingredienzien des zeitgenössischen Antifeminismus.

Exkurs: Rhetorische Manöver

Punzierte Referenzen

Für die Begründung der »grammatikalischen und sprachlogischen Verunstaltungen« der »feministisch motivierten Grundsätze zur sprachlichen Gleichbehandlung« dient u.a. das Buch des Mitverfassers Tomas Kubelik »Genug gegendert!« (2013). Darin wehrt sich der Autor – in der Tradition von Sarrazin und Co – gegen »linken Tugendterror«, »Political Correctness«, »Frauenbevorzugung im allgemeinen und die Durchsetzung der so benannten Frauensprache« in Schulbüchern, Universitäten, Gesetzestexten und Medien im besonderen.

Unbelegte Behauptungen

Ohne Quellenangaben wird auf »jüngste Umfragen« rekurriert, wonach »85-90 % der Bevölkerung die gegenwärtige Praxis der Textgestaltung im öffentlichen Bereich« ablehnen. Dagegen berichtete – infolge des offenen Briefes – das Nachrichtenmagazin *profil* von einer eigens beauftragten Umfrage, dass 55% der Bevölkerung eine Bezugnahme auf Frauen in der Sprache befürworteten, 40% der Befragten dagegen waren und fünf Prozent sich nicht äußerten.[17]

---

[16] Journalistischen Recherchen zufolge unterschrieben 360 Männer und 440 Frauen und darin mehr als ein Drittel aus der Berufsgruppe Lehramt.
[17] http://www.ots.at/presseaussendung/OTS_20140809_OTS0001/profil-umfrage-knappe-mehrheit-fuer-binnen-i (Abruf: 07.01.2016).

Berufung auf die Tradition

»Alle seit Jahrhunderten als Verallgemeinerungen gebrauchten Wörter umfassen prinzipiell unterschiedslos beide Geschlechter. [...] Es kann also weder die Rede davon sein, dass das jeweils andere Geschlecht nur ‚mitgemeint' sei, noch dass das ‚generische Maskulinum' ein ‚geronnener Sexismus' wäre und für die Unterdrückung der Frau in der Sprache stünde.«

Jahrzehntelange differenzierte feministische Sprachforschung, die u.a. die Re- und Dekonstruktion der symbolischen Ordnung als Repräsentanz männlicher Herrschaft mit Sprachkritik verbunden hat, scheint schlicht nicht zu existieren. Zudem ist das generische Maskulinum kein jahrhundertealtes Phänomen:

»Das in der Debatte um die feministische Sprachkritik als traditionell vorausgesetzte Verständnis maskuliner Personenbezeichnungen als geschlechtsneutral [besitzt] keine sehr lange Tradition, sondern [hat] erst in den sechziger Jahren des 20. Jh. in die Germanistik Eingang gefunden« (Doleschal 2002).

Bizarre Beweisführung

»Die Sprachfrequenzforschung belegt [...] überzeugend, dass der feminine Artikel ‚die' in allen Arten von Texten um ein Vielfaches häufiger repräsentiert ist als der maskuline Artikel ‚der'.«

Mit dieser ‚Empirie' erbringen die fünf Briefverfasser_innen, unter ihnen eine Frau,

»ein weiteres Argument dafür, dass man weder den Unterschied zwischen grammatischem und natürlichem Geschlecht, noch den zwischen Personenbezeichnungen und dem Rest des Wortschatzes, noch den zwischen Singular und Plural verstanden hat« (Stefanowitsch 2014).

Täuschendes Konstatieren

>>Darüber hinaus erscheinen die femininen Formen in solchen Konglomeraten (Binnen-I, -innen etc., Anm. B.K.) jeweils nur als ,Anhängsel' der maskulinen, wobei die maskulinen Formen durch ,Anhängsel' ebenfalls entstellt werden – keines von beiden Geschlechtern kann sich damit respektvoll angesprochen fühlen.<<
Doch auch diese >>Konglomerate<< sind nicht eigentlich eine politische Erfindung, wiewohl dies zum feministischen Selbstverständnis gehört, sondern gab es sie schon in der Sprachgeschichte. Ein Beispiel unter vielen aus dem 17. Jahrhundert: >>Beklagtinn, Feldhauptmännin, Teutschinn, Unholdinn, Waisinn<< (Doleschal ebd.). Und zusätzlich verrät der Passus unfreiwillig das Zugeständnis, dass maskuline Formen eben doch männlich sind.[18]

Populistische Argumentation

>>Außerdem muss gewährleistet sein, dass durch die traditionsgemäße Anwendung verallgemeinernder Wortformen die Verständlichkeit von Texten wieder den Vorrang vor dem Transport feministischer Anliegen eingeräumt bekommt. Dies vor allem im Hinblick auf Kinder, die das sinnerfassende Lesen erlernen sollen, Menschen, die Deutsch als Fremdsprache erwerben und Menschen mit besonderen Bedürfnissen.<<

---

[18] Ein sich fast aufdrängendes psychoanalytisches Deutungsangebot: ,Die Frau ist das Symptom des Mannes' (Anhängsel) und der Mann ist durch die Bedrohung des Verlusts seines ,Anhängsels' für immer ,entstellt'. Die jeweilige ,Kastration' des Subjekts darf nicht offensichtlich ,gefühlt' werden; so gesehen kann in der Tat ,Respekt' nur durch die Verleugnung der Differenz ,angesprochen' werden. Auch das Binnen-I lässt sich in dieser ,Logik' als >>jene phallische kleine Linie, die, weil man sie beim lauten Lesen nicht hört, offenbar Kastrationsängste auslöst<< lesen (Roedig 2014).

VertreterInnen dieser und ähnlicher Argumentationen haben von den intersektionalen Bemühungen feministischer Theoriebildung noch nie etwas gehört. Vielmehr suggerieren sie, feministische Politiken seien bloß selbstreferentiell, exkludieren ‚Minderheiten' und belangen jene mit ihren Inhalten, denen offenbar die Geschlechterproblematik nicht zugemutet werden darf. Spezifische Anliegen vermeintlicher Minderheiten werden gegeneinander ausgespielt. Zur antifeministischen Argumentationsstrategie gehört immer wieder die Gleichsetzung der eigenen Partikularinteressen mit dem Allgemeinwohl. So bleiben unter dem Deckmantel der Inklusion die Privilegien der maskulinen Sprachfigur gesichert.

Anrufung der Mehrheit

»Sprache war und ist immer ein Bereich, der sich basisdemokratisch weiterentwickelt: Was die Mehrheit der Sprachteilhaber als richtig empfindet, wird als Regelfall angesehen. Wo immer im Laufe der Geschichte versucht wurde, in diesen Prozess regulierend einzugreifen, hatten wir es mit diktatorischen Regimen zu tun. Das staatstragende Prinzip ‚Demokratie' verbietet daher a priori sprachliche Zwangsmaßnahmen, wie sie derzeit überhand nehmen.«

Entweder sind die Verfasser/innen tatsächlich bar jeder Kenntnis der Bedeutung von ‚Basisdemokratie', oder sie bringen das ‚richtige Empfinden' einer vorgestellten Mehrheit in Anschlag, um deren Verletzung durch die ‚Zwangsmaßnahmen' zu suggerieren. Diese Konstruktionen bilden sich auf der Folie der in diversen Foren kursierenden »femokratischen« Bedrohungsszenarien. Dieselben Schreiber/innen, die von diktatorischen Ambitionen sprechen, die es abzuwenden gälte, fordern in autoritärem Gestus ein paar Absätze vorher die Eliminierung (sic!) fraueneinbindender Sprachnutzung. Nicht nur die Wortwahl entlarvt hier ihre Macher/innen, sondern auch deren Paradoxie, per Vorschrift eine Vorschrift zu verbieten und damit genau das zu belegen, was sie angreifen: den Zusammenhang zwischen Sprache und Macht.

Der Brief reanimierte die entschlafene Debatte um diese ÖNORM in Presse und Internetforen. Die Chefin des Komitees ortete ,externen' Rückenwind, da der Erfolg des ,Kronebriefs' zeige, dass die Einsprüche gegen die neue Norm nicht die Mehrheit der Bevölkerung widerspiegele. Diese ,Mehrheitsmeinung' wuchs sich – gepaart mit den Stammtischparolen um die Bundeshymne – derart aus, dass sich die Kampfzone bald gegen jede Gleichberechtigung überhaupt wendete. Die Dachorganisation österreichischer Frauenvereine[19] forderte in einer Petition einen sachlichen und respektvollen Diskussionsstil ein, da dieser jenseits jeder demokratischen Reife sei.[20] Die Petition fand zwar binnen kürzester Zeit 3.000 Unterstützer/innen, jedoch nie den Weg in die Medien.

> »Wenn eine kleine Gruppe eine andere Gruppe als Minderheit bezeichnet. Dann geht es um Macht. [...] Es handelt sich bei den Kronen Zeitungs-Briefschreibern um jene Generation von Männern, die mit dem Binnen-I eine Veränderung erlebten. Weggenommen wurde ihnen ja nichts. Die Wahrheit bleibt die Lohnstatistik, und da musste kein Mann wegen einer Frau eine Kürzung in seinem Einkommen hinnehmen. Der Niedergang hat ja ganz andere Gründe als das bisschen Erinnerung daran, dass es die

---

[19] Österreichischer Frauenring (2014): Zurück zum Alltag – für eine geschlechtergerechte Sprache! (Petition) http://www.frauenring.at/zurueck-alltag-geschlechtergerechte-sprache (Abruf: 13.1.2016).
[20] In Sachen geschlechtergerechter Sprachdemokratie hingegen versuchte sich die liberale Presse indem sie sich – im medialen Sommerloch – erstmals (und letztmals) mit der eigenen sprachlichen Ignoranz beschäftigte. Eine kuriose Performance gab z.B. ein bekanntes Wochenmagazin, das öfters durch frauenpolitisch fragwürdige Beiträge auffällt, indem es eine ganze Ausgabe sprachlich ,verweiblichte'. http://www.profil.at/oesterreich/die-gender-ausgabe-377045 (Abruf: 15.1.2016).

Frauen auch noch gibt. [...] Eine Gruppe aus einer verschwundenen Hegemonie möchte ihren Niedergang noch einmal schnell durch einen kleinen Sieg verschönern. Alte Eliten werden nicht gerne alt und wollen sich etwas einreden. Um Ästhetik geht es da sicher nicht.« (Streeruwitz 2014)

Nur ein Sturm im Wasserglas?

Abgeschreckt durch den apodiktischen Furor der ÖNORM-Befürwortungen befand das ASI auf seiner Homepage den öffentlichen Brief für eine Standpunktannäherung ungeeignet, bewertete in Pressemitteilungen die Meinung der Komiteechefin als eine rein persönliche, ortete schwerwiegende Verstöße gegen Grundregeln der Normungsarbeit und löste Anfang September 2014 das Komitee auf. Dieses habe den Dialog mit anderen Positionen verweigert und keine Bereitschaft gezeigt, neue Teilnehmende aufzunehmen. Im Oktober lud das Institut die 1.400 Stellungnehmenden zu einem Dialogforum ein, das von ungefähr einem Zehntel, überwiegend Frauen und mehrheitlich ÖNORM-Kritiker_innen, angenommen wurde und vornehmlich in einem worldcafé-ähnlichen Austausch bestand. Wenig später wurde das Fazit des Gesamtprozesses öffentlich bekannt gegeben: Aufgrund der starken Divergenzen sei kein Konsens möglich und die Materie daher nicht als Normprojekt geeignet. Insgesamt sei der Wunsch erkennbar, zu diesem Thema keine normative Empfehlung zu entwickeln. Der geschlechtersensible Umgang mit Sprache soll auch künftig nicht per ÖNORM geregelt werden.[21]

---

[21] Öffentlich nicht wahrgenommen, hat das ASI im November 2015 erstmals einen durchgehend der sprachlichen Gleichbehandlung angepassten Entwurf einer ÖNORM erstellt. (Vgl. dazu die Stellungnahme des Vereins österreichischer Juristinnen; http://www.juristinnen.at/archive/36803 (Abruf: 12.1.2016)

Die feministischen Kritiker_innen waren erleichtert; die konzertierte Aktion hatte sich gelohnt, die Gefahr war abgewendet. Keine genderbezogene ÖNORM hat zur Konsequenz, geschlechtersensible Ausdrucksformen weiterhin überall setzen und nützen zu können. Doch gleichzeitig akklamierte die „Krone-Familie" das Ergebnis als Rückkehr zur Normalität: Die Ungeeignetheit der Gendersprachregelung für ein Normprojekt zeige, wie falsch die Einführung derselben immer schon gewesen sei. Die eine Seite reklamierte also für sich den ‚Sieg', da es nunmehr keine sprachlichen Verbote geben kann; die andere Seite reklamierte für sich den ‚Sieg', da es nunmehr keine sprachlichen Gebote geben kann. Es hatte sich also viel getan – und nichts geändert.

Beide Seiten spiegelten sich in diesem Wechselspiel von Angriff und Verteidigung: Ein binär gedachtes Machtfeld von Position und Opposition bestimmte die jeweilige Strategie und in den Rekursen auf Ver- und Gebote waren beide durch den Glauben an Vorschriften gegenabhängig verbunden. Die metasprachliche Überzeugung, dass sich über eine Veränderung des Sprachgebrauchs auch die Einstellung der Sprecher_innen und infolge dessen die Verhältnisse ändern werden, entspricht (sprachwissenschaftlich) einer sprachmagischen Vorstellung (vgl. Tereick 2009, 388f). Diese teilen (ungewusst) auch die Verfechter/innen der traditionellen Normalität, sonst wäre deren Empörung – ebenso wie die eigene – nicht zu verstehen. Im Verlauf des Prozesses wurde oft das Fehlen feministischer Expert_innen im Komitee 045 beklagt, statt jegliches Normierungsansinnen per se infrage zu stellen. Zusätzlich, und das ist vielleicht die spezielle Pointe österreichischer Obrigkeitshörigkeit, hat die Performance der ÖNORM de facto nur den Wert einer Empfehlung eines Vereins, wurde aber von Vielen als Vorschrift mit Gesetzescharakter verstanden. Ist es die Angst um den Verlust feministischer Errungenschaften, wenn in die Logik von Unterwerfung und Regulierung eingestimmt wird, die andernorts doch kritikwürdig ist, oder handelt es sich um mangelnde Distanz zur ‚gesetzmäßigen' Mentalität derer, die man angreift?

Kleine Konklusion

Schon in der ersten Phase feministischer Sprachkritik wurde im Wunsch nach egalitärer bzw. geschlechterdifferenzierender Sprachführung auf eine normative Sprachregelung gesetzt, jedoch liegt der Unterschied zu den 1980er Jahren in der inzwischen gesetzlich verankerten (österreichischen Sprach-)Gleichstellung. Umso mehr scheint im feministischen Ringen um Einfluss auf Wertauffassungen heute zu gelten, was aus einer disziplinierungs- und kontrollkritischen Perspektive schon damals problematisch war: der imperative Gestus von Sprachreformen und deren Moralisierung. Das Anrufen einer neuen Norm ist auf struktureller Ebene immer noch normativ und macht sich damit denjenigen gleich, die (ihre) Normen verteidigen.[22]

Zudem werden Einsichten nicht nur kognitiv, sondern auch libidinös getragen, was bedeutet, dass Kodizes, so sie nicht verstanden werden, Widerstand erzeugen.

»Die Annahme, die Sprache sei ein Medium, das, wenn nur mit den ge/rechten Symbolen ausgestattet, auch dem Einzelnen den ge/rechten Gedanken automatisch in das (Un-) Bewusstsein einschreibt [ist ein Trugschluss]« (Laquieze-Waniek 2014, 17); bei jeder Gelegenheit wird eine äußerlich bleibende ‚ungenießbare' Formierung überschritten oder angegriffen werden. Das

---

[22] Prägnant wurde die Dialektik von ‚Anti-Norm als neue Norm' unter Foucault'scher Brille immer wieder von Gerburg Treusch-Dieter dekonstruiert. U.a. heißt es da: »Es war eine Predigt mit allem, was dazu gehört: mit Dogma, Konversion, Bekenntnis, Abschwörung, Botschaft und Heil, mit den Trägerinnen der Heils-Botschaft, den Vollkommenen, denen die Unvollkommenen, Unzulänglichen, die zu Kontrollierenden, schwach im Glauben Seienden und schließlich Verdammten gegenüberstehen« (Treusch-Dieter 2014, 158).

,wissen' die antagonistisch verknüpften Seiten, sonst wären die jeweiligen, zum Teil hochemotional geführten Re/Aktionen nicht nachvollziehbar.

Die auf die Rationalität eines Transportprogramms abzielenden antidiskriminatorischen Sprachpolitiken verkennen die ebenso wirklichkeitserzeugenden affektiven Aspekte der symbolischen Sphäre. Hier fehlt m.e. kritische Selbst/Reflexion über die tiefendimensionalen Ebenen von Sprache, die immer auch ein Selbst- und Fremdverhältnis konstituieren. Kurzum und idealerweise: weniger (neue) Vorschrift, mehr Vermittlung. Das heißt hinsichtlich praktisch-politischer Notwendigkeiten jedoch nicht symbolischer Politik, bzw. Politiken ums Symbolische eine Absage – analog der im Verlauf der Kampagnen von ,rechts' bis ,links' gegen die Feministinnen in Anschlag gebrachten Argumentation, dass repräsentationspolitisches Engagement bloßes Ersatzhandeln darstelle – zu erteilen. Symbolische Politik ist im Kontext von Sprache mehr als nur eine Politik der Zeichenplatzierung und -verschiebung; sie kann Deutungs- mit realer Durchsetzungsmacht verbinden. Das merken auch unsere Kontrahent/innen, die keine Gelegenheit auslassen Sprach- und Zeichenpolitik für ihre ,rechten' Interessen zu instrumentalisieren.[23]

---

[23] Exemplarisch auch hier die Fallgeschichte: Die BefürworterInnen der Abschaffung der geschlechtergerechten Sprache hatten sich nicht durchgesetzt und deuteten die Niederlage in eine Erfolgsgeschichte um: der »Sieg der Vernunft« habe das Binnen-I verhindert. Dieser ,Erfolg' wurde umgehend verwertet. Bereits im November 2014 stellte die FPÖ (d.i. die österreichische Rechtsaußenpartei) in Wels den Antrag das Binnen-I aus den städtischen Dokumenten zu streichen. Im gleichen Monat gab es eine parlamentarische Anfrage an den Wissenschaftsminister bezüglich einer Behauptung Studierender, sie würden aufgrund ihrer Verwendung des generischen Maskulinums diskriminiert werden. Im Januar 2015 hielt der Bundeselternverband eine Pressekonferenz zur schädlichen gendersprachpolitischen Entwicklung in Schulbüchern ab, die zu einem »weiteren Rückgang der Bildungsqualität in Österreich führe.« http://www.bundeselternverband.at/bev-oesterreich/bev-in-den-medien/presseaussendungen/197-gendern-von-schulbuechern (Abruf 14.1.2016)

Feministisch Engagierte aber, so wäre resümierend zu sagen, (könnten) wissen: Eine jede Partikularität, auch die eigene, die sich als unbegrenzt wähnt, verkennt, dass ‚die Grenzen meiner Sprache die Grenzen meiner Welt sind'. Zugleich ist Sprache selbst- und welterschließend. Eine andere Welt »beruhte auf einer ganz neuen Sprache, von der wir nur wissen, dass sie möglich sein muss« (Streeruwitz 2009). Denn Sprache ist das, was uns setzt wie ent-setzt.

Literatur

Doleschal, Ursula (2002): Das generische Maskulinum im Deutschen. Ein historischer Spaziergang durch die deutsche Grammatikschreibung von der Renaissance bis zur Postmoderne. Linguistik online 11/2. http://www.linguistik-online.de/11_02/doleschal. html (Abruf: 10.1.2016).

Fröhler, Horst (2009): Sprachliches „Gendern"? – Ja, aber richtig! Die Kunst des geschlechtergerechten Formulierens, Wien: HF-Verlag.

Laquieze-Waniek, Eva (2014): Veränderungen im Verhältnis. Sprache, Körper und Gesellschaft, in: aep information. Feministische Zeitschrift für Politik und Gesellschaft 2 (2014), 17-19.

Kubelik, Tomas (2013): Genug gegendert! Eine Kritik der feministischen Sprache, Halle: Projekte Verlag.

Roedig, Andrea (2014): Sprache ist mehr als bloße Politik. http://derstandard.at/2000003279970/Sprache-ist-mehr-als-blosse -Politik (Abruf: 18.1.2015).

Roßhart, Julia (2011): Argumente zum Thema Gleichstellungspolitik und Feminismus, in: Ebenfeld, Melanie / Köhnen, Manfred (Hg.) (2011): Gleichstellungspolitik kontrovers. Eine Argumentationshilfe. Expertise im Auftrag der Abteilung Wirtschafts- und Sozialpolitik der Friedrich-Ebert-Stiftung. Bonn, 8-17. library.fes.de/pdf-files/wiso/07877.pdf (Abruf: 13.01.2016).

Stefanowitsch, Anatol (2014): Die fünf Freunde und die Rückkehr zur sprachlichen Normalität. http://diestandard.at/2000003098740/Die-fuenf-Freunde-und-die-Rueckkehr-zur-sprachlichen-Normalitaet (Abruf: 10.01.2016).

Streeruwitz, Marlene (2009): Rechts, das ist eine Männlichkeitskonstruktion, in: Luxemburg 1 (2009), 8-17.

Streeruwitz, Marlene (2014): Verschönerung des Niedergangs. Bei der Debatte ums Binnen-I geht es um den Machtverlust einer Elite. http://derstandard.at/2000003173069/Verschoenerung-des-Niedergangs (Abruf: 14.01.2016).

Tereick, Jana (2009): Sprachkritik und Sprachmagie. Eine Kategorisierung von Formen der Sprachkritik vor dem Hintergrund des Streits zwischen Sprachkritikern und Sprachwissenschaftlern. http://digi.ub.uni-heidelberg.de/diglit/hdjb2009/0376/scroll?sid=62ad06ffd667af6f0d04086e14db860a (Abruf: 12.01.2016).

Treusch-Dieter, Gerburg (2014): Weiberdämmerung oder der Tag danach. Neuere Perspektiven der weiblichen Sexualität, in: Futscher, Edith / Kremer Heiko / Krondorfer, Birge / Mauerer Gerlinde: Gerburg Treusch-Dieter Ausgewählte Schriften, Wien-Berlin: Turia + Kant, 141-168.

Johannah Lea Illgner

Hass-Kampagnen und Silencing im Netz

Die Trennung der Welt in eine analoge und eine digitale ist
überholt. Eine solche Trennung geht an den sozialen Realitäten
vorbei. Soziale Interaktionen und Verknüpfungen geschehen im
großen Maß online und auch politischer Aktivismus findet mittlerweile neben den herkömmlichen Orten – in Parlamenten, auf
der Straße, in den Medien, in Kunst und Kultur – eben auch zu
einem großen Teil im Netz statt. Die großen Freiheiten, die mit
Onlineaktivismus einhergehen, liegen auf der Hand: die Möglichkeit zur freien Meinungsäußerung ohne Zensur und eine
potentiell enorme Reichweite.

Zu Beginn des Internetzeitalters wurde das Netz als revolutionäre Chance zur Überwindung von Körperlichkeit und des
Körpers an sich begriffen. Die Idee, einen entkörperlichten
Raum zu generieren, war die Basis für die Utopie einer (On-
line-)Welt, in der Geschlecht, Alter, Hautfarbe, Krankheiten etc.
keine Rolle mehr spielen würden: endlich wären alle gleich.
Dadurch, dass nicht auf den ersten Blick erkennbar ist, ob hinter
einem Alias-Namen oder einem Pseudonym beispielsweise ein
älterer Mann oder eine junge Schwarze Frau steht, sahen viele
Netzpionier_innen die Chance, dass durch Online-Welten ein
immaterieller[1] Widerstandsraum für gesellschaftlich marginali-

---

[1] Immateriell im Sinne von: Der reale Körper ist nicht relevant für das »Onli-
ne-Ich«. Die reale Materie spielt online keine Rolle.

253

sierte Gruppen geschaffen werden könnte. Die Vorstellung eines Raumes, in dem sich Identitäten freier ausdrücken und sich (politische) Widerstände leichter entfalten und so Gegenöffentlichkeiten zum Mainstream geschafft werden können, war radikal neu und verheißungsvoll.

Die so online entstandenen neuen politischen (Gegen)Öffentlichkeiten haben sich im Laufe der Zeit zu sozialen Bewegungen entwickelt, beziehungsweise diese verstärkt. So ist beispielsweise antirassistischer oder auch (queer-)feministischer Aktivismus – sowohl on- als auch offline – als soziale Bewegung mittlerweile zu einer ernstzunehmenden politischen Gegenöffentlichkeit angewachsen, stößt immer mehr in den Mainstream vor und versucht so, gesellschaftliche Veränderungen auszulösen. Dies wurde durch verschiedenste Aktionen, Kampagnen und so genannte »Medienphänomene« der letzten Jahre deutlich. Zu nennen sind hier beispielsweise die Diskussion zu Alltagssexismus, die unter dem Hashtag *#aufschrei*[2] geführt wurde, die Debatte zu Alltagsrassismus unter *#schauhin*[3] sowie zu Rassismus an deutschen Hochschulen unter *#CampusRassismus*[4] und *#AuchIchBinDeutschland*[5]. Weitere Proteste

---

[2] Netzfeminist_innen taten sich im Januar 2013 zusammen und twitterten und bloggten unter dem Hashtag *aufschrei* ihre Erfahrungen und Erlebnisse rund um das Thema Sexismus. Vom 21. bis 27. Januar 2013 kam das Hashtag auf über 57.000 Twitter-Nachrichten. Die Sexismus-Debatte war danach auch Thema in Print-Medien und Fernsehsendungen/Talkshows sowie in der internationalen Presse. Vgl Wizorek 2014 sowie Lembke 2013.

[3] Unter dem Hashtag *#SchauHin* bloggen und twittern Menschen in Deutschland zu den Themen Rassismus im Beruf, in der Schule, in den Medien – im Alltag. Vgl. Gümüsay 2013.

[4] *#CampusRassismus* ist eine Online-Kampagne der People of Color Hochschulgruppe Mainz & People of Color Hochschulgruppe Frankfurt a.M. zur Sichtbarmachung von Rassismen auf dem Campus. Vgl. AStA Frankfurt: http://asta-frankfurt.de/aktuelles/campusrassismus-online-kampagne (Abruf 10.7.2016).

wurden durch online aktive Menschen stark befeuert, so etwa die Debatte um die Pille danach, die unter dem Hashtag *#wie-Smarties*[6] stattfand. Weiter ist die Protestbewegung gegen diskriminierende (v.a. sexistische und rassistische) Werbung zu nennen, die sich unter *#ichkaufdasnicht*[7] äußert. Im Januar 2016 gab es unter *#ausnahmslos*[8] eine große feministische Kampagne gegen sexualisierte Gewalt und Rassismus.

Viele der genannten Protestaktionen hatten ihren Beginn im Netz. Sie blieben aber dort in der Regel nicht »stecken«, sondern drangen bis in die herkömmlichen Mainstream-Medien (Print, TV, Radio) vor und konnten so größere gesellschaftliche Debatten auslösen. Online-Aktivismus spielt somit für marginalisierte, nicht im (medialen) Mainstream verankerte Positionen eine große Rolle. Dies kann aber nicht darüber hinwegtäuschen, dass die Online-Welt mitnichten eine entkörperlichte, genderneutrale oder gar diskriminierungsfreie Sphäre ist – wie es sich viele Netz-Pionier_innen anfangs erhofft hatten. So setzen sich insbesondere rassistische, sexistische und misogyne Strukturen auch im Netz fort.

---

[5] *#AuchichbinDeutschland* ist eine Social-Media-Initiative gegen Alltagsrassismus, die im April 2014 von den Stipendiatinnen und Stipendiaten der Deutschlandstiftung Integration initiiert, koordiniert und umgesetzt wurde. Die Kampagne rief in den sozialen Medien Menschen mit Migrationshintergrund dazu auf, Erfahrungen mit Alltagsrassismus mit einem Fotobeitrag zu dokumentieren und diesen via *Tumblr, Facebook* und *Instagram* zu teilen. Nachzulesen hier: http://www.auch-ich-bin-deutschland.de/ (Abruf: 10.7.2016).

[6] Die detaillierten Hintergründe sind hier nachzulesen: http://www.stuttgarter-zeitung.de/inhalt.kolumne-angeklickt-die-pille-danach-wiesmarties-einwerfen.97b0c7b8-d38c-4767-a2e4-2e8a5612e9db.html (Abruf: 10.7.2016).

[7] Unter dem Schlagwort „ichkaufdasnicht" wurde vom feministischen Blog kleinerdrei eine Social-Media-Kampagne gegen diskriminierende Produkte, Anzeigen und Medien gestartet. Vgl.: http://kleinerdrei.org/2013/03/ichkauf dasnicht-social-media-kampagne-gegen-diskriminierende-produkte-anzeigen-und-medien/ (Abruf: 10.7.2016).

[8] Unter dem Hashtag *#ausnahmslos* machen sich prominente Feministinnen gegen sexualisierte Gewalt stark – und wehren sich gegen eine Instrumentalisierung von rechts. Vgl.: http://ausnahmslos.org/ (Abruf: 10.7.2016).

Solche antifeministischen Kampagnen und deren Abläufe sollen im Fokus dieses Beitrags stehen. Hierzu wird zuerst betrachtet wie Kommunikation im Netz abläuft, warum es hier Unterschiede zwischen online und offline gibt und worin diese genau bestehen. Im nächsten Kapitel soll dann aus politikwissenschaftlicher und linguistischer Sichtweise geklärt werden, was genau Hate Speech ist. Darauf aufbauend werden die Abläufe und Hintergründe von Anfeindungen, Beschimpfungen und Hasskampagnen im Internet näher betrachtet. Hierbei wird Silencing als so genannte »Kommunikationsstrategie« von antifeministischen Akteur_innen in Online-Diskursen analysiert und mögliche Gegenstrategien besprochen.

Kommunikation im Netz: Was ist online anders als offline

Netzkommunikation unterscheidet sich von einer direkten »Face to Face«-Kommunikation durch die (scheinbare) Abwesenheit des Gegenübers. Das kann dazu führen, den Menschen, der am anderen Computer sitzt, absolut abstrahiert zu betrachten und in der Folge zu entpersonalisieren oder gar zu entmenschlichen. Ein Grund hierfür ist, dass die Reaktionen auf Online-Kommunikation nicht unmittelbar durch Mimik, Körpersprache etc. zu beobachten und so die Auswirkungen des eigenen Gesagten und Geschriebenen nicht direkt erfahrbar sind. Außerdem trägt die (angenommene) Anonymität und Straffreiheit von Onlinehandlungen zu einer solchen Enthemmung bei. Der Psychologe John Suler hat sich mit diesem Phänomen auseinandergesetzt und es als »online disinhibition effect« (dt. Online-Enthemmungseffekt) bezeichnet (Suler 2004; 2006). Weitere Studien zum Thema haben gezeigt, dass der Wegfall von hemmenden Faktoren – wie das Ausbleiben von Kritik am Verhalten oder ein direktes Erfahren des Leidens der Betroffenen –

dazu führen kann, dass die psychische Gewalt extreme Formen annimmt.

Harsche Umgangsweisen und ausfallende, beleidigende Mittel der Kommunikation sind fest in der Netzkultur[9] verankert. Praktiken wie Flaming (ruppiger Kommentar gegen andere Diskutant_innen), Derailen (vom Inhalt der Diskussion ablenken), Ragen (Beschimpfungen/Beleidigungen innerhalb von Diskussionen), Shitstorms (lawinenartiges Auftreten von kritischer Äußerung/Kritik) und Trollen (Provokation, keine Sachbeiträge zur Diskussion) gehören in Foren, auf Mailinglisten, in der Gaming-Szene oder anderen Online-Communities oft »einfach dazu«.

»Gehässigkeit, wechselseitige, einander hochschaukelnde Beleidigungen und Provokationen jenseits aller Grundsätze zwischenmenschlichen Umgangs sind nicht nur ständige Begleiterscheinungen netzgestützter Diskurse, sie sind auch untrennbarer Teil der Netzkultur« (Stefanowitsch 2015b)

Vor diesem Hintergrund sind in vielen Communities so genannte Netiquetten entstanden, welche die Kommunikation untereinander regeln sollen. Zusätzlich wird versucht, durch Moderation in den Communities diese Praktiken einzudämmen und zu unterbinden.

Es gibt jedoch selbstverständlich nicht ‚die eine' Netzkultur und die Kommunikation in Gruppen/Foren zu breiten gesellschaftlichen Themen unterscheidet sich mit Sicherheit fundamental vom Umgang in der Gaming-Szene oder dem Austausch zu virulenten politischen Themen. Auffallend ist jedoch, dass es bestimmte »Reizthemen« gibt, bei denen eine aggressive und hasserfüllte Auseinandersetzung vorprogrammiert zu sein scheint. Hierzu zählen aktuell Beiträge und Diskussionen rund um die Themen Geflüchtete, Feminismus und Rassismus. Bei

---

[9] Netzkultur wird verstanden als die Kultur der digitalen Kommunikation in Datennetzen.

diesen Themen schließen mittlerweile beispielsweise verschiedene Online-Medien ihre Kommentarfunktionen, da die Moderation durch die Redaktionen wegen der vielen Hasskommentare nicht mehr zu bewältigen wäre. Meine These ist, dass hier ein Zusammenhang mit einem allgemeinen Rechtsruck in der deutschen Gesellschaft vorliegt und sich insbesondere rechte Gruppen in der Online-Mobilisierung hervor tun. Die Zielgruppe rechter Propaganda nutzt Medien wie Zeitungen, Zeitschriften oder auch das öffentlich-rechtliche Fernsehen nicht (mehr) zur Wissens- und Informationsvermittlung.

Was ist Hassrede? – Eine Annäherung

Der Begriff Hate Speech, beziehungsweise dessen Lehnübersetzung Hassrede, bezeichnet sprachliche Ausdrucksweisen von Hass gegen Einzelpersonen oder Gruppen mit dem Ziel der Herabsetzung und Verunglimpfung (Meibauer 2013, 1). Laut Lehmann sind mit Hate Speech gewalttätige Sprechakte gemeint, die darauf abzielen, Menschen(gruppen) zu erniedrigen und einzuschüchtern. Dies geht bis hin zu offenen Aufforderungen zu und Ausübung von Gewalt. Grundlage sind in der Regel ethnische, geschlechtliche, nationale, religiöse oder sexuelle Zuschreibungen. Auch Alter, Behinderung, Sprachfähigkeit, moralische/politische Ansichten, sozioökonomischen Zugehörigkeit, Beruf oder Körper (Lehmann 2008, 3) können eine Rolle spielen.

Aus sprachwissenschaftlicher Sicht gelten sprachliche Äußerungen oder Ausdrücke dann als Hassrede, wenn diese nicht nur individuell und/oder situativ,

> »sondern von einem wahrnehmbaren Teil der Sprachgemeinschaft als herabwürdigend und/oder verunglimpfend gegenüber einer Bevölkerungsgruppe verstanden werden« (Stefanowitsch 2015a, 12).

Welche Gruppen vermehrt diffamiert werden, hängt zumeist vom sozialen Kontext ab. In der Regel ist von Hate Speech die Rede, wenn Personen aufgrund kultureller, religiöser, nationaler oder ethnischer Zuschreibungen sowie der sexuellen Orientierung, des Geschlechts oder der nationalen Herkunft herabgesetzt werden (Ungerer 2013, 259).

Der Linguist Anatol Stefanowitsch weist darauf hin, dass diese Betroffenenperspektive allerdings nicht zu individualisiert verstanden werden darf, denn

> »wodurch sich jemand herabgesetzt oder verunglimpft fühlt, kann von Person zu Person und von Situation zu Situation sehr unterschiedlich sein.« (Stefanowitsch 2015a, 11-12)

Stefanowitsch definiert Hassrede als politischen Begriff: »Es handelt sich zunächst also um einen gesellschaftspolitischen Begriff«, welcher in der Europäischen Union seit 1997 als zivilgesellschaftliches und strafrechtliches Problem diskutiert wird (Stefanowitsch 2015b). Der Term Hate Speech kann Bezüge zu juristischen Tatbeständen haben. In der Bundesrepublik gibt es den Tatbestand der Volksverhetzung, welcher hier relevant ist. Dieser ist dann erfüllt ist, wenn jemand

> »in einer Weise, die geeignet ist, den öffentlichen Frieden zu stören, 1. zum Haß gegen Teile der Bevölkerung aufstachelt oder zu Gewalt- oder Willkürmaßnahmen gegen sie auffordert oder 2. die Menschenwürde anderer dadurch angreift, daß er Teile der Bevölkerung beschimpft, böswillig verächtlich macht oder verleumdet« (StGB, §130(1)).

Zur Klärung sei noch erwähnt, dass der (juristische) Unterschied zwischen Hassrede und Beleidigung darin liegt, dass bei der Beleidigung jemand als Individuum verunglimpft oder herabgewürdigt wird und bei Hate Speech die Personen als Mitglied einer Gruppe oder über die (angenommene) Zugehörigkeit zu einer Gruppe angegriffen wird – hier steht also eine Gruppenidentität im Vordergrund (vgl. Stefanowitsch 2015a, 11).

Hate Speech kann also als Gruppenbezogene Menschenfeindlichkeit beschrieben werden.[10]

Somit sei abschließend darauf hingewiesen, dass Hassrede also kein vorrangig sprachliches, sondern ein gesellschaftliches Phänomen ist:

> »Hassrede ist also nicht (nur) ein Problem des kommunikativen Umgangs oder der ‚Verbreitung, Anstiftung, Förderung oder Rechtfertigung' von Hass, sie ist zentral an der Erzeugung des Hasses und der für den Hass notwendigen Denkmodelle beteiligt.« (Stefanowitsch 2015a, 13)

Hate Speech als »Kommunikationsstrategie« in Online-Diskursen

Online-Strukturen begünstigen die (oftmals straf- und konsequenzenlose) Erstellung und vor allem Verbreitung von Hassrede. Soziale Medien wie *YouTube, Facebook* und *Twitter* spielen hierbei eine entscheidende Rolle und begünstigen

> »a sudden and rapidly increasing wave of bigotry-spewing videos, hate-oriented affinity groups, racist online commentary, and images encouraging violence against the helpless and minorities […]« (Foxman/Wolf 2013, 11).

Durch das Internet und vor allem die sozialen Medien hat sich Hate Speech also verändert, insbesondere in Hinblick auf die Schnelligkeit der Verbreitung und die globale Reichweite von Inhalten. Die Intention von Hassrede jedoch ist dieselbe geblieben: Menschen(gruppen), die abgelehnt/gehasst werden, einzuschüchtern, anzugreifen und mundtot zu machen. Es wird der Versuch unternommen, gesellschaftliche Diskurse zu prägen,

---

[10] An dieser Stelle sei Heitmeyers Ansatz der Gruppenbezogenen Menschenfeindlichkeit (GMF) als Stichwort genannt. Mehr hierzu: Heitmeyer, Wilhelm (2012): Deutsche Zustände: Folge 10. Suhrkamp, Berlin.

indem Einzelne Deutungshoheit für sich beanspruchen und Dominanz über Andere ausüben. Deren Positionen werden in der Konsequenz nicht (mehr) gehört.

Eine gleichberechtigte und plurale öffentliche Auseinandersetzung wird so massiv gehemmt und allzu oft setzen sich vereinfachende und populistische Argumentationslinien fest. Für eine offene und demokratische Gesellschaft bedeutet eine solche Kultur von Hassrede, dass nicht alle gleichberechtigt an wichtigen Debatten teilhaben. Meibauer (2013, 9) und Tsesis (2009, 499) stellen hierzu fest, dass Hassrede die Teilhabechancen am politischen Diskurs vermindert, da sich die Opfer von Hassrede bedroht fühlen und aus dem politischen Raum zurückziehen. Opfer von Hate Speech werden so durch Einschüchterung zum Verstummen gebracht und ihrer demokratischen Mitwirkungsrechte beraubt.

Der Ablauf von Hasskampagnen und das Silencen (queer-) feministischer Diskurse

Überaus wirksam wird der Online-Hass, wenn mit Hasskampagnen gearbeitet wird. In solchen Kampagnen können verschiedenste Kommunikationsstrategien verwendet werden, wie Trollen, Derailen von Diskussionen, Shitstorms, Hasskommentare, Hackerangriffe sowie »normale« Drohungen und Beleidigungen (siehe oben). Hassreden treffen häufig Menschen, die ihr Anliegen öffentlich mit ihrer Biographie und Erfahrungsberichten verbinden. Die Verknüpfung von Antidiskriminierungs-/Anerkennungsarbeit und politischem Anliegen mit der eigenen Person ist gerade in der Blogosphäre häufig zu beobachten und verschafft den Aktivist_innen hohe Authentizität. Zugleich wird jedoch eine Angriffsfläche geboten und es folgen nicht selten Drohungen, (verbale) Angriffe und Beleidigungen von Seiten der Gegnerschaft. Diese sind umso wirkmächtiger, je stärker personalisiert sie ablaufen.

Wie die Entstehung von Hass und die Abläufe und Funktionsweise von Hasskampagnen funktionieren, wird von Woolf und Hulsizer (2004) fundiert dargelegt. Von Bedeutung für die Entstehung von Hassgruppen sind das Herausbilden einer Führung, die Rekrutierung von weiteren Mitgliedern, soziopsychologische Techniken/Propaganda und Entmenschlichung. Diese einzelnen Phasen sind jedoch nur analytisch voneinander abgrenzbar, in der Realität finden diese oft gleichzeitig statt.

Die Führungsebene von Hassgruppen hat das langfristige Ziel im Blick: Gegen die anderen »gewinnen«, also die Gegenseite mundtot zu machen, wobei die Mittel strategisch eingesetzt werden (siehe unten). Hierfür bedeutend ist die Rekrutierung von »Mitstreiter_innen«, welche die gleichen Ablehnungen gegen eine bestimmte Gruppe haben und diese durch die Hassaktivitäten mit anderen nun legitimiert sehen. Während der Propagandaphase wird die Identität der Gruppe geprägt und mit Hilfe von sozio-psychologischen Techniken werden die Personen(gruppen), die angegriffen werden, als Feindbild stilisiert. Bei antifeministischen Hasskampagnen wird das Privatleben der Gegenseite (Berufsleben, Beziehungen etc.) hierbei in den Fokus genommen. Und es funktioniert in der Regel allzu gut: »Das eigene Privatleben in derart ekelhafter und falscher Weise öffentlich diskutiert zu sehen, verletzt und zermürbt Aktivist_innen.« (Banaszczuk 2015)

In der vierten Phase bei der Hassgruppen-Bildung entlädt sich der Hass der Gruppenmitglieder gegenüber ihrer »Feinde«. Durch die zuvor eingesetzten Propaganda-Mittel wird die Gegenseite anhand von Stereotypen als mit Negativbildern besetzte »Out-Group« beschrieben:

> »Propaganda is a vital tool used by the ingroup elite to stigmatize and dehumanize the outgroup as well as to present the outgroup as an imminent threat to the well-being or existence of the ingroup.« (Woolf/Hulsizer 2004: 54)

Das große Ziel hat gerade die Führung immer im Blick: »Erst, wenn die Betroffenen aufhören, sich zu engagieren [...] ist das Ziel erreicht. Dass dahinter Menschen stecken, wird verdrängt.« (Banaszczuk 2015)

Die Analyse der Konstituierung von Hassgruppen zeigt deutlich, dass es sich bei ihren Aktivitäten, den sogenannten Hasskampagnen, um strategische geplante Aktionen handelt, die nicht zufällig ablaufen.

Hasskampagnen sind im deutschsprachigen Netz besonders heftig bei feministischen Themen (Quoten, Frauenförderung, Gender Mainstreaming, Geschlechterforschung etc.), »Vielfalts«-Themen (Antirassismus, Critical Whiteness, Asyl-, Flüchtlings-, Migrationspolitik etc.) und bei »queeren Themen« (Hass gegen Inter*-, Trans*-Personen und Homosexuelle) zu beobachten. Hasskampagnen treffen Politiker_innen, Blogger_innen oder allgemein gesprochen: Sie treffen Menschen, die sich öffentlich für soziale Veränderungen aussprechen und einsetzen.

Im internationalen Kontext haben die Angriffe auf Anita Sarkeesian, eine bekannte feministische Medienkritikerin und Videobloggerin, eine globale Diskussion zum Thema Sexismus und Frauenhass im Netz ausgelöst (Stichwort *#GamerGate*).[11] Die Hass-Kampagnen gegen Sarkeesian gingen von dem Hacken ihrer eigenen Homepage über Beschimpfungen per E-Mail, *Twitter* und *Facebook* und gipfelten 2014 in der Androhung eines Massakers bei einem öffentlichen Auftritt an der Utah State University, USA.

Aber auch im deutschsprachigen Raum gibt es genug Beispiele für Misogynie und antifeministische (Online-)Hasskampagnen. Hier sei exemplarisch auf die Kampagnen gegen Lann Hornscheidt, Professx für Gender Studies und Sprachana-

---

[11] Für die weitere Lektüre zum Thema Sexismus in der Gaming-Szene sei zu empfehlen: Eickelmann 2016. Oder auch: Heron/Belford/Goker 2014.

lyse an der HU Berlin, verwiesen. Auf Hornscheidt's Vorschlag hin, fortan die Anrede Professx zu führen, folgte ein wahrer Shitstorm gegen den Vorschlag gepaart mit einer enormen Hasskampagne voller Beleidigungen und Morddrohungen gegen Hornscheidts Person.[12]

Eine der häufigsten Reaktion bei solchen Angriffen und Hasskampagnen sind (verständlicherweise) Angst und Verunsicherung, welche nicht selten in einem Rückzug und Offlinegehen enden. Politiker_innen, Journalist_innen, Wissenschaftler_innen und Aktivist_innen werden so enorm eingeschränkt und eine echte Partizipation Aller in (Online-)Debatten verhindert. Dieses so entstandene (Kommunikations-)Klima der Angst suggeriert dann beispielsweise feministischen Online-Aktivist_innen, dass sie in der digitalen Öffentlichkeit nichts zu suchen haben.

Die beschriebenen Vorgänge lassen sich als ,Silencing' beschreiben. ,Silencing' meint das »Stumm-Machen« von unliebsamen Meinungen und Diskussionsbeiträgen und ist leider oft extrem wirksam. Wer öffentlich gedemütigt und beleidigt wird, wird sich künftige Meinungsäußerungen gut überlegen und verliert die Lust am Mitdiskutieren. Und genau das ist die Strategie von Hasskampagnen: das Zurückdrängen von unliebsamen Meinungen aus dem öffentlichen Raum und Diskurs. Die Andersdenkenden sollen eingeschüchtert und zum Verstummen gebracht werden. So soll der Status quo »erhalten« bleiben und beispielsweise am »traditionellen« Verständnis von Geschlechterrollen, Sexualität, Nationalität etc. festgehalten werden. Die Netzfeministin Anne Wizorek hat dies prägnant auf den Punkt gebracht:

---

[12] Die Ereignisse sind aktuell noch nicht wissenschaftlich bearbeitet, aber folgender Zeitungsartikel liefert eine gute Übersicht der Vorkommnisse: http://www.faz.net/aktuell/feuilleton/debatten/profx-als-geschlechtergerechte-sprache-fuer-professoren-13268220.html?printPagedArticle=true#pageIndex _2 (Abruf: 24.4.2016).

»Was ist denn diese Meinungsfreiheit wert, wenn in solchen Kommentaren gegen Menschen gehetzt wird, die sich daraufhin gar nicht mehr trauen, sich zu äußern. Wessen Meinungsfreiheit wird denn dann beschnitten, wenn wir diese Art von Kommentaren erlauben? Was ist ‚Freiheit statt Angst‘ wert, wenn es eh nur um die Freiheit von weißen Chaos-Computer-Club-Nerds geht und eindeutige Probleme wie Online-Misogynie komplett ausgeklammert werden? Was ist das für ein Freiheitsbegriff?« (Wizorek 2014)

Das Verschwinden von bestimmten Meinungen und Positionen durch Silencing in öffentlichen Debatten und Diskursen stellt ein großes Legitimationsproblem für Diskussionen, die plural und divers geführt werden sollten, dar.

Gegenstrategien

Im Folgenden werden einige Vorschläge diskutiert wie mit Online-Hass umgegangen werden kann und was die verschiedenen Gegenstrategien ausmacht. Es sei aber an dieser Stelle noch explizit drauf hingewiesen, dass Betroffene selbst für sich entscheiden, mit welchen Mitteln (oder ob überhaupt) sie sich zur Wehr setzen. Hierfür sind die eigenen Ressourcen wie Zeit, Kraft, Unterstützung, finanzielle Mittel, Gruppenzugehörigkeiten etc. ausschlaggebend.

Die Möglichkeiten und Mittel für Einzelpersonen, sich gegen Angriffe zu wehren, sind limitiert. Ein Mittel vieler online aktiver Menschen ist es, anonym oder mit Pseudonym zu arbeiten, um sich so vor stark personalisierten Angriffen und Hass gegen die eigene Person zu schützen. Bei straf- und zivilrechtlich relevanten Vorkommnissen kann der juristische Weg eingeschlagen, die Polizei eingeschaltet und Anzeige erstatten werden. Hier ist besonders online aktiven Menschen der Abschluss einer Rechtsschutzversicherung anzuraten, um gegen

Beleidigung, Verleumdungen und Bedrohungen unkomplizierter vorgehen zu können.

Dies »hilft« jedoch nur weiter, wenn auch die Strafverfolgung verbessert wird. Die im Gesetz geforderten Voraussetzungen für eine Strafbarkeit sind zwar gegeben, aber die Taten werden von den Strafverfolgungsbehörden in der Regel nicht konsequent verfolgt. Bei geringfügigeren Delikten wie Drohungen und Beleidigungen wird das Verfahren in der Regel von der Staatsanwaltschaft schnell eingestellt. Aktuell greift häufig bei klarer rechter Hassrede der Straftatbestand der Volksverhetzung (§130 StGB); in anderen Fällen von Hate Speech der Straftatbestand der Beleidigung (§185 StGB), der Nötigung (§240 StGB) oder der Bedrohung (§241 StGB) – also dem Androhen einer Straftat gegen eine Person oder einem der Person Nahestehenden.

Als generelle Taktiken (auch für Einzelpersonen) gegen Hate Speech werden Ignorieren, Löschen, Moderieren, Ironisieren oder Diskutieren genannt.[13] Doch bei der Diskussion um moderierte Foren, Kommentarspalten und Netzwerke wird schnell der Vorwurf der Zensur laut, da eine Moderation ein Eingriff in die grundsätzlich freie Netzstruktur und -kultur sei. Dieses Argument greift jedoch zu kurz: Das Netz ist kein machtfreier Raum, in dem alle gleich und auf Augenhöhe miteinander agieren, sondern Personen, die diskriminiert werden, ziehen sich aus der Online-Welt und aus Debatten zurück (vgl. ,Silencing'). Eine konsequente Moderation mit klaren Verhaltensregeln kann solche Ausschlüsse verhindern und so eine Atmosphäre des gegenseitigen respektvollen Umgangs schaffen.

Auf Plattformen, in denen wenig (im Vorhinein) moderiert oder gelöscht wird, ist es weiterhin wichtig die Betreiber_innen

---

[13] Die jeweiligen Vor- und Nachteile werden ausführlich in der Veröffentlichung der Amadeu Antonio Stiftung beschrieben: Amadeu Antonio Stiftung 2015, 22.

stetig auf die Missstände hinzuweisen und mittels Blockier-
funktion und Meldebuttons darauf hinzuwirken, dass Hassrede
dokumentiert und an die Verantwortlichen gemeldet wird. Auf
einigen Plattformen (wie beispielsweise *Twitter*) können
User_innen ein geschütztes Profil erstellen, welches nicht öffentlich zugänglich ist und können hier ungestört mit Gleichge-
sinnten aus ihrer Filterbubble kommunizieren, ohne Hassangrif-
fe befürchten zu müssen.

Gegenrede

Große Aufmerksamkeit erfahren aktuell Ansätze zur Gegenrede
(engl. Counter Speech). Gegenrede fällt in den Bereich des
»Diskutierens«, also der aktiven Auseinandersetzung mit dem
Hass. Stefanowitsch beschreibt Gegenrede als »Widerstand mit
Worten« (2015b). Bei Counter Speech soll ruhig, rational und
stichhaltig gegen Hasstiraden argumentiert werden. Hierbei
stehen nicht primär die von Hassrede Betroffenen im Fokus,
sondern alle, die im Netz kommunizieren sind mit verantwortlich. Idealerweise kann Gegenrede sogar dazu führen, dass die
Hassenden über ihre Äußerungen nachdenken und sich in Zukunft anders verhalten. In der Realität jedoch bleibt abzuwarten,
ob sich Unbeteiligte tatsächlich solidarisch mit von Hassrede
Betroffenen verhalten und ihnen in Diskussionen dann auch
tatsächlich zur Seite stehen. Außerdem weist Stefanowitsch
noch auf einen sprachstrukturellen Vorteil für die Hassenden
hin:

> »Unsere Sprache liefert uns viele Wörter, mit denen sich Min-
> derheiten abwerten, herabwürdigen und entmenschlichen lassen,
> aber nur wenige Wörter, die der Abwertung und Entmenschli-
> chung entgegengestellt werden können.« (Stefanowitsch 2015b)

Hass kann also unkompliziert in kurzen Nachrichten transpor-
tiert werden, wohingegen die Gegenrede mit langen, geduldigen
und aufwändigen Erklärungen beschäftigt ist.

Solidarität und Vernetzung

Was jedoch überaus wirksame und auch langfristige Veränderungen bringt, ist Solidarität unter den Betroffenen. Durch verschiedene Formen des Empowerments werden so beispielsweise Beleidigungen und Angriffe dokumentiert und öffentlich gemacht. Auf der Website *hatr.org*[14] werden beispielsweise Hasskommentare gesammelt und mit so genannten Facepalms kommentiert. *Hatr.org* dokumentiert so den Hass, dem Netzaktivist_innen ausgesetzt sind.

Auch das Bilden von Bündnissen durch Gemeinschaftsblogs, Mailinglisten oder geschützte Foren hilft hier weiter. Eine der Autor_innen des feministischen Blogs »der k_eine Unterschied« schreibt, dass es bei der Moderation von (Hass-) Kommentaren sinnvoll sein kann, die Arbeit auf die Gruppe zu delegieren, denn »Hass, der gegen andere gerichtet ist, lässt sich leichter ertragen und löschen als der, der gegen dich selbst geht« (tugendfurie 2013).

Über den Zusammenschluss von Betroffenen untereinander hinaus, sollte auch der Schulterschluss mit Personen, die Einfluss auf die öffentliche Meinungsbildung haben (Journalist_innen, Blogger_innen, Prominente etc.), gesucht werden. Darüber hinaus sollte, um das langfristige Ziel des Ernstnehmens von Hassrede und der Umsetzung der erforderlichen rechtlichen Schritte zu erreichen, die Politik und andere gesellschaftliche Akteur_innen auf die Problematik aufmerksam gemacht werden.

Ein weiterer wichtiger Aspekt der Öffentlichkeitsarbeit beinhaltet das Unwissen über Hate Speech, um Hasskampagnen zu beseitigen, über sie aufzuklären und darüber zu sprechen. Sich zusammentun, stärken und dann gemeinsam Öffentlichkeit für die Problematik von Hate Speech zu generieren, kann über

---

[14] Zu erreichen über www.hatr.org (Abruf: 26.04.2016).

die angesprochenen Plattformen betrieben werden, sollte aber auch durch Fachvorträge, Diskussionsrunden sowie wissenschaftliche Arbeiten und Studien geschehen.

Self-Care

Self-Care meint, dass die grundlegenden Bedingungen für gesunden Aktivismus gegeben sein sollen wie ausreichend essen, trinken, Ruhephasen, Bewegung, Pflegen von sozialen Kontakten, Freizeit etc. – dies hört sich banal an, sind jedoch häufig Grundbedürfnisse, die von den Aktivist_innen vernachlässigt werden. Zur Selbstfürsorge gehört in Bezug auf Hate Speech auch, dass die Betroffenen nicht alles, was über sie geschrieben wird, lesen sollen. tugendfurie schreibt hierzu, dass das Lesen der Kommentare für Manche das einzige Mittel sei, sich zumindest noch ein wages Gefühl von Kontrolle zu behalten. »Hier ist es aber gut, irgendwann einen Schlussstrich zu ziehen und sich nicht selbst fertig zu machen. Abgrenzen ist wichtig« (tugendfurie 2013).

Neben dem Löschen von Hass-Kommentaren sollte von Aktivist_innen, die ihre eigenen Webseiten betreiben, auch großzügig von Blockierfunktionen Gebrauch gemacht werden, denn der_die Verfasser_in hat auch das »Hausrecht« und bestimmt, was auf der Seite an Kommentaren erscheinen darf und was sie_er nicht dort lesen möchte.

Schluss

»Die Hassrede ist keine Konsequenz der sozialen Netze, sondern die sozialen Netze liefern ihr nur einen bequemen Weg von den Stammtischen direkt in die Öffentlichkeit.« (Stefanowitsch 2015b)

In diesem Zitat wird prägnant dargelegt, dass Hass kein neues oder gar »Internetphänomen« ist, sondern (leider) ein normaler Bestandteil von Gesellschaften.

Die Frage, die hinter der »Hassrede-Problematik« steht, lautet also eher: Wie gehen wir mit Hass um und wie schützen wir die Menschen, die von (Online-)Hate Speech betroffen sind? Hierauf lässt sich – wie der Artikel bereits zeigte – keine einfache Antwort finden und doch soll eine Annäherung versucht werden: Es gibt nicht ‚die eine' Gegenstrategie gegen Hass(rede) und doch ist klar, dass gegen Hate Speech angegangen werden muss, da sonst massive Ausschlüsse von Meinungen und Positionen stattfinden.

Das »Gegenhalten« geschieht am besten durch einen Strategien-Mix, welcher aus folgenden Punkten bestehen könnte: Verbesserung der Strafverfolgung und des Strafrechts (Erfassen von Hassrede als Straftat), aktives Moderieren durch Seitenbetreiber_innen, Gegenrede, Empowerment der Betroffenen, Sensibilisierung und Aufmerksamkeit schaffen für das Thema sowie analytische Begleitung des Themas durch wissenschaftliche Beiträge.

Diese Vorschläge können jedoch sicherlich nicht alleine von den von Hate Speech Betroffenen umgesetzt werden. Gerade große strukturelle Veränderungen brauchen ein gesellschaftliches Umdenken und eine Übersetzung der Veränderungen durch die Verantwortlichen in den entsprechenden Bereichen.

Literatur

Amadeu Antonio Stiftung (Hg.) (2015): »Geh sterben!« Umgang mit Hate Speech und Kommentaren im Netz, Cottbus: Druckzone.

Banaszczuk, Yasmina (2015): Strategien und Typologisierung von Hate Groups, in: Netz gegen Nazis, Schwerpunkt 2015, http://www.netz-gegen-nazis.de/artikel/strategien-und-typologisi erung-von-hate-groups-10309 (Abruf: 24.4.2016).

Eickelmann, Jennifer (2016): Performativ(ität) (er)forschen. Medien-architekturanalyse und Mediennarrationsanalyse am Beispiel mediatisierter Missachtung, in: Nicole Burzan/Roland Hitzler/Heiko Kirschner (Hg.): Materiale Analysen, Wiesbaden: Springer, 347-367.

Foxman, Abraham/Wolf, Christopher (2013): Viral Hate: Containing Its Spread on the Internet, London: Palgrave Macmillan.

Heinrich-Böll-Stiftung/Rosenbrock, Hinrich (2012): Die antifeministische Männerrechtsbewegung: Denkweisen, Netzwerke und Online-Mobilisierung, https://www.boell.de/sites/default/files/anti feministische_maennerrechtsbewegung.pdf (Abruf: 25.04.2016).

Heron, Michael James/Belford, Pauline/Goker, Ayse (2014): Sexism in the circuitry: female participation in male-dominated popular computer culture, in: Computers and Society, 44 (4), 18-29.

Lehmann, Jörg (2008): Gewalttätige Reden. Hate Speech in den Medien, http://www.afk-web.de/fileadmin/afk-web.de/data/theorie/ Workshop_Marburg/Lehmann_-_Gewalttaetige_Reden_AK_The orie.pdf (Abruf: 25.04.2016).

Lillian, Donna L. (2007): A thorn by any other name: sexist discourse as hate speech, Discourse & Society, 18/6 (November 2007), 719-740.

Meibauer, Jörg (2013): Hassrede – von der Sprache zur Politik, in Jörg Meibauer (Hg.): Hassrede/ Hate Speech. Interdisziplinäre Beiträge zu einer aktuellen Diskussion, Gießen: Gießener Elektronische Bibliothek, 1–16.

Stefanowitsch, Anatol (2015a): Was ist überhaupt Hate Speech?, in: Amadeu Antonio Stiftung (Hg.): »Geh sterben!« Umgang mit Hate Speech und Kommentaren im Netz, Cottbus: Druckzone, 11-13.

Stefanowitsch, Anatol (2015b): Der Kampf gegen Hassrede ist nicht zu gewinnen, aber muss geführt werden, in: iRights.Lab/Philipp Otto (Hg.): Das Netz – Jahresrückblick Netzpolitik 2015/16, Berlin: iRights Media, https://irights.info/artikel/der-kampf-gegen-

hassrede-ist-nicht-zu-gewinnen-aber-muss-gefuehrt-werden/26
735 (Abruf: 25.01.2016).

StGB (1998) Strafgesetzbuch der Bundesrepublik Deutschland in der
Fassung vom 13.11.1998.

Suler, John (2006): The online dishibition effect, International Journal
of Applied Psychoanalytic Studies, 2 (2), 184–188.

Suler, John (2004): The online dishibition effect, CyberPsychology &
Behavior, 7(3), 321-326.

Tsesis, Alexander (2009): Dignity and Speech: The Regulation of
Hate Speech in a Democracy, Wake Forest Law Review, 44, 497-
532.

tugendfurie (2013): Besserer Umgang mit Hate Speech – Ideen zur
Abwendung des Feminist Burnout, in: der k_eine Unterschied,
http://www.derkeineunterschied.de/besserer-umgang-mit-hate-
speech-ideen-zur-abwendung-feminist-burnout/   (Abruf:
10.7.2016).

Ungerer, Doris (2013): Kriterien zur Einschränkung von hate speech:
Inhalt, Kosten oder Wertigkeit von Äußerungen? In Jörg
Meibauer (Hg.): Hassrede/ Hate Speech. Interdisziplinäre Beiträ-
ge zu einer aktuellen Diskussion, Gießen: Gießener Elektronische
Bibliothek, 257-285.

Wizorek, Anne (2014): Interview »Der Wandel ist auf dem Weg und
nicht zu stoppen« Von Katrin Gottschalk, Frankfurter Rund-
schau, Online-Ausgabe vom 6. Oktober 2014, http://www.fr-
online.de/leute/anne-wizorek--der-wandel-ist-auf-dem-weg-und-
nicht-zu-stoppen-,9548600,28659350.html (Abruf: 25.01.2016).

Woolf, Linda M./Hulsizer, Michael R. (2004): Hate groups for dum-
mies: How to build a successful hate group, Humanity and Society, 28(1), 40-62.

IV Folgen antifeministischer Diskursinterventionen

Vivien Laumann, Katharina Debus

»Frühsexualisierung« und »Umerziehung«?
Pädagogisches Handeln in Zeiten antifeministischer Organisierungen und Stimmungsmache

Die letzten Jahre waren ein erneuter Tiefpunkt in Bezug auf antifeministische, homo- und transfeindliche Angriffe – und wieder wurde auch die Pädagogik zur Zielscheibe dieser Feindlichkeit: Unter Beteiligung großer deutscher Leitmedien fanden vehemente und aggressive Angriffe gegen Ansätze emanzipatorischer Sexualpädagogik, vielfaltsorientierte Pädagogik in Bezug auf Geschlecht und sexuelle Orientierung sowie gegen Versuche der Weiterentwicklung geschlechtergerechter Sprache statt.

In unseren Fortbildungen[1] für pädagogische Fachkräfte und auch in unserer Selbstreflexion begegnen uns oft Verunsicherungen, die aus diesen Organisierungen und Stimmungsmachen resultieren. Andererseits zeigen sich Teilnehmer_innen empört, insbesondere über die homofeindlichen Mobilisierungen gegen

---

[1] Wir haben die letzten Jahre im Rahmen von Projekten von Dissens – Institut für Bildung und Forschung e.V. (www.dissens.de) sowie freiberuflich Fortbildungen für pädagogische Fachkräfte zu den Themen Geschlechterreflektierte Pädagogik, Jungenpädagogik, Geschlechterreflektierte Rechtsextremismusprävention sowie intersektionale Pädagogik konzipiert und durchgeführt, deren Erfahrungen aktuell in das Projekt »Interventionen für geschlechtliche und sexuelle Vielfalt – Stärkung der Handlungsfähigkeit vor Ort« münden (www.interventionen.dissens.de).

den Bildungsplan in Baden-Württemberg[2] und engagieren sich in ihren Institutionen für die Akzeptanz geschlechtlicher und sexueller Vielfalt. Die Bereitschaft, sich gegen Homofeindlichkeit und für Gleichstellung in Bezug auf Geschlecht und sexuelle Orientierung einzusetzen, hat sich unserem Eindruck nach durch diese Empörung spürbar erhöht.

Die pädagogischen Verunsicherungen sind ebenso wenig neu wie antifeministische und vielfaltsfeindliche Organisierungen. Es lässt sich aber seit den antifeministischen Debatten um Jungen als neue Bildungsverlierer zu Beginn der 2000er Jahre (u.a. Roßhart 2007, Debus 2014b) eine Zuspitzung beschreiben und die derzeitigen Mobilisierungen stellen einen erneuten Höhepunkt dar, der auch Auswirkungen auf die pädagogische und fortbildnerische Praxis hat. Zurzeit richten sich die Angriffe gegen drei Felder der Pädagogik, die bestenfalls verknüpft sind, aber oft jeweils eigenständige Schwerpunktsetzungen aufweisen, die zur Zielscheibe der Angriffe werden: a) Geschlechterreflektierte Pädagogik mit Fokus auf Sexismus, Gleichstellung von Männern/Jungen und Frauen/Mädchen sowie Kritik an einengenden Männlichkeitsanforderungen, b) Pädagogik für geschlechtliche und sexuelle Vielfalt und gegen Diskriminierung von Lesben, Schwulen, Bisexuellen, Pansexuellen,[3] Trans*,[4] Inter*,[5] Queers und Asexuellen[6] sowie c) Sexualpädagogik.

---

[2] Gegen einen Bildungsplan in Baden-Württemberg, der sexuelle Vielfalt als Querschnittsthema formulierte, formierte sich breiter Widerstand in Form einer Petition, die bis zur Zeichnungsfrist etwa 200.000 Menschen unterzeichneten, sowie mit den sogenannten *Demos für Alle* nach französischem Vorbild, an denen sich zu den Hochzeiten mehrere Tausend Menschen beteiligten, um gegen »Frühsexualisierung« und die »Gender-Agenda« zu demonstrieren (Billmann 2015, 3f.).
[3] Menschen, die sich romantisch oder sexuell auf Menschen mehrerer Geschlechter beziehen und denen die Bezeichnung ‚bisexuell' zu zweigeschlechtlich ist.
[4] Transgeschlechtliche Menschen, die sich nicht mit dem ihnen bei der Geburt zugewiesenen Geschlecht identifizieren, sondern sich entweder mit dem jeweils anderen der anerkannten zwei Geschlechter (Transmänner/-jungen bzw.

Im Folgenden beschäftigen wir uns zunächst mit begrifflichen und konzeptionellen Verwirrspielen, da diese die Debatte prägen und somit auch für Gegenstrategien relevant sind. Dem pädagogischen Handeln nähern wir uns aus zwei Richtungen und gehen den folgenden Fragen nach: Mit welchen Barrieren bzgl. einer emanzipatorischen geschlechtsbezogenen Pädagogik sind Fortbildner_innen und Pädagog_innen durch die derzeitigen antifeministischen Organisierungen und Stimmungsmachen konfrontiert? Aber auch: Welche Chancen liegen darin, das Themenfeld dennoch fortbildnerisch und pädagogisch zu bearbeiten? Was kann dabei unterstützen und welche Strategien können genutzt werden? Abschließend geben wir einen kleinen Ausblick, wie diese Debatte bei aller Ärgerlichkeit und Bedrohlichkeit dennoch auch produktiv genutzt werden kann.

Begriffliche und konzeptionelle Verwirrspiele

Die beschriebenen Proteste und Angriffe eint, dass Fakten verdreht und Bedrohungsszenarien aufgebaut werden, die selten etwas mit der Realität zu tun haben. Daher lohnt es sich, genauer hinzuschauen und den Diskurs zu entzerren. Im Folgenden widmen wir uns kurz zwei dominanten Beispielen aus den antifeministischen Angriffen der letzten Jahre und stellen diesen an ausgewählten Stellen Fakten und konzeptionelle Gegenpositionen gegenüber.[7]

Transfrauen/ mädchen) oder aber zwischen oder jenseits dieser zwei Geschlechter oder wechselnd identifizieren (genderqueer, non-binary, genderfluid, agender etc.).

[5] Intergeschlechtliche Menschen, deren körperliche Geschlechtsmerkmale nicht (von Geburt an) eindeutig dem einen oder anderen der zwei anerkannten Geschlechter entsprechen.

[6] Für weitere Begriffserklärungen vgl. http://www.interventionen.dissens.de/materialien/glossar.html. Abruf: 16.01.2018.

[7] Die folgenden Ausführungen sind keineswegs vollständig, sondern sollen eher einen knappen Eindruck geben, wie die antifeministischen Diskurse

Vielfaltsorientierte Sexual- und Lebensweisenpädagogik[8] – Vorwurf der »Frühsexualisierung«

Die (vielfaltsorientierte[9]) Sexual- wie auch die Lebensweisenpädagogik sind seit einigen Jahren massiven Angriffen ausgesetzt, u.a. unter dem Stichwort »Frühsexualisierung«.[10] Im Folgenden gehen wir nach Bereichen getrennt auf die den Angriffen zugrundeliegenden Logiken und Gegenargumente ein.

Eine Beschäftigung mit Homo- und Bisexualität sowie anderen nicht-heteronormativen Lebensweisen wird häufig mit einer Beschäftigung mit sexuellen Handlungen assoziiert. Dies mag daran liegen, dass der Wortteil ‚-sexualität' in den Begriffen enthalten ist. Es hat aber sicherlich auch mit Ideologien zu tun, die gleichgeschlechtliche, bisexuelle und andere queere

---

funktionieren. Zu ausführlicheren Analysen siehe weitere Artikel in diesem Sammelband.

[8] Es ist zu unterscheiden zwischen einerseits Sexualpädagogik und andererseits einer Pädagogik, die Diskriminierung nicht-heteronormativer und nicht-zweigeschlechtlicher Seins- und Lebensweisen arbeitet. Der Begriff der Lebensweisen wurde von Jutta Hartmann (2002) geprägt, u.a. das Waldschlösschen arbeitet mit dem SOGI-Konzept (sexuelle Orientierung und Geschlechtsidentität, vgl. www.waldschloesschen.org/de/veranstaltungsdetails.html?va_nr=5828, Abruf: 11.01.2016) und KomBi/Queerformat stellen ein Konzept der Lebensformenpädagogik im Kontext der Menschenrechtsbildung vor (Kugler / Nordt 2009). Aus pragmatischen Gründen verwenden wir im Folgenden zusammenfassend den Begriff der Lebensweisenpädagogik für all diese und weitere Ansätze, die sich vor allem im Feld der Antidiskriminierungsarbeit bewegen. Die verschiedenen Träger der schwul-lesbischen bzw. queeren Bildung grenzen ihre Angebote klar von Sexualpädagogik ab (z.B. www.schlau-nrw.de/download/Fakten _zu_SchLAu.pdf, Abruf: 23.03.2016). Das ist einerseits bzgl. der verwendeten Konzepte oft sachlich richtig, wird aber auch mitunter als entsolidarisierend kritisiert in einem Klima, in dem die Sexualpädagogik besonderen Angriffen ausgesetzt ist.

[9] Unter dem Begriff ‚vielfaltsorientiert' fassen wir all die Konzepte und Praxen zusammen, die Vielfalt – im Kontext dieses Artikels v.a. bezogen auf Geschlecht und sexuelle Orientierungen – als selbstverständliche Realität anerkennen, wertschätzen und in ihren Konzepten berücksichtigen.

[10] Entzündet hat sich die Debatte zum einen an den bereits genannten Reformen des Bildungsplans in Baden-Württemberg und zum anderen an dem Buch ‚Sexualpädagogik der Vielfalt' von Elisabeth Tuider et al. (2012).

Lebensformen auf Begehren und sexuelle Handlungen reduzieren. Aspekte wie Verlieben, Liebe, Bindung, Beziehung oder Familie werden ausgeblendet oder sollen im Fall von Familie verhindert werden. Diese Sexualisierung von Lebensentwürfen betrifft in noch absurderer Weise zum Teil auch die Beschäftigung mit Trans- und Intergeschlechtlichkeit, die zwar nichts mit sexuellen Handlungen, Vorlieben etc. zu tun haben, aber durch die verbreitetsten Begriffe (Transsexualität, Intersexualität) stark damit assoziiert werden.

Im Gegensatz zu diesen Darstellungen fokussiert eine inklusive Pädagogik, die sich für die Akzeptanz lesbischer, schwuler, bisexueller, pansexueller, queerer, transgeschlechtlicher, intergeschlechtlicher, asexueller und weiterer diskriminierter Seins- und Lebensweisen rund um Geschlecht, Bindung und Sexualität einsetzt, gerade nicht die Beschäftigung mit sexuellen Praxen. U.E. sollten letztere nicht gänzlich ausgeblendet werden, da die pädagogischen Adressat_innen damit viele Fragen verbinden, die nicht ignoriert werden sollten. In den uns bekannten pädagogischen Ansätzen zum Thema (jenseits expliziter Sexualpädagogik) geht es aber in ungleich höherem Maße um Lebensweisen, Diskriminierung, Verlieben, Liebe, Bindung, verschiedene Familienformen etc. Hier kann also von Frühsexualisierung schon deshalb nicht die Rede sein, weil Sexualität ein Randthema ist, das v.a. entlang der Fragen der Adressat_innen auftaucht, während Themen wie Ungerechtigkeit, Familie oder Verlieben Themen sind, bzgl. derer der Vorwurf der ‚Frühsexualisierung‘ offenkundig ausschließlich polemisch zur Anwendung kommen kann.

In der Sexualpädagogik bezieht sich der Vorwurf der »Frühsexualisierung« vordergründig auf die Altersstufe der Adressat_innen und deren vermeintliche Überforderung durch eine Berücksichtigung verschiedener Vielfaltsdimensionen sowie das Erziehungsrecht der Eltern im Verhältnis zum Erziehungsrecht des Staates.

Dahinter steckt zum einen das Bild eines reinen, unschuldigen Kindes, das keine Sexualität habe. Der Vorwurf besteht darin, dass eine früh beginnende Sexualpädagogik bei Kindern erst das Interesse an Sexualität wecke und zu sexuellen Übergriffen unter Kindern führe. Gerade langjährige Aktivist_innen und Forscher_innen zu sexualisierter Gewalt an und unter Kindern wie *Zartbitter Köln* betonen allerdings, dass Kinder eine eigene Sexualität haben und sexualpädagogische Konzepte bereits ab der Kita notwendig sind für Präventionsarbeit gegen sexuelle Grenzverletzungen unter Kindern und sexualisierte Gewalt durch Erwachsene (Enders 2012). Dies bedeutet jedoch nicht, dass kindliche und erwachsene Sexualität vermischt werden sollten oder dass in jedem Alter über alle möglichen Formen von Liebe, Sexualität, Bindung und Sexualpraxen gesprochen werden soll. Dies ist ein Standard in der Sexualpädagogik, wie der *Wissenschaftliche Beirat des Instituts für Sexualpädagogik Dortmund* (2015, 12) schreibt:

> »Die erwachsene Haltung muss dabei immer getragen sein vom Respekt vor dem Kind, von der Wahrnehmung seines Entwicklungsstandes und von dem Bewusstsein, dass es darum geht, die Mündigkeit des Kindes zu befördern.«

In diesem Sinne müssen Sexualpädagog_innen ihr Vorgehen immer der adressierten Gruppe anpassen und haben dafür ein Instrumentarium entwickelt, wie es möglich ist, mit den konkreten Fragen und Themen der konkret anwesenden Menschen zu arbeiten (Tuider / Timmermanns 2015, S. 45). So ist mehr Orientierung an den Bedarfen und auch den Grenzen der Anwesenden möglich als in vielen Standard-Lehr-Lern-Formaten der schulischen Pädagogik – wenn denn entsprechende Ressourcen im Sinne von Zeit, Personalschlüssel (Binnendifferenzierung) und guter Ausbildung (bzw. Honorare, für die sich eine gute Ausbildung lohnt) bereitgestellt werden. Selbstverständlich macht es Sinn, sich im Team wie auch bei der Einladung externer Sexualpädagog_innen in einem Vorgespräch über die Einhaltung dieser Standards zu versichern.

Jenseits von Fragen der Grenzachtung steht hinter den Angriffen auch die Forderung fundamentalistisch christlicher Eltern, selbst bestimmen zu dürfen, inwiefern ihre Kinder (auch im jugendlichen Alter) Bildung zum Thema Sexualität erhalten bzw. ob diese Bildung über das Wissen um biologische Fortpflanzung und ggf. die Gefahren sexuell übertragbarer Krankheiten hinausreichen darf. Dem gegenüber stehen der Bildungsauftrag des Staates und das Menschenrecht auf Bildung der Kinder und Jugendlichen. Dies ist bei einem anderen Streitthema fundamentalistisch christlicher Eltern (Evolution vs. Kreationismus) unbestritten. Der gleiche Standard sollte selbstverständlich auch für sexuelle Bildung gelten.

Kinder und Jugendliche haben ein Recht auf sexuelle Bildung und Kinder und Jugendliche von sexueller Bildung fern zu halten und sie nicht zu informieren, führt zu Verwirrung und Unsicherheit und nicht zu einer ungestörten Entwicklung.[11] Wertschätzende Informationen über verschiedene Lebensweisen hingegen stärken die eigene Orientierungsfähigkeit und Selbstbestimmung. Des Weiteren ist Sexualpädagogik wichtiger Teil einer Präventionsarbeit gegen sexualisierte Gewalt, ungewollte Schwangerschaften und die Übertragung sexuell übertragbarer Krankheiten. Eine Sexualpädagogik, die den sexualpädagogischen Standards der Grenzachtung entspricht, befördert demnach keine sexuellen Übergriffe, sondern trägt dazu bei, die eigenen und die Grenzen anderer wahrzunehmen, zu erkennen und zu achten.

---

[11] www.gsp-ev.de/index.php?id=110&ord=52&PHPSESSID=0481a003317f4 9170cb72fcadd59bbcf (Abruf: 19.01.2016).

Geschlechtliche und sexuelle Vielfalt – Vorwurf der Umerziehung

Ein weiterer Vorwurf lautet, ein selbstverständliches Lernen über geschlechtliche und sexuelle Vielfalt käme einer Indoktrination und Umerziehung[12] gleich. Der Initiator der Petition gegen den Bildungsplan in Baden-Württemberg argumentierte, Kinder und Jugendliche sollten nicht über sexuelle Vielfalt lernen, da das Suizidrisiko von nicht heterosexuellen Jugendlichen erhöht sei und man Kinder nicht unnötig gefährden solle:

> »Nach der Logik der InitiatorInnen der Petition ist nicht Homophobie, sondern Homosexualität Schuld an den vielen Selbstmorden. Es ist die Rede von einer fehlenden ,ethische[n] Reflexion der negativen Begleiterscheinungen eines LSBTIQ[13]-Lebensstils, wie die höhere Suizidgefährdung unter homosexuellen Jugendlichen'.« (zit. n. Teidelbaum 2015, 11).

Diesem Vorwurf liegt zum einen die Vorstellung zu Grunde, dass LSBTQ-Sein[14] quasi durch Ansteckung übertragen würde. Oder es geht – vielleicht ehrlicher – darum, dass homo- und transfeindliche Akteur_innen verhindern wollen, dass positive Kontakte bzw. Eindrücke zu LSBTQ entstehen. Denn diese könnten den elterlichen Bemühungen zuwiderlaufen, Kinder

---

[12] Der Begriff »Umerziehung« verweist auf den englischen Begriff der ,re-education', also das mit der Entnazifizierung einhergehende Bildungsprogramm zur Demokratievermittlung in Deutschland und Österreich durch die Alliierten, das oft insbesondere mit der US-amerikanischen Besatzungsmacht in Zusammenhang gebracht wird. Hier ist entlang der Begriffswahl zu vermuten, dass sich Ressentiments bzgl. der Entnazifizierung bzw. deutschen Niederlage im zweiten Weltkrieg, oft besonders mit Anti-Amerikanismus verbunden, mit Argumentationen gegen geschlechterreflektierte bzw. vielfaltsorientierte Pädagogik vermischen.

[13] Abkürzung für lesbisch, schwul, bisexuell, trans*, inter*, queer.

[14] Auch wenn im obigen Zitat auch das I für Inter* mitgenannt wird, sei davon ausgegangen, dass selbst ausgesprochene Vielfaltsfeinde und Verschwörungstheoretiker_innen nicht behaupten, Genitalien, Chromosomen und weitere körperliche Eigenschaften würden sich durch Kontakt zu intergeschlechtlichen Menschen verändern.

und Jugendliche dazu zu bewegen, mögliche lsbtq Tendenzen zu unterdrücken und lieber ein unglückliches normgerechtes Leben führen. Zum anderen geht es ganz offen um den Erhalt von Privilegien: Die Akteur_innen streiten dafür, dass nicht-heteronormative und nicht-zweigeschlechtliche Lebensweisen nicht gleichgestellt werden. Staatliches bzw. pädagogisches Engagement gegen Diskriminierung läuft daher ihren Interessen diametral entgegen.

Geschlechtliche und sexuelle Vielfalt ist im Leben vieler Kinder und Jugendlicher präsent. Manche begehren selbst schwul, lesbisch, bi- oder pansexuell (oder begehren gar nicht), sind trans* oder inter*, leben in Regenbogen- oder Co-Eltern-Familien oder haben lsbtiq Bezugspersonen etc. LSBTIQ Jugendliche und junge Erwachsene sowie Kinder aus Regenbogenfamilien berichten, dass Diskriminierung durch Mitschüler_innen und Lehrkräfte Alltag in pädagogischen Institutionen ist (Nordt / Kugler 2012, 43). Diskriminierungsfreies Lernen ist laut UN-Kinderrechtskonvention ein Grundrecht und es ist Aufgabe von Schule und Pädagogik, dieses Grundrecht zu gewährleisten.

Darüber hinaus sind auch heterosexuelle und cis-geschlechtliche[15] Jungen und Mädchen vielfältig, was ihr Geschlechtsempfinden, ihre geschlechtlich konnotierten Verhaltensweisen und Interessen (Hobbies, Sozialverhalten, Farbvorlieben, Styles etc.), ihr Verlieben sowie ihre sexuellen Wünsche und Praxen angeht. Auch ihre vielfältigen Entwicklungsoptionen werden durch Normen verengt, die vorschreiben, welche geschlechtlichen Ausdrucksweisen und welche Formen von Liebe, Begehren und Bindung akzeptiert und welche ausge-

---

[15] Als cis-geschlechtlich (von ‚cis‘ = diesseits im Gegensatz zu ‚trans‘ = jenseits) werden Menschen beschrieben, deren bei der Geburt zugewiesenes Körpergeschlecht ihrem eigenen Geschlechtsempfinden entspricht. Der Begriff unterläuft Hierarchisierungen, wo das, was als ‚normal‘ gilt, nicht näher bezeichnet wird, während es nur Begriffe gibt für Lebensweisen, die als ‚abweichend‘ konstruiert werden.

grenzt werden. Unter anderem kann sich dies im pädagogischen Alltag durch demonstrative Zurschaustellung betont ‚weiblichen' oder ‚männlichen' Verhaltens niederschlagen – Verhaltensweisen, die, wenn sie als Antwort auf sozialen Druck erfolgen, das individuelle Repertoire einengen und Lernprozesse erschweren können.

In diesem Sinne können sich Menschen aller Geschlechter und sexuellen Orientierungen besser entfalten und lernen, wenn sie weniger Sorge haben müssen, von geschlechts-, bindungs- und begehrensbezogenen Normen abzuweichen und wenn sie sich mit ihren individuellen Vorlieben, Geschmäckern, Verhaltensweisen und Bindungsformen akzeptiert fühlen. Ein diskriminierungsfreies Lernumfeld kommt allen zugute.

Ein selbstverständliches Lernen über geschlechtliche und sexuelle Vielfalt führt keineswegs zu einer Umerziehung oder Indoktrination, sondern zu einem sichereren Umfeld für alle – einem in dem man »ohne Angst verschieden sein kann« (Adorno 1951, 116).

Barrieren für eine vielfaltsorientierte Pädagogik

Wie im letzten Abschnitt beschrieben, werden die Themen rund um Geschlecht und Sexualität häufig fehlrepräsentiert oder es wird bewusst mit Missverständnissen gearbeitet, um emanzipatorische Ansätze zu diskreditieren und lächerlich zu machen.[16] Diese Debatten prägen ein gesellschaftliches Klima und haben Auswirkungen auf pädagogisches Handeln. Pädagog_innen, die vielfalts- und gleichstellungsorientiert arbeiten (möchten), sehen sich in der Defensive und sind verunsichert ob der eigenen Haltung und des eigenen Handelns. In unseren Bildungsveranstaltungen mit pädagogischen Fachkräften aus den Bereichen

---

[16] Z.B. in der vielfach kritisierten *Hart aber fair*-Sendung »Nieder mit dem Ampelmännchen – Deutschland im Gleichheitswahn?« vom 02.03.2015.

Schule und Jugendarbeit konnten wir weitere Barrieren identifizieren, die durchaus komplexen Themen in ihren Spannungsverhältnissen darzustellen und zu bearbeiten:

Verunsichtbarung von Problemen

Verschiedene in den letzten Jahren aufgekommene Diskurse führen zu Ausblendungen von Problemen. So war im Anschluss an die PISA-Studien der Diskurs über Jungen als neue Bildungsverlierer, Mädchen als die neuen Gewinnerinnen und weibliche Pädagoginnen als Problemverursacherinnen dominant. Der Diskurs verweist auf wichtige Fragen nach Benachteiligung, Diskriminierung und nicht zuletzt Kind-, Jugend- oder allgemein Menschengerechtigkeit des Bildungssystems (Debus 2014b). So werden Lehr-Lern-Bedingungen sichtbar, in denen wenig Raum ist für Bewegung, Interessenvertretung, Selbstwirksamkeitserfahrungen und generell Heterogenität. Die häufig vertretenen einfachen Antworten aber machen vieles unsichtbar: die weiterhin bestehenden Probleme vieler Mädchen und junger Frauen in der Schule sowie in der Übersetzung schulischer Zertifikate in Einkommen und Status (Debus 2012c); die Heterogenität unter Jungen (die beispielsweise auch unter den Hochleister_innen stark repräsentiert sind); die Verschränkung mit anderen Diskriminierungslinien (Rassismus, Klassismus, Behinderung, Hetero- und Cis-Sexismus etc.); die Unterbezahlung vieler pädagogischer Berufe, die vor allem von Frauen getragen werden; ein komplexes Bedingungsgefüge geschlechtsbezogener Ungleichheiten im Bildungsgeschehen, in dem das Geschlecht der Pädagog_innen, wenn überhaupt, eine eher geringe Rolle spielt (Helbig 2015). Entscheidend scheint u.a. eine Mischung aus geschlechtsbezogener Sozialisation sowie deren Effekte unter Lehr-Lern-Bedingungen, die derzeit in starkem Maße auf Unterwerfungsleistungen der Lernenden setzen, und die tendenziell geschlechterdifferent wirkende Negativfolgen für Lernende aller Geschlechter haben (Debus 2012a).

Der Diskurs verweist also auf wichtige Fragen, führt aber potenziell zur Verunsichtbarung von Problemen, die pädagogisch und politisch unbedingt ernstzunehmen wären. Besonders instrumentell scheint der Vorwurf der »Diktatur der Minderheiten«[17] über die Mehrheit, der sich u.a. auf Forderungen nach geschlechtergerechten Sprachformen oder der gleichberechtigten Berücksichtigung verschiedener Liebes-, Lebens- und Familienformen in Pädagogik und Politik bezieht. Hier wird in der Fiktion der vermeintlich übermächtigen ‚Homo-Lobby' die Diskriminierung von LSBTIQ wahlweise (und oft gleichzeitig) unsichtbar gemacht oder unter Verweis auf vermeintlich »natürliche« (ggf. auch göttliche) Ordnungen und traditionelle Normalitätskonstruktionen legitimiert. Auf die Pädagogik bezogen wirken sich diese Diskurse sowie generell heteronormative und zweigeschlechtliche Ordnungen dahingehend aus, dass sowohl die Diskriminierungsdichte in der Pädagogik als auch die Präsenz[18] und Bedarfe von lsbtiq Jugendlichen und der daraus folgende pädagogische Auftrag systematisch unterschätzt und ignoriert werden.

---

[17] Exemplarisch: Gedeon, Wolfgang (2012): Der grüne Kommunismus und die Diktatur der Minderheiten: Eine Kritik des westlichen Zeitgeists, Frankfurt/M.: R.G. Fischer. Gedeon 2012.

[18] Im Sinne einer heterosexuellen und cis-geschlechtlichen Vorannahme gehen Pädagog_innen häufig davon aus, dass alle Schüler_innen heterosexuell und cis-geschlechtlich seien, wenn diese sich nicht anderweitig outen. Viele Studien haben allerdings deutlich gemacht, dass Jugendliche dies an Schulen wegen des hohen Grades an Diskriminierung und der kaum vorhandenen Ausweichmöglichkeiten in schulischen Zwangsgemeinschaften oft nach Möglichkeit vermeiden oder hinauszögern. Daher sollte immer davon ausgegangen werden, dass sich in jeder Klasse mindestens eine Person befindet, die nicht heterosexuell begehrt oder sich im zugewiesenen Geschlecht nicht zu Hause fühlt.

Widerstand und Missverständnisse

Wie oben angedeutet, resultieren viele Widerstände gegen viel-
falts- und gleichstellungsorientierte Ansätze aus (z.T. von
Gleichstellungsgegner_innen bewusst herbeigeführten) Missverständnissen und Sorgen.

In Veranstaltungen zu geschlechterreflektierter Pädagogik
reagieren Pädagog_innen immer wieder mit der Sorge, das eigene Geschlecht verboten zu bekommen, dass die eigene Lebensweise abgewertet werde oder ihre Selbstverständlichkeit
verliere. Die Ansätze geschlechterreflektierter Pädagogik, Vielfalt zu fördern und Normativität in Frage zu stellen, werden als
neue Gebots- und Verbotsstruktur verstanden.[19] Vor dem Hintergrund einer Gesellschaft, die Geschlecht in hohem Maße
normativ denkt, fällt es vielen Menschen zunächst schwer,
Normativitätskritik nicht als neue Normativität misszuverstehen
(„Jetzt machen wir alles genau andersherum.'), sondern tatsächlich als Vervielfältigung von Möglichkeiten. Es hilft in unserer
Erfahrung, dieses Missverständnis explizit und ggf. voraus-
schauend aufzugreifen und zu benennen.

Eine weitere Sorge, die uns oft hinter Widerständen begegnet, ist die Befürchtung, der real vorhandenen Vielfalt in der
Pädagogik nicht gerecht werden zu können. Damit einhergehen
kann die Sorge vor Souveränitätsverlust, sich nicht mehr bzw.
nicht genug auszukennen. Nicht zuletzt können Beschämungs-
gefühle über eigene Fehler auftreten.

Diese Überforderungsgefühle können es attraktiv machen,
Teile der Bedarfe der Adressat_innen auszublenden, Normali-
tätsannahmen zu folgen – darüber, wer ein ‚höheres' Recht auf
Repräsentation, Ansprache und Beachtung hat – sowie weiter

---

[19] Z.B. Mädchen/Frauen dürften sich nicht mehr für Mode und Beauty interes-
sieren. Oder bei einer Infragestellung von Heteronormativität, die Sorge, nun
nicht mehr heterosexuell sein zu dürfen. Vgl. vertiefend zu diesen häufigen
Missverständnissen Debus 2012b.

mit problematischen Materialien zu arbeiten, anstatt für Verbesserungen zu sorgen. Alternativ dazu sollte am Gefühl der Überforderung angesetzt werden. Arbeitsbedingungen sind ein wichtiges Thema in der Arbeit mit pädagogischen Fachkräften und der neoliberale Mythos, dass alle, wenn sie sich nur anstrengen, eine perfekte Pädagogik machen können, sollte entkräftet werden. Es kann entlastend wirken und die Auseinandersetzungsbereitschaft erhöhen, wenn anerkannt wird, dass die derzeit gegebenen gesellschaftlichen und Arbeitsbedingungen eine inklusive Pädagogik erschweren. Zudem ist hilfreich, auf das Prinzip lebenslangen Lernens hinzuweisen, allerdings nicht im neoliberalen Sinne, dass Arbeitskräfte ein Leben lang verpflichtet wären, sich in der Freizeit immer weiter zu optimieren. Vielmehr sollte anerkannt werden, dass Pädagogik so komplex ist, dass wir nie auslernen und dass es insofern völlig normal bzw. unvermeidbar ist, sich nicht immer auszukennen und Fehler zu machen. Es kommt dann darauf an, jenseits von Schuldfragen Verantwortung für die Effekte des eigenen Handelns zu übernehmen und für Bedingungen zu streiten, in denen kollegiale Auseinandersetzung und Weiterentwicklung ebenso Ressourcen und Raum haben wie Fortbildung oder auch Beratung.

Verunsicherungen durch Angriffe

Immer wieder berichten Pädagog_innen, dass sie von vielfaltsorientierten oder sexualpädagogischen Themen aus Sorge vor Anfeindungen durch Eltern ‚lieber die Finger ließen‘ und beklagen eine generelle Verunsicherung sowie mangelnde Rückendeckung im Team oder der Institution. Manchmal kommen die Anfeindungen und Isolierungen auch aus dem Team selbst und es erfolgen persönliche Abwertungen als Feministin, schwul/lesbisch oder ‚PC-Polizei‘ bei einem Engagement im Themenfeld. In einem ohnehin stressigen Arbeitsalltag fehlt vielen die Kraft und Zeit, sich an diesen Barrieren und Anfeindungen abzuarbeiten, die Folge ist eine Abwendung von der Verantwortung im Themenfeld.

Nicht nur aus Fortbildungsveranstaltungen, sondern auch bei uns selbst können wir Verunsicherungstendenzen bezüglich der Verbreitung von Inhalten im Themenfeld beobachten. Angriffe werden antizipiert und Dinge mit mehr Vorsicht formuliert. Von Kolleg_innen wissen wir, dass sie sich schweren Herzens entscheiden, Materialien nicht unter dem eigenen Namen, sondern im Schutz einer Institution zu veröffentlichen. Aufwändig erarbeitete Materialien liegen fertig in Behördenschubladen und werden von diesen aus Angst vor Angriffen nicht veröffentlicht.

In Anbetracht der aktuellen Entwicklungen ist eine gewisse Vorsicht und auch eine Antizipation möglicher Angriffe und Missverständnisse sinnvoll. Sie kann sogar produktiv dazu genutzt werden, die eigene Kommunikationsstrategie zu verbessern und unnötige Missverständnisse zu vermeiden. Andererseits tut es gut, das eigene Handeln und die Defensivität auch in Bezug auf vorauseilenden Gehorsam kritisch zu befragen.

Verunsichert sind aber nicht nur Pädagog_innen, sondern auch Eltern. So ist beispielsweise nicht allen Eltern automatisch eine anti-emanzipatorische Haltung zu unterstellen, wenn sie kritische Fragen zu sexualpädagogischen Angeboten stellen. Eltern sorgen sich auch aus anderen Motiven um das Wohl und die Grenzen ihrer Kinder und es gilt, diese Spannungsverhältnisse auszuloten und besprechbar zu machen. Es ist richtig und produktiv, Sexualpädagogik wie auch andere pädagogische Ansätze zum Beispiel darauf zu befragen, wie sie mit den Grenzen der Adressierten umgehen, wie das Verhältnis von Freiwilligkeit und Verpflichtung aussieht, wie mit unterschiedlichen Wissensständen und Bedarfen in Gruppen umgegangen wird. Zu diesen Fragen gibt es in weiten Teilen der Sexualpädagogik langjährige Auseinandersetzungen und qualifizierte Sexualpädagog_innen können in der Regel Antworten geben. Oft macht es Sinn, die Sorgen der Eltern ernst zu nehmen und Bündnisse entlang geteilter Anliegen wie z.b. dem Wohl der Kinder bzw. Jugendlichen aufzubauen. Auch eine gute Elternarbeit braucht allerdings Ressourcen – sie funktioniert am besten über langfristig aufgebauten Austausch und Vertrauen, bevor alarmistische Mediendebatten zu Misstrauenseskalationen führen.

Ressourcen für ein Engagement in vielfaltsorientierter Pädagogik

Jenseits der Problematik pädagogischer Arbeitsbedingungen widmen wir uns abschließend den dennoch vorhandenen Ressourcen für ein Engagement im Bereich vielfalts- und gleichstellungsorientierte geschlechterreflektierte Pädagogik.

Selbstbewusste Kommunikation fachlicher Standards

Unter anderem aus der Erkenntnis, dass wir in Folge der (realen oder antizipierten) Angriffe selbst immer vorsichtiger und defensiver mit den eigenen Inhalten umgehen, ist uns ein Plädoyer für ein offensives Eintreten für die eigenen Inhalte und deren fachliche Begründung wichtig.

Die pädagogische Verantwortung, sich gegen Diskriminierung und für respektvolle Selbstbestimmung u.a. im Feld Geschlecht und sexuelle Orientierung einzusetzen, ist nicht optional und verhandelbar, sondern klar in gesetzlichen und staatlichen Vorgaben auf verschiedenen Ebenen vorgesehen und somit Teil des staatlichen Auftrags von Pädagog_innen. In vielen Schulgesetzen, aber auch anderen Regelwerken, wie der UN-Kinderrechtskonvention oder den Bildungsplänen verschiedener Bundesländer finden sich bindende Aussagen zu Antidiskriminierung, Gleichstellung und Vielfalt. Dies sollte in der externen wie der internen Kommunikation deutlich gemacht werden.

Darüber hinaus ist es wichtig, sich in Teams und fachlichen Netzwerken über die Begründung und fachlichen Standards der eigenen Arbeit zu verständigen. Die Angriffe können Anlass geben, diese zu überprüfen und bei Bedarf zu aktualisieren. Besonders relevant ist u.E., die Gewinne einer solchen Arbeit für alle an pädagogischer Arbeit Beteiligten klar herauszustellen, um Vorwürfen der Privilegierung von Minderheiten klar entgegenzutreten. Es ist außerdem sinnvoll, diese Begründungen und Qualitätskriterien in einem Leitbild zu formulieren und nach außen zu kommunizieren. Das bietet Rückendeckung bei Angriffen und die Selbstverständigung auch über offene Fragen hilft dabei, die eigenen Inhalte und Positionen klar und überzeugt zu vertreten und Infragestellungen mit mehr Souveränität zu begegnen.[20] Hier haben sich auch intersektionale Bündnisse bewährt, die Rückendeckung bieten und Gegenstrategien aus unterschiedlichen Richtungen organisieren können. In der Teamarbeit, aber v.a. auch für allein arbeitende Pädagog_innen, sind darüber hinaus der kollegiale Austausch und die Stärkung durch Kolleg_innen unerlässlich, um sich über Ängste und Strategien auszutauschen und zu vernetzen.

Missverständnisse und Praxisrelevanz

Im Rahmen von Fortbildungsveranstaltungen hat es sich unserer Erfahrung nach bewährt, mögliche Missverständnisse vorherzusehen und diese präventiv anzusprechen. Wir gehen davon aus, dass das auch in der Arbeit mit Eltern sinnvoll sein kann. Es scheint offenbar in der Rezeption ein Unterschied zu bestehen, ob wir inhaltlich einfach sagen, wie wir Dinge sehen oder ob

---

[20] Erfahrungen aus einer im Rahmen unseres Projekts angebotenen Kollegialen-Beratungs-Gruppe finden sich unter http://www.interventionen.dissens.de/materialien/good-practice-beispiele.html (Abruf: 22.1.2018).

wir das häufige Missverständnis direkt aufgreifen und darauf antworten. So paradox es klingen mag: Letzteres wird in unserer Erfahrung oft besser und nachhaltiger gehört, als wenn dieselben Inhalte ohne direkte Ansprache des Missverständnisses vermittelt werden.[21] Wenn die aktuellen Angriffe dazu genutzt werden können, häufige Fehldarstellungen und Missverständnisse herauszuarbeiten, die eigenen Vermittlungsstrategien entsprechend weiterzuentwickeln und die öffentliche Aufmerksamkeit zur verbesserten Vermittlung unserer Inhalte zu nutzen, dann haben sie durchaus produktive Effekte. Das ändert allerdings nichts daran, dass die Angriffe i.d.R. inakzeptable Ziele und Strategien verfolgen.

Des Weiteren ist eine praxisnahe Vermittlung theoretischer Inhalte durch Beispiele oder Übungen zum Transfer in den eigenen Arbeitskontext eine Chance, ihre Relevanz deutlich zu machen.[22] Widerstände werden abgebaut, wenn vermittelt wird, was der ganz praktische Gewinn aus den entsprechenden Ansätzen ist und welche Probleme auftreten können, wenn entgegengesetzt gehandelt wird. Hier kann es auch zielführend sein, an den gemeinsamen Zielen, Interessen und Werten der Pädagog_innen anzuknüpfen (z.B. Gleichberechtigung, Gerechtigkeit, Selbstbestimmung, Angstfreiheit).

Subjektive Funktionalität

Es hat sich für die Analyse und Praxis als sehr gewinnbringend erwiesen, subjektive Funktionalitäten von Widerständen, Abwehr oder verkürzten Wahrnehmungen herauszuarbeiten,[23]

---

[21] Vgl. vertiefend Debus 2012b.
[22] Beispielhafte Methoden aus unserem Projekt finden sich unter http://www.interventionen.dissens.de/materialien/methoden.html (Abruf: 22.1.2018).
[23] Vgl. vertiefend zum Funktionalitäten-Ansatz Debus 2014a, zu geschlechtsbezogenen Funktionalitäten extrem rechter Einstellungen und Praxen Debus /

einige haben wir bereits oben beschrieben: so z.b. der Umgang mit pädagogischer Überforderung oder die Sorge, das eigene Geschlecht bzw. die eigene Lebensweise verboten zu bekommen. Darüber hinaus können Widerstände auch aus neoliberalen, postfeministischen Nahelegungen begründet sein, die postulieren, dass Gleichstellung längst erreicht sei. Diese Sichtweise ist mit alten und auch neuen Negativbildern von Feministinnen verbunden. Die Bilder beinhalten u.a. mangelnde Attraktivität, mangelnde Zurechnungsfähigkeit und mangelnde Leistungsfähigkeit. Dies kann (oft jüngere) Frauen unter Druck setzen, sich von solchen Bildern und damit von feministischen Positionen abzugrenzen.[24] Es kann sinnvoll sein, diese und andere Abwehrmechanismen thesenartig (ohne Personenbezug) zu beschreiben und so besprech- und reflektierbar zu machen und sie weg von den einzelnen Personen zum Gegenstand des gemeinsamen Lernprozesses zu machen.

Zum anderen können Anlässe für Widerstand, wie beispielsweise Überforderung, der Druck, sich in der Gruppe als souverän und kompetent zu beweisen etc., antizipiert und ihnen vorbeugend entgegengearbeitet werden. Dafür muss eine vertrauensvolle und fehlerfreundliche Lernatmosphäre geschaffen werden, in der es Raum für Fragen und Unsicherheiten gibt, ohne persönlich bloßgestellt oder diffamiert zu werden. Dies sollte nicht im Widerspruch zur allseitigen Verantwortung um eine nicht-diskriminierende Lernumgebung stehen – im Sinne einer kritisch-solidarischen Haltung sind klare Positionierungen der (Fort-)Bildner_innen und die Kritik an z.B. diskriminierenden Äußerungen sinnvoll und notwendig. Es hilft dabei, zwischen Intention und Effekt zu unterscheiden, also den Teilneh-

---

Laumann 2014 sowie zu Funktionalitäten sexistischer und antifeministischer Einstellungen und Handlungen Debus 2015.

[24] Weitere Thesen und Diskussionen zur Funktionalität antifeministischer und sexistischer Argumentationen und Verhaltensweisen finden sich in Debus 2015, vertiefend zum Thema Postfeminismus vgl. McRobbie 2010 sowie Debus 2012c.

menden grundsätzlich wohlmeinende Intentionen zu unterstellen und gemeinsam daran zu arbeiten, dass das eigene Verhalten diesen Intentionen entspricht.

Weiterentwicklung statt Immunisierung

Aus einigen der Angriffe und Widerstände lassen sich wichtige und interessante Fragen und Auseinandersetzungsthemen für die Selbstverständigung und Weiterentwicklung sowie verbesserte Außenkommunikation in Bezug auf vielfalts- und gleichstellungsorientierte geschlechterreflektierte Pädagogik ziehen. Jedoch werden diese in den antifeministischen und vielfaltsfeindlichen Debatten häufig verdreht bzw. die Ursachen falsch analysiert und instrumentell zur Bekämpfung von Gleichstellungs- und Vielfaltspolitik instrumentalisiert. Es lohnt sich, sich nicht in die Defensive drängen zu lassen und/oder gegenüber wichtigen Anregungen zu immunisieren, sondern die offenen Fragen – ggf. auch mit zeitlicher Verzögerung – zur selbstbewussten, fehlerfreundlichen und solidarisch-kritischen Weiterentwicklung zu nutzen.

Die angegriffenen Methoden aus dem Buch »Sexualpädagogik der Vielfalt« (Tuider u.a. 2012) werfen auch aus unserer Sicht Fragen in Bezug auf die sexualpädagogische Thematisierung von Sexarbeit (Methode: »Der neue Puff für alle«), den Umgang mit Begriffen, die historisch mit sexualisierter Gewalt verknüpft sind (»Gangbang«) sowie Altersempfehlungen in Methodenhandreichungen für Fachkräfte mit unter Umständen begrenzter Methodenkompetenz auf. Diese diskreditieren allerdings nicht das Gesamtwerk oder gar seine Autor_innen, sondern bieten einen sinnvollen Anlass für solidarisch-kritischen kollegialen Austausch und Weiterentwicklung. Auch die in der Debatte aufgeworfene Frage der möglichen Überforderung und notwendigen Grenzachtung der Teilnehmenden sexualpädago-

gischer Angebote verweist auf ein wichtiges Thema sexualpä-
dagogischer Auseinandersetzungen. Der Umgang mit den oft
sehr verschiedenen Bedürfnissen der Adressierten erfordert –
wie in allen pädagogischen Feldern – oft einen Balanceakt und
es macht Sinn, die Fragen mit denen, denen es wirklich um das
Wohl ihrer Kinder geht, offen zu diskutieren. Daraus lässt sich
gemeinsam viel lernen. Bei aller Auseinandersetzungsbereitschaft ist den oben beschriebenen Angriffen, die sexuelle Bildung entweder völlig den Eltern vorbehalten, auf rein biologische Vorgänge reduzieren oder das Thema Vielfalt darin ab-
wehren wollen, dennoch von einem klaren fachlichen Standpunkt entgegenzutreten.

Auch der »Umerziehungs«-Vorwurf verweist auf die sinnvolle
und notwendige Auseinandersetzung zum Umgang mit Normativität in der Pädagogik. Hier scheint uns unter anderem die
derzeit v.a. in der schulischen Pädagogik gängige Praxis problematisch, Lernziele zu formulieren, welche Kompetenzen,
Einstellungen und Denkweisen die Teilnehmenden im Rahmen
einer Methode oder pädagogischen Einheit erwerben sollen.
Eine Alternative kann darin bestehen, den Teilnehmenden
Auseinandersetzungs- und Erfahrungsräume zu bieten, ihnen
neues Wissen bzw. neue Impulse zugänglich zu machen und die
eigenen Sichtweisen als Reibungsfläche anzubieten. Das Ge-
spräch beschäftigt sich dann eher mit verschiedenen Möglichkeiten und deren Vor- und Nachteilen, anstatt alte oder neue
Normativitäten in Bezug auf Lebensstile aufzubauen. Dabei
sollten Pädagog_innen allerdings klar gegen Gewalt und Diskriminierung eintreten, da ansonsten der Lern- und
Auseinandersetzungsraum nicht von allen angstfrei genutzt
werden kann und der pädagogische Auftrag darüber hinaus
einen Einsatz gegen Diskriminierung und Gewalt unabdingbar
macht.

Es ist also sinnvoll, auf die derzeitigen Angriffe nicht bloß mit einer Abwehr- und Verteidigungshaltung zu reagieren, sondern die wirklich interessanten Fragen herauszulösen und in anderer Form aufzugreifen. Zum einen können wir selbst viel daraus lernen und Impulse für die Weiterentwicklung unserer Ansätze ziehen. Zum anderen sind es oft genau diese Fragen, an denen Menschen von den Angriffen überzeugbar sind, obwohl sie nicht entschlossen gegen Gleichstellung und Vielfalt eingestellt sind. Die Angriffe gewinnen an diesen Fragen Überzeugungskraft und genau hier sind Diskursinterventionen sinnvoll, die ehrliche, nicht-diskriminierende Sorgen ernstnehmen, aber andere Antworten darauf geben und neue Fragen daraus entwickeln. Das betrifft sowohl pädagogische Öffentlichkeitsarbeit als auch die direkte (fort-)bildnerische Arbeit mit den Adressat_innen.

Streiten für bessere Arbeitsbedingungen

Allerdings erfordert eine solche produktive Wendung der Angriffe einiges an Ressourcen (Reflexions- und Diskussionszeit, Zeit Bündnisse aufzubauen, Mittel für Öffentlichkeitsarbeit etc.). Die derzeitigen Arbeitsbedingungen im (fort-)bildnerischen Bereich sind hier ein ernsthaftes Hindernis. Die Antwort darauf kann nicht nur individualisiertes Bemühen um Selbstoptimierung unter (selbst-)ausbeuterischen Bedingungen sein. Die staatlichen Stellen, die sich Antidiskriminierung, Gleichstellung und Vielfalt auf die Fahnen bzw. in die Gesetze schreiben, sind auch mit der Aufforderung zu adressieren, Arbeitsbedingungen zu schaffen, die eine entsprechende pädagogische Arbeit generell und auch unter den Bedingungen der derzeitigen Angriffe möglich machen.

Abschluss

Zusammenfassend erscheint es uns sinnvoll, die derzeitigen antifeministischen Angriffe und die daraus folgenden Sorgen, vor allem aber auch die Empörung darüber zu nutzen, neue solidarische Bündnisse sowohl innerhalb der Themenfelder geschlechtsbezogene Gleichstellung, geschlechtliche und sexuelle Vielfalt sowie Sexualpädagogik als auch mit Akteur_innen anderer Felder der Antidiskriminierungsarbeit aufzubauen. Ein Ausspielen unterschiedlicher Ungleichheitsverhältnisse ist dabei unbedingt zu vermeiden.

Die Angriffe können produktiv genutzt werden. Dazu gehören die Schärfung der eigenen Positionen und bessere Vermittlung nach außen u.a. zu Grenzachtung in heterogenen Gruppen in der Sexualpädagogik, zu Schwierigkeiten im Schulsystem, die sich u.a., aber eben nicht nur, in Problemen von Jungen äußern, sowie zum Umgang mit Normativität in der Pädagogik.

In diesem Sinne können wir die aktuellen Auseinandersetzungen nutzen, unsere fachliche und Vernetzungsbasis auszubauen, wenn es uns gelingt, weder in die Falle defensiven vorauseilenden Gehorsams zu tappen, noch in der Abwehr stecken zu bleiben und uns gegen die Thematisierung real bestehender Spannungsverhältnisse und Balanceakte zu immunisieren. Dies gilt umso mehr, wenn wir nicht bei der Beschäftigung mit den Angriffen stecken bleiben, sondern sie vor allem als Anlass nutzen, selbstbewusst weiter an den Themen dran zu bleiben und fachliche Standards wie auch mögliche Gewinne offensiv zu vertreten:

> »Eine angemessene politische Antwort auf die Provokationen eines fundamentalistischen Anti-Genderismus besteht daher vielleicht schlicht und einfach darin, sich weiter mit guten Gründen öffentlich für die Attraktivität des eigenen emanzipatorischen Projektes einzusetzen.« (Herrmann 2015, 90)

Literatur

Adorno, Theodor W. (1951): Minima Moralia. Reflexionen aus dem beschädigten Leben, Frankfurt/M.: Suhrkamp.

Billmann, Lucie (Hg.) (2015): Unheilige Allianz. Das Geflecht von christlichen Fundamentalisten und politisch Rechten am Beispiel des Widerstands gegen den Bildungsplan in Baden-Württemberg. Materialien Nr. 8, Berlin: Rosa-Luxemburg-Stiftung.

Debus, Katharina (2012):
a) Schule – Leistung – Geschlecht, 137-148.
b) Vom Gefühl, das eigene Geschlecht verboten zu bekommen. Häufige Missverständnisse in der Erwachsenenbildung zu Geschlecht, 175-188.
c) Und die Mädchen? Modernisierungen von Weiblichkeitsanforderungen, 103-124. In: Dissens e.V. & dies. / Könnecke, Bernard / Schwerma, Klaus / Stuve, Olaf (2012) (Hg.): Geschlechterreflektierte Arbeit mit Jungen an der Schule. Texte zu Pädagogik und Fortbildung rund um Jungen, Geschlecht und Bildung, Berlin: Dissens e.V.
Bestellung & Download: http://jus.dissens.de/index.php?id=218 (Abruf: 12.01.2016).

Debus, Katharina (2014):
a) Rechtsextremismus als Suche nach Handlungsfähigkeit? Subjektive Funktionalität von Verhalten als Ausgangspunkt von Rechtsextremismusprävention, 57-95.
b) Von versagenden Jungen und leistungsstarken Mädchen. Geschlechterbilder als Ausgangspunkt von Pädagogik, 105–149.
In: dies. / Laumann, Vivien (Hg.): Rechtsextremismus, Prävention und Geschlecht. Vielfalt_Macht_Pädagogik, Düsseldorf: Hans-Böckler-Stiftung.
Bestellung & Download: https://www.boeckler.de/6299.htm?produkt=HBS-005817&chunk=1 (Abruf 16.01.2018).

Debus, Katharina / Laumann, Vivien (2014): Von der Suche nach männlicher Souveränität und natürlicher Weiblichkeit. Geschlechterreflektierte Rechtsextremismusprävention unter den

Vorzeichen von Geschlechteranforderungen und subjektiver Funktionalität, 146-170. in: Debus, Katharina / Laumann, Vivien (Hg.): Rechtsextremismus, Prävention und Geschlecht. Vielfalt_Macht_Pädagogik, Düsseldorf: Hans-Böckler-Stiftung, Bestellung & Download: https://www.boeckler.de/6299.htm?pro dukt=HBS-005817&chunk=1 (Abruf 16.01.2018).

Debus, Katharina (2015): Du Mädchen! Funktionalität von Sexismus, Post- und Antifeminismus als Ausgangspunkt pädagogischen Handelns, in: Hechler, Andreas / Stuve, Olaf (Hg.): Geschlechterreflektierte Pädagogik gegen Rechts, Opladen / Berlin / Toronto: Barbara Budrich, 79-99.

Debus, Katharina (2017): Nicht-diskriminierende Sexualpädagogik, in: Scheer, Albert / El Mafaalani, Aladin / Gökcen Yüksel, Emine (Hg.): Handbuch Diskriminierung, Wiesbaden: Springer VS, 811-834.

Enders, Ursula (2012) (Hg.): Grenzen achten. Schutz vor sexuellem Missbrauch in Institutionen. Ein Handbuch für die Praxis, Köln: Kiepenheuer & Witsch.

Hartmann, Jutta (2002): Vielfältige Lebensweisen. Dynamisierungen in der Triade Geschlecht – Sexualität – Lebensform. Kritisch-dekonstruktive Perspektiven für die Pädagogik, Wiesbaden: VS.

Helbig, Marcel (2015): Brauchen Mädchen und Jungen gleichgeschlechtliche Lehrkräfte? Eine Überblicksstudie zum Zusammenhang des Lehrergeschlechts mit dem Bildungserfolg von Jungen und Mädchen, in: Enzyklopädie Erziehungswissenschaft Online, www.beltz.de (Abruf: 19.01.2015).

Herrmann, Steffen K. (2015): Politischer Antagonismus und sprachliche Gewalt, in: Hark, Sabine / Villa, Paula-Irene (Hg.): Anti-Genderismus. Sexualität und Geschlecht als Schauplätze aktueller politischer Auseinandersetzungen, Bielefeld: transcript, 79-92.

Kugler, Thomas / Nordt, Stephanie (2009): Sexuelle Identität als Thema der Menschenrechtsbildung. Lebensformenpädagogik – Ein praktischer Zugang zum diskriminierungsfreien Zugang zu

Bildung, in: Lohrenscheit, Claudia (Hg.): Sexuelle Selbstbestimmung als Menschenrecht, Baden-Baden: Nomos, 197–216.

McRobbie, Angela (2010): Top Girls. Feminismus und der Aufstieg des neoliberalen Geschlechterregimes, Wiesbaden: VS.

Nordt, Stephanie / Kugler, Thomas (2012): Gefühlsverwirrung queer gelesen: Zur psychosozialen Situation von LGBT-Jugendlichen, in: Sozialpädagogisches Fortbildungsinstitut Berlin-Brandenburg und Bildungsinitiative Queer Format (Hg.): Geschlechtliche und sexuelle Vielfalt in der pädagogischen Arbeit mit Kindern und Jugendlichen. Handreichung für Fachkräfte der Kinder- und Jugendhilfe, 33-47. Bestellung: info@queerformat.de.

Nordt, Stephanie / Kugler, Thomas (2015): Vielfalt stärken und schützen! Sexuelle und geschlechtliche und Vielfalt als relevante Themen der Kinder-und Jugendhilfe, in: AWO Bundesverband e.V. (Hg.): Vielfalt statt Einfalt. Sexuelle und geschlechtliche Vielfalt als Themen für die Arbeit mit Kindern und Jugendlichen. Dokumentation des Symposiums vom 08.06.2015, 19–38. www.awo-informationsservice.org/uploads/media/Vielfalt_statt_Einfalt_Dokumentation_Symposium_08.06.2015.pdf (Abruf: 11.04.2016).

Roßhart, Julia (2007): Bedrohungsszenario Gender. Gesellschaftliches Geschlechterwissen und Antifeminismus in der Medienberichterstattung zum Gender Mainstreaming. Magisterarbeit. https://publishup.uni-potsdam.de/opus4-ubp/files/1673/rosshart_magister.pdf (Abruf: 06.01.2015).

Teidelbaum, Lucius (2015): »Kein Bildungsplan unter der Ideologie des Regenbogens«. Homo- und transphobe Straßenproteste gegen den Entwurf eines neuen Bildungsplans in Stuttgart, in: Billmann, Lucie (Hg.): Unheilige Allianz. Das Geflecht von christlichen Fundamentalisten und politisch Rechten am Beispiel des Widerstands gegen den Bildungsplan in Baden-Württemberg, Materialien Nr. 8, Berlin: Rosa-Luxemburg-Stiftung.

Tuider, Elisabeth / Müller, Mario / Timmermanns, Stefan / Bruns-Bachmann, Petra / Koppermann, Carola (Hg.) (2012): Sexualpädagogik der Vielfalt. Praxismethoden zu Identitäten, Beziehungen, Körper und Prävention für Schule und Jugendarbeit, Weinheim: Beltz Juventa.

Tuider, Elisabeth / Timmermanns, Stefan (2015): Aufruhr um die sexuelle Vielfalt, in: sozialmagazin 40: Sexualpädagogik, 38–47.

Wissenschaftlicher Beirat des Instituts für Sexualpädagogik (isp) (2015): Kampagnen gegen emanzipatorische sexuelle Bildung. Stellungnahme, www.isp-dort-mund.de/downloadfiles/Stellungnahme%20des%20Wissenschaftl ichen%20Beirats%20des%20isp _1449823412.pdf (Abruf: 13.01.2016).

Clemens Fobian, Rainer Ulfers

Präventionsarbeit und Beratung männlicher Betroffener sexueller Gewalt unter den Eindrücken anti- feministischer Diskurse

Antifeministische Diskurse haben Auswirkung auf die pädago-gische und therapeutische Arbeit mit Jungen. Gerade der homo-phobe Charakter der antifeministischen Bewegung kann es Jun-gen erschweren, ihre erlebte sexuelle Gewalt zu verarbeiten und sich Hilfe zu suchen.

Dieses möchten wir exemplarisch an Hand unserer Erfah-rung in der Arbeit mit Jungen darlegen, die sexuelle Gewalt erfahren haben. Wir arbeiten beide bei *basis-praevent* in Ham-burg, einer Fachberatungsstelle bei sexueller Gewalt an Jungen. In diese kommen Jungen und Angehörige bei dem Verdacht oder der Gewissheit erlebter sexueller Gewalt. Ferner bieten wir Präventionsveranstaltungen an. *basis-praevent* ist damit eine von wenigen Fachberatungsstellen, die ausschließlich mit Jun-gen arbeiten. In den letzten Jahren haben wir hierbei vielfältige Erfahrungen sammeln müssen, die auf ein Erstarken antifemi-nistischer Bewegungen zurückgehen.

Zentral für unsere Arbeit ist der Blick auf Geschlechterviel-falt. Darunter fassen wir eine Änderung des Denkens weg von binären Geschlechterkategorien. Wir verstehen Geschlecht als ein soziales Konstrukt; dieses Konstrukt hatte lange Zeit die Kategorien »männlich/weiblich« gesellschaftlich vorgegeben und damit gesellschaftliche Bedingungen und Denken bestimmt. Diese als Konstrukt zu betrachten ermöglicht es uns, Geschlechterrollen jenseits der Kategorie »männlich/weiblich« sichtbar zu machen.

Hier kann sich die Frage aufdrängen, wie es zusammenpasst, dass auf der einen Seite Geschlechtervielfalt und eine Auflösung der binären Geschlechterkategorien von uns gefordert wird, auf der anderen Seite sich die Beratungsstelle explizit an männliche Betroffene wendet. Für uns besteht hier kein Widerspruch. Im Gegenteil: gerade die gesellschaftlichen Bedingungen, unter denen Kinder aufwachsen, verlangen von ihnen sehr früh eine klare Einordnung in die Kategorien »männlich/weiblich«. Diese frühzeitige Prägung hat Auswirkungen auf bestimmtes Rollenverhalten, verlangt von ihnen in der Folge auch ab, diesen Rollenbildern und Rollenerwartungen zu entsprechen.

In der Beratung ist es deswegen nützlich und zielführend, sich explizit mit den männlichen Rollenerwartungen und Rollenzuschreibungen auseinanderzusetzen. Darum schaffen wir einen Raum, in dem sich Jungen öffnen können. Aufgrund der Sozialisation und der Rollenerwartungen werden wir im Folgenden auch weiterhin von Jungen und Männern sprechen, wohl wissend, dass es viele Menschen gibt, die sich nicht in den Kategorien »männlich/weiblich« wiederfinden.

Sexuelle Gewalt im Kontext patriarchaler Strukturen

Sexuelle Gewalt an Kindern und Jugendlichen findet zumeist in der Familie und im sozialen Nahbereich statt. Das bedeutet, dass sich Täterinnen/Täter[1] und Opfer in den allermeisten Fällen vorher kannten. Die Täter_innen stehen meist in einem engen Vertrauensverhältnis zu den betroffenen Kindern. In unterschiedlichen nationalen und internationalen Dunkelfeldstudien geht man heute davon aus, dass jedes 4.-5. Mädchen und jeder 9.-12. Junge in Kindheit und Jugend sexuelle Gewalt erlebt hat.

> »Lässt man einmal die Studien mit extrem hohen oder niedrigen Resultaten außen vor, pendeln die Ergebnisse bei Jungen in den überwiegenden Untersuchungen zwischen 5 und 10%. Bei Mädchen schwanken die Zahlen im Übrigen zwischen 15 und 20%.« (Bange 2007, 32).

Dabei stellt sich immer wieder die Frage, was die Ursache für sexuelle Gewalt ist. Die Erklärungsmodelle unterscheiden sich immer stark von der jeweiligen Fachdisziplin, in der sie entwickelt werden. Die meisten Theorien basieren auf einer individuellen Sicht auf den/die einzelne Täter_in. Im Unterschied dazu haben gerade viele Fachberatungsstellen zu sexueller Gewalt immer die gesellschaftliche Dimension in ihre Erklärungsmuster mit einbezogen und eine der Ursachen in patriarchalen Gesellschaftsstrukturen gesehen.

Die Benennung von sexueller Gewalt und damit einhergehend die Etablierung erster Fachberatungsstellen geschah Ende der 1970er Jahre durch die Frauenbewegung. Zu der Zeit wurde Gewalt gegen Frauen und sexuelle Gewalt an Mädchen als Ausdruck einer patriarchalen Gesellschaft gesehen. Das Ursa-

---

[1] Wir sprechen auch bei Täter_innen ganz bewusst von verschiedenen Geschlechtern. Je nach Studie werden 80-90% der Täter_innen als Männer ausgegeben, das bedeutet auch 10-20% Frauen. Wohlwissend, dass damit Täter_innen zumeist männlich sind, ist es für Betroffene wichtig immer auch zu lesen, dass Frauen zu Täterinnen werden können. Denn oftmals ist es hier besonders schwer Hilfe und Glaubwürdigkeit zu erhalten. Eine Studie, die Täter_innen nach ihrer eigenen Geschlechterzuordnung gefragt hat, ist uns unbekannt, so dass es nur zwei Geschlechter in der Täterforschung gibt: Männlich und Weiblich.

chenverständnis aus feministischer Sicht geht von folgenden grundlegenden Erkenntnissen aus:

»Sexuelle Gewalt ist keine *Ausnahmeerscheinung*, sondern ein häufiger und regelhafter Bestandteil des Alltags von Frauen, Mädchen und Jungen, so dass ihr Vorkommen durch individuelle Faktoren nicht zu erklären ist (gesellschaftliche Dimension). Sexuelle Gewalt ist ein *geschlechtsspezifisches* Phänomen. Die Täter sind fast ausschließlich männlich, die Opfer überwiegend weiblich. Innerhalb der Dynamik sexueller Gewalt spielt der Faktor *Macht* als Ziel oder Mittel zur Durchsetzung sexueller Gewalttaten eine entscheidende Rolle. Sexuelle Gewalt ist ein *Herrschaftsinstrument*, welches von Männern gezielt eingesetzt wird, um ihre Vormachtstellung zu festigen und Frauen in die Schranken zu weisen.« (Brockhaus 2002, 110; Hervorhebungen im Original)

Die Autorinnen Brockhaus und Kolshorn stellen dabei folgende These auf:

»Sexuelle Gewalt ist im Wesentlichen durch eine patriarchale Kultur bedingt und trägt gleichzeitig dazu bei, diese aufrecht zu erhalten.« (Brockhaus 2002, 110).

Wie passt dieses Erklärungsmodell mit der Tatsache zusammen, dass auch, wie gerade in den vergangenen Jahren deutlich wurde, Jungen stark von sexueller Gewalt betroffen sind?

Wenn wir die Theorie von Raewyn Connell zu hegemonialen Männlichkeiten zugrunde legen, wird deutlich, dass dieses auch Unterdrückungsverhältnisse von Männern gegenüber Männern/Jungen beinhaltet. Das Männerforschungskolloquium Tübingen hat es treffend zusammengefasst:

»Hegemoniale Männlichkeit meint eine, in sozialen Praktiken konstruierte und sich verändernde, *dominante* Form von Männlichkeit, die sich über die Abwertung und Unterordnung sowohl von Frauen, als auch von ‚untergeordneten Männlichkeiten‘ konstituiert. Hegemonie bedeutet soziale Überlegenheit (ascendancy)

– eine Überlegenheit, die nicht allein auf psychische Gewalt (oder ihrer Androhung) beruht, sondern ein hohes Maß an Einverständnis und Konsensbildung mit den Beherrschten erfordert. Eine Überlegenheit also, die eingebettet ist in weitreichende kulturelle Prozesse.« (Männerforschungskolloquium Tübingen 1995, 50; Hervorhebung: im Original).

Die Fachberatungsstelle *Tauwetter*, Anlaufstelle für Männer*, die in Kindheit oder Jugend sexualisierter Gewalt ausgesetzt waren, schrieben 1996 in ihrem Selbstverständnis,

> »dass sexueller Missbrauch ursächlich nicht aus irgendeiner gestörten Familiensituation herrührt. Es ist vielmehr Ausdruck einer patriarchalen Gesellschaft, in der Schwächere der Verfügungsgewalt der jeweils HERRschenden unterworfen sind. Viele, vor allem Männer, ziehen daraus ihr Selbstwertgefühl. Sexuelle Gewalt auch gegen Jungen lässt sich also perspektivisch nur durch Veränderung der gesellschaftlichen Verhältnisse verhindern.« (Tauwetter e.V. 2015, 11)

Thomas Schlingmann von der Fachberatungsstelle *Tauwetter e.V.* erklärt sehr eindringlich, dass sexuelle Gewalten von Männern gegen Jungen im Unterschied zu anderen Formen von Gewalt unter Männern/Jungen für die Betroffenen einen Ausschluss aus der Männlichkeit bedeuten. Er erklärt dies mit zwei Funktionen von Gewalt:

> »Die Klärung der Hierarchie in der Gemeinschaft und damit die Bestätigung der Teilnahme des Einzelnen an der Gemeinschaft – eine gemeinschaftsbildende Bedeutung. Die zweite Bedeutung, die Gewalt haben kann, ist der Ausschluss aus der Gemeinschaft, die Ausgrenzung.« (Schlingmann 2009, 124)

Sexuelle Gewalt gehört somit zur ausgrenzenden Gewalt.

> »Sexuelle Gewalt beinhaltet, dass das Opfer als Mensch mit eigenen Wünschen, Bedürfnissen und Zielen ignoriert wird. Das ‚Mensch sein‘, die Subjekthaftigkeit wird negiert. Das Opfer

wird auf ein Objekt reduziert, mit dem der Täter machen kann, was er will.« (Schlingmann 2009, 124)

Auswirkungen von homophoben Tendenzen auf die Beratungsarbeit

Gerade bei Jungen und Männern, die sexuelle Gewalt erlebt haben, sind traditionell vorherrschende Rollenbilder und Normen symptomverstärkend. Neben den Belastungen und möglichen Traumatisierungen, die sie durch das Erleben von sexueller Gewalt erlitten haben, kommen massive Verunsicherungen hinzu. So beschreiben viele betroffene Jungen und Männer Gefühle wie Ohnmacht, Vereinsamung, Angst vor Homosexualität bzw. Irritationen in ihrer Geschlechtsidentität sowie Schuld- und Schamgefühle. Diese Gefühle werden unseres Erachtens zum Teil aus den vorherrschenden Geschlechterbildern gespeist bzw. durch diese verstärkt.

Ohnmacht entsteht meistens durch die Übermacht des Täters/der Täterin und der Tatsache, dass der betroffene Junge nicht erkennen konnte, welche Absicht der Täter/die Täterin verfolgte. Aufgrund der Strategie der Täter_innen, Vertrauensverhältnisse herzustellen, sind die Jungen oftmals von dem sexuellen Übergriff überwältigt, da sie damit nicht gerechnet haben (Vgl. Fobian 2016).

> »Dieses Gefühl der Ohnmacht, der Unterlegenheit und des Verlusts von Kontrolle läuft konträr zum Idealbild eines Jungen und wird von den meisten Jungen und Männern als sehr tiefgreifend empfunden.« (Bange 2007, 28f)

Innerpsychische Reaktionen auf traumatisierende Situationen können diese Ohnmachtsgefühle darüber hinaus verstärken.

Auch taucht in der Beratung immer wieder eine große Verunsicherung gegenüber dem Thema Homosexualität auf; entweder befürchten die Jungen, dass sie schwul sein könnten, weil doch ,ein Mann etwas mit ihnen gemacht hat' oder sie hatten Angst, jemandem von der Gewalterfahrung zu erzählen aus der Unsicherheit heraus, vielleicht als schwul angesehen zu werden. Hieran wird deutlich, wie wirkmächtig bestimmte gesellschaftliche Bilder über gleichgeschlechtliche Lebensweisen sind und wie viel Unwissenheit bzgl. unterschiedlicher sexueller Orientierungen vorherrscht.

»Homosexualität ist die am stärksten ausgegrenzte Form von Männlichkeit. Homophobie gehört zum Kernbestand der hegemonialen Männlichkeit in der bürgerlichen Gesellschaft. In soziologischer Perspektive ist Homophobie nicht als psychische Abwehrreaktion verdrängter Impulse zu verstehen, sondern als Verteidigung der zentralen Institution der hegemonialen Männlichkeit. Wie keine andere Form des Mannseins wird Homosexualität als Angriff auf die Norm der Heterosexualität wahrgenommen, mithin auf die Basis der Geschlechterordnung.« (Meuser 2010, 104)

Das Thema Homosexualität ist immer noch mit massiven Ängsten und Vorurteilen behaftet und wird gerade unter Gleichaltrigen häufig zur Abwertung und Ausgrenzung genutzt. ,Schwule Sau' sind nach wie vor häufig gebrauchte Schimpfwörter in Schulen.

Schon in der Präventionsarbeit mit Schülern im Alter von 12 bis 14 Jahren stellen wir oft fest, dass es zwar eine grundsätzlich offenere Einstellung zu Homosexualität gibt; bei der Nachfrage, wie sie es finden, wenn ihr Bruder oder Mitschüler schwul ist, wird dann manchmal deutlich, dass Homosexualität als doch nicht gleichwertig zu Heterosexualität gesehen wird bzw. dass es starke Berührungsängste gibt.

Viele von sexueller Gewalt betroffene Jungen berichten von tiefer Scham, die sie gefühlt und die sie noch massiver in der Bewältigung beeinflusst haben. Bange verdeutlicht sehr anschaulich, wie das vorherrschende Bild von Männlichkeit mit den Schamgefühlen Betroffener korreliert:

Forderungen an Jungen	Schaminhalte
Ein Junge lässt sich nicht missbrauchen.	Ich bin gegen meinen Willen zu sexuellen Handlungen gezwungen worden, deshalb bin ich kein »richtiger« Junge
Ein Junge wehrt sich gegen jeden und alles, sonst ist er kein »richtiger« Junge.	Ich habe mich nicht gewehrt, sonst wäre ich nicht missbraucht worden.
Ein Junge hat alles unter Kontrolle.	Ich habe die Kontrolle verloren. Ich habe sogar Erregung verspürt.
Ein Junge ist ein strahlender Held.	Ich bin dreckig, schmutzig, zu klein, homosexuell usw., denn sonst wäre es mir nicht passiert.
Ein Junge weint nicht.	Ich habe geweint, weil es so wehgetan hat.
Ein Junge hat keine Angst.	Ich habe Angst, dass es wieder passiert. Ich habe Angst, dass mir keiner glaubt…
Ein Junge ist unabhängig.	Ich bekomme mein Leben nicht in den Griff, deshalb bin ich ein Verlierer…

»Schaminhalte sexuell missbrauchter Jungen und Männer« (Bange 2007, 51)

Gerade homosexuelle Männer berichten, dass sie aufgrund der Erfahrung sexueller Gewalt (durch mehrheitlich männliche Täter) lange Zeit mit ihrer eigenen Orientierung gehadert haben bzw. überhaupt nicht einordnen konnten, ob die sexuelle Orientierung etwas mit dem Erlebten zu tun hat. Die Scham über das Erlebte ist bei den meisten Betroffenen sehr groß, hier kommt dann noch die Scham der eigenen Homosexualität dazu, die nicht vorhanden wäre, wenn es keine gesellschaftliche Abwertung von Homosexualität gäbe. Aber auch Männer, die in ihrer Kindheit sexuelle Gewalt durch Täterinnen erlebt haben und sich später als schwul outen, thematisieren in der Beratung, dass sie ebenfalls lange ihre eigene sexuelle Orientierung mit dem Erlebten erklärt haben (‚eine Frau hat mich missbraucht, deshalb bin ich wohl schwul geworden‘).

Beide Situationen machen deutlich, dass es immer wieder Versuche gibt, die eigene Homosexualität mit irgendetwas zu erklären bzw. von irgendwoher abzuleiten. Niemand käme auf die Idee zu sagen, ‚ich bin heterosexuell geworden, weil mir ein Mann sexuelle Gewalt angetan hat‘.

Allein hieran wird deutlich, dass eine freie und offen geführte Debatte über Geschlechtervielfalt und Geschlechterkonstruktionen zumindest den Hilfeprozess vieler Betroffener erleichtern würde. Gerade in der Hilfesuche werden Jungen und Männer auch immer wieder durch bestehende Rollenvorstellungen behindert. So gilt das Annehmen von Hilfe und Unterstützung nach wie vor für viele als unmännlich, Männer helfen sich selbst, wer sich Hilfe sucht ist ein ‚Weichei‘, ‚Indianer kennen keinen Schmerz‘, ‚Jungen sind doch keine Angsthasen‘.

Diese stereotypen Bilder behindern aber nicht nur den Hilfeprozess auf der Seite des Jungen, vielfach wird auch gerade bei Jungen nicht erkannt, dass sie Unterstützung brauchen.

>>Jungen als Opfer bedrohen das Bild vom wehrhaften Jungen/Mann. Laien und Professionelle gehen davon aus, dass Jungen selten Opfer sexueller Gewalt werden, diese schnell verarbeiten bzw. weniger darunter leiden. Aus diesen ‚ideologischen‘ Gründen werden Jungen nicht gezielt und angemessen angespro-

chen. Es gibt kaum spezialisierte Einrichtungen für männliche Opfer.« (Boehme 2000, 171f.)

Wenn also Gruppierungen wie z. B. die *Besorgten Eltern*, auf die wir noch eingehen werden, diese traditionellen Rollenmuster als einzige Wahrheit propagieren und andere Definitionen von Geschlecht und Geschlechteridentitäten massiv bekämpfen, verstärkt diese Grundhaltung, dass die Be- und Verarbeitung der erlebten sexuellen Gewalt von Jungen behindert oder sogar verunmöglicht wird.

Homo- und transphobe sowie ‚gender'-feindliche Tendenzen und Einstellungen

Aus der Erfahrung in der Beratung mit männlichen Betroffenen von sexueller Gewalt wissen wir, wie massiv gesellschaftliche Bilder von engen Geschlechterkategorien Menschen in ihrer Persönlichkeitsentwicklung behindern können. Auch in der Präventionsarbeit werden wir immer wieder damit konfrontiert, wie wirkmächtig diese stereotypen und ausgrenzenden Menschenbilder sein können. In unserer Arbeit mit Jungen an Schulen erleben wir die gesamte Bandbreite von weitgehender Akzeptanz von Geschlechteridentitäten außerhalb der Heteronormativität bis hin zu massiver Ablehnung. Entscheidender ist aber, dass auf die Frage, ob sie sich vor Freunden outen würden, wenn sie z. B. schwul oder trans* wären, die allermeisten Jungen massive Ängste und Befürchtungen äußern. Zum anderen erfahren wir eine große Unwissenheit bzgl. LSBTIQ[2], aber auch eine große Neugier und Offenheit, wenn wir diese Themen ansprechen. In vielen Klassen wird deutlich, dass es kaum Raum gibt, wo ihnen ihre Fragen beantwortet werden. Hier eine grö-

---

[2] Die Abkürzung LSBTIQ steht für: schwul, lesbisch, bi-, trans- und intersexuell, queer.

ßere Offenheit zu schaffen, würde auch Betroffenen von sexueller Gewalt helfen, sich Hilfe und Unterstützung zu suchen.

Denn der Alltag ist geprägt von heteronormativen Äußerungen sowie von heteronormativen Vorgaben der Lehrer_innen und der Institution Schule.

>Die Analyse von Schulbüchern hat gezeigt, dass Geschlechteraspekte und LSBTI in Schulbüchern häufig gar nicht oder nur unzureichend thematisiert werden. Gefragt ist also das Engagement und Wissen von Lehrer_innen, mehr geschlechtliche und sexuelle Vielfalt im Unterricht einzubringen, Diskriminierung zu thematisieren und Stereotypisierungen in Frage zu stellen.« (Bittner 2011, 82

Exemplarisch zeigt sich das in vielen Schulklassen, wenn wir über die Definitionen von Pädophilie, Homosexualität, Heterosexualität, etc. reden. Oft haben die Teilnehmer ein gutes Wissen darüber, was sich hinter den verschiedenen Begriffen verbirgt. Fragen wir jedoch, was es ist, wenn ein erwachsener Mann Sex mit einem Junge hätte, so kommt in vielen Fällen die Antwort »Homo-Pädophilie«, denn es sei ja eine Mischung aus beiden. Jungen (und natürlich auch Mädchen und in vielen Fällen auch Erwachsene) gehen noch immer davon aus, dass es einen engen Zusammenhang zwischen Homosexualität und sexueller Gewalt an Jungen gibt (Vgl. Fobian / Ulfers 2015).

Homophobe Einstellungen können jedoch auch konkret die Hilfesuche von Jungen beeinflussen. So suchte die Mutter eines Jungen unsere Beratungsstelle auf, da ihr Junge homosexuell geworden sei und sie dies nicht möchte. Auf Nachfrage berichtete sie, dass ihr Junge wohl Sex mit seinem Betreuer habe. Dieser würde ihm auch eindeutige Nachrichten auf sein Handy schicken. Sie wünsche nun Hilfe dabei, wie sie weiter vorgehen solle. Schließlich sei man in ihrer Familie nicht ‚schwul‘. Der durch Zufall herausgekommene Missbrauch an ihrem Jungen konnte erst nach einem langen Beratungsprozess von der Mutter als solcher anerkannt werden. Erst hierdurch war es möglich, weitere Schritte zur Unterstützung des Jungen einzuleiten, die schließlich den Missbrauch abstellen konnten. Der Junge wiederum konnte bis zu diesem Zeitpunkt aus Furcht vor den Reaktionen der Mutter keine Hilfe von ihr annehmen bzw. mit seinen Sorgen und Nöten an sie herantreten.

In der Präventionsarbeit mit Eltern/Angehörigen (z.B. auf Elternabenden in Kitas oder Schulen) werden wir mit anderen Befürchtungen konfrontiert. Gerade wenn wir benennen, wie wichtig es unseres Erachtens für den Aufdeckungsprozess ist, dass eine Debatte über Vielfalt der sexuellen Identitäten notwendig ist, treten des Öfteren Widerstände gegen eine gendersensible Erziehung zu Tage. Hierfür gibt es verschiedene Gründe: Manchmal ist es Unwissenheit von Eltern oder Elternteilen gepaart mit der Angst vor der Auseinandersetzung mit der eigenen Rolle. Manchmal steckt aber auch ein gefestigtes reaktionäres, teilweise menschenfeindliches Weltbild dahinter. Hier sehen wir unsere Aufgabe darin, Befürchtungen und Ängste ernst zu nehmen, gleichzeitig aber auch gegen ideologisch begründete Widerstände eindeutig Stellung zu beziehen.

Debatte von außen: »*Besorgte Eltern*«, »Antifeministen« und Reaktionen von rechts zu Missbrauchsfällen

Wir gehen davon aus, dass insbesondere das Sprechen über Sexualität, die Auseinandersetzung mit Grenzachtung, das Akzeptieren unterschiedlicher Lebensformen und Geschlechteridentitäten, aber auch der Diskurs über Machtverhältnisse aufgrund von Geschlecht notwendig für das Aufdecken und Verringern von Fällen sexueller Gewalt ist. Daher nehmen wir umso mehr war, wie verschiedene gesellschaftliche Diskurse aber auch feste Organisationen diesen Prozess boykottieren oder bekämpfen.

In Bezug auf die Themen Sexualaufklärung und gendersensible Erziehung reden wir hier insbesondere von der Gruppe der *Besorgten Eltern*, die massiv vor einer angeblichen »Frühsexualisierung« von Kindern warnen und gleichzeitig massiv gegen jegliche Lebensformen außerhalb der Heteronormativität polemisieren. In den Jahren 2014 und 2015 sind sie bundesweit in verschiedenen Großstädten mit Demonstrationen an die Öffentlichkeit gegangen.

Daneben werden Fachberatungsstellen immer wieder mit Äußerungen von sogenannten Väterrechtlern, Maskulinisten oder selbsternannten Männerrechtlern konfrontiert. In Plattformen wie der maskulistischen Internetseite *Wikimannia* wird z.B. massiv gegen das *Bundesforum Männer e.V.*, der Arbeitsgemeinschaft für Jungen-, Väter- und Männerarbeit polemisiert. Arne Hoffmann, Journalist und Mitglied in den Vereinen *MANNdat* und *Agens* sowie Blogger auf *Genderama*, sagt über das *Bundesforum Männer* in einem Interview:

»Das ‚Bundesforum Männer' erhält hunderttausende von Euro aus dem Topf des feministisch orientierten Bundesministeriums für Frauen. Würde das Bundesforum engagierte Männerpolitik betreiben und sich statt um Väterfreizeiten beispielsweise um Menschenrechte von Jungen und Männern kümmern, wäre seinen Mitgliedern das Risiko anscheinend zu groß, dass ihnen die staatlichen Gelder wieder gestrichen würden. Da lässt man offenbar lieber ein paar hunderttausend Männer über die Klinge springen, statt sich ernsthaft für sie zu engagieren – und wettert noch dazu über die bösen Männerrechtler, die privat Zeit und Geld investieren, um dieses Engagement zu leisten.«[3]

Arne Hoffmann unterstellt damit den Organisationen und Akteur_innen im *Bundesforum Männer*, dass sie nicht in der Lage seien, sich eine eigene Meinung zu bilden und sich ‚vor den

---

[3] http://manndat.de/interview/gleichgesinnte-finden-anstatt-sich-fanatikern-abarbeiten.html, Abruf: 02.11.2015.

Karren von Feministinnen spannen [liessen]'. *Agens e.v.* stellt sich ebenso wie der hier zitierte Hoffmann als liberal dar, fordert ein Recht auf Chancengleichheit und wendet sich gegen jede Form der Diskriminierung. Der Verein bekämpft jedoch massiv eine Sexualaufklärung der Vielfalt, wie es das *Regionalbüro für Europa der Weltgesundheitsorganisation* (WHO) und die *Bundeszentrale für gesundheitliche Aufklärung* (BZgA) in den »Standards für die Sexualaufklärung in Europa«[4] entwickelt hat.

Aus der Sicht der Fachberatungsstellen gegen sexuelle Gewalt ist eine Grundvoraussetzung in der Prävention vor sexueller Gewalt eine gut entwickelte Sexualaufklärung. Diese Form der Sexualaufklärung finden wir wie in den Grundsätzen der WHO und BZgA. Hier wird gefordert, dass Sexualaufklärung ein soziales Klima schaffen soll, das sich durch Toleranz, Offenheit und Respekt gegenüber Sexualität, verschiedenen Lebensstilen, Haltungen und Werten auszeichnet.

Auch der *Missbrauchsbeauftragte der Bundesregierung* sieht die Sexualerziehung als einen wichtigen Baustein der Prävention.

»Kinder brauchen Erwachsene, die mit ihnen über Sexualität sprechen und ihr Interesse an sexuellen Fragen aufgreifen. Denn kindliche Unwissenheit über Sexualität kann leicht von Tätern und Täterinnen ausgenutzt werden. Zudem fällt es Mädchen und Jungen leichter, über sexuelle Übergriffe zu sprechen, wenn sie die Begriffe für Geschlechtsteile und sexuelle Vorgänge kennen. Die Verantwortung für Sexualerziehung tragen Familie und Bildungseinrichtungen gemeinsam. Wenn es Eltern schwerfällt, unbefangen über sexuelle Themen zu sprechen, kann Schule positive Zugänge erleichtern und Wissensdefizite ausgleichen.«[5]

---

[4] https://publikationen.sexualaufklaerung.de/cgi-sub/fetch.php?id=73 4, Abruf: 02.11.2015.
[5] https://beauftragter-missbrauch.de/praevention/praeventive-erziehun g/, Abruf: 02.11.2015.

Der Verein *Agens* hingegen dämonisiert diese Form der Sexualerziehung und schafft es sogar, sie als Begünstigung für sexuelle Gewalt darzustellen.

>»Sei es wie es ist, allein die Tatsache einer nicht altersgerechten Sexualkunde mit Hinterfragen der Vater- und Mutterrolle und sexuellen Lebensweisen von Minderheiten begünstigen nach übereinstimmender Meinung den Verdacht auf Kindesmissbrauch.«[6]

In dem Artikel »Agens-Lexikon: Begriffe aus der Geschlechterpolitik« schreibt der Verein unter dem Stichwort ‚Frühsexualisierung‘:

>»Es geht bei der Frühsexualisierung, nicht nur in Baden-Württemberg, sondern auch in Niedersachsen, Schleswig-Holstein, nicht nur um Toleranz gegenüber Homosexualität, für die ‚Vielfalt‘ als bagatellisierender Tarnbegriff dient. Und es geht auch nicht nur um Akzeptanz, also um eine positiv-unterstützende Wertschätzung von Homosexualität, die gewährt aber nicht eingefordert werden kann. Ja, es geht nicht einmal nur um die ‚Normalisierung der Homosexualität‘, durch die diese quasi unterschiedslos und ‚gleich‘ neben der Heterosexualität stünde. Sondern es geht darüber noch hinaus um die Durchsetzung der Homosexualität als Neue Normalsexualität, die die ‚Zwangsheterosexualität‘ ersetzen soll.«[7]

Gleichzeitig dokumentiert der Verein, wo es überall Widerstände gegen diese Formen der Sexualaufklärung gibt. So sind unter der Rubrik »Familie« auf der Website von *Agens e. V.* Berichte von Demos mit Redebeiträgen z.B. von Hedwig von Beverfoerde dokumentiert. Hedwig von Beverfoerde ist eine deutsche Aktivistin, die sich in verschiedenen konservativen und katholischen Bürgerinitiativen und Netzwerken engagiert. Sie wurde

---

[6] http://agensev.de/content/fr%C3%BChsexualisierung-ein-trojaner-vorbei-den-eltern, Abruf: 02.11.2015.

[7] http://agensev.de/content/agens-lexikon-begriffe-aus-der-geschlechterpolitik, Abruf: 11.02.2016.

als Gründerin der *Initiative Familienschutz* bekannt. Hier verbündet sich der Verein *Agens* mit den regionalen Zusammenschlüssen der *Besorgten Eltern* und bündelt deren Widerstand. Aber auch mit Parolen und Forderungen von Neonazis sind wir immer wieder konfrontiert, zum einen, wenn auch sie sich mit homo- und transphoben Parolen Aufmerksamkeit verschaffen, zum anderen treffen wir im Kontext von Vorfällen sexueller Gewalt auf Neonazis.

> »Die Beschäftigung mit sexueller Gewalt und insbesondere die Forderung nach Todesstrafe für Sexualstraftäter im Neonazismus wird auf unzähligen Plakaten, T-Shirts und in Rechtsrockliedern propagiert.« (Fobian 2014, 19)

Neonazis nutzen dabei das hochemotionale Thema, inszenieren sich als Kinderschützer und wollen dabei nur ihr faschistisches Familien- und Menschenbild propagieren und gleichzeitig die Betroffenheit von Menschen zu Vorfällen sexueller Gewalt für ihre Zwecke nutzen. So fordern Neonazis in ihren Kampagnen die Todesstrafe für Sexualstraftäter. Mit dieser rabiaten Forderung steht jedoch nicht das Wohl des Kindes im Vordergrund, sondern der Schutz der sogenannten Volksgemeinschaft. Durch ihre Forderungen muss konstatiert werden, dass ihre Aktionen es Kindern erschweren, sich Hilfe zu suchen. Denn Todesstrafe für Sexualstraftäter, bedeutet in vielen Fällen für Betroffene: Todesstrafe für den eigenen Vater/Onkel/Bruder (vgl. ebd.).

Gleichzeitig ist festzustellen, dass derartige Kampagnen durchaus Unterstützung erfahren, auch außerhalb des Neonazismus. Sätze wie: »Ich bin ja kein Nazi, aber die Todesstrafe für Täter finde ich richtig«, hören wir immer wieder in Seminaren oder Beratungen. Diese müssen dann mühsam von uns dekonstruiert werden. Für diese Arbeit, insbesondere in der Seminararbeit, haben wir deshalb eine Handreichung entwickelt, die auch auf unserer Internetseite als Download zu finden ist.[8]

---

[8] Siehe: http://www.basis-praevent.de.

Uns selber begegnen diese Meinungen nicht nur im virtuellen Raum oder auf Demonstrationen, sondern werden uns immer wieder auch in Seminaren oder Beratungen vorgetragen. So schildert eine Mutter in einer Beratung die Befürchtung, dass ihr Sohn (zehn Jahre) homosexuell sei. Auf die Frage, wie sie zu dieser Feststellung kommen würde, schildert sie, dass sie Fotos gesehen hätte, auf denen er sexuelle Handlungen mit einem Erwachsenen getätigt habe. Sie selber sei nun höchst verstört. In ihrer Erziehung hätte sie sich doch immer gegen Homosexualität ausgesprochen. Auch wisse sie nicht, wie sie nun mit ihrem Sohn umgehen solle.

In der konkreten Arbeit von uns bedeutet dies dann oft, dass wir zunächst die Positionen aufgreifen. Wir arbeiten im Beratungsprozess heraus, wofür diese stehen, aber auch wo sie Hilfesuche und Unterstützung behindern. Hierbei gehen wir grundsätzlich sehr respektvoll mit der Person um, machen aber unsere Haltung zu den jeweiligen Einstellungen sehr deutlich.

In Seminaren sprechen wir die hier diskutierten Punkte regelmäßig konkret an und stellen unsere Positionen zur Diskussion. Oft zeigt sich ein großer Bedarf an Auseinandersetzung bei unseren Teilnehmer_innen. Als hilfreich hat sich hierbei erwiesen, dass wir explizit für Seminare Handreichungen entwickelt haben, die die in diesem Beitrag besprochenen Themen beinhalten. Gerade bei der Frage nach Strafe bzw. Todesstrafe von Sexualstraftäter_innen ergibt sich oftmals eine kontroverse Diskussion in unseren Seminaren. Hierbei ist es hilfreich, das emotionale Thema der sexuellen Gewalt gegen Kinder durch Fakten und Informationen besprechbar zu machen. Durch die Entemotionalisierung können Teilnehmer_innen anders auf die Themen blicken und ihre Positionen verändern. Hilfreich ist es ferner, dass wir in unserer Arbeit immer wieder auch Bezug auf die vielfältigen Themen von Männlichkeiten nehmen und hierrüber einen Austausch anregen. Dies schafft Raum für Diskussionen, die viele unserer Teilnehmer_innen an anderen Orten nicht haben, da für solche Fragestellungen oft kein Raum zur Verfügung steht.

Wenn wir mit antifeministischen Positionen oder auch mit Positionen der *Besorgten Eltern* auf Veranstaltungen, Elternabenden oder im Beratungskontext konfrontiert sind, dann in der Regel von Einzelpersonen, die ähnliche Positionen wie die bereits erwähnten unterschiedlichen Gruppierungen vertreten. Bisher haben wir keine direkte Konfrontation mit Aktivist_innen (bewusst) erlebt. Uns ist in diesen Kontexten immer wichtig, den Fokus auf die (von sexueller Gewalt) Betroffenen zu lenken und deutlich zu machen, warum die geäußerten Positionen (neben der Tatsache, dass sie aus unserer Sicht menschenfeindlich sind) den Betroffenen nur schaden und ihnen dadurch weiteres Leid zugefügt wird.

Ausblick

Gerade die Erkenntnisse aus der Beratungsarbeit mit männlichen Betroffenen sexueller Gewalt zeigen auf, wie notwendig eine gendersensible Erziehung sowie eine Veränderung bestehender Rollenverständnisse sind: sie schaffen den Betroffenen einen Zugang zu Hilfsangeboten und erleichtern die Aufarbeitung des Erlebten. Präventiv bedeutet es für uns, dass die Notwendigkeit einer gendersensiblen Erziehung und Sexualaufklärung der Vielfalt im Vordergrund stehen muss. Wir haben erlebt, dass Jungen viele Fragen haben, sie aber wenig Antworten bekommen; eine Lösung sollte sich nicht nur in veränderten Lehrplänen widerspiegeln. Vielmehr bräuchte es eine Auseinandersetzung unter den Lehrkräften über eigene Haltungen und nicht zuletzt über eigene Rollenbilder. Dies beinhaltet gleichzeitig eine eindeutige Positionierung gegenüber homo- und transphoben Äußerungen von Schüler_innen und anderen Lehrer_innen. Nur über die Reflektion eigener Haltungen und

Rollenvorstellungen ist der nächste Schritt, nämlich eine klare Positionierung gegen jegliche Form von antifeministischen Bestrebungen, möglich. Wir bieten Schülern in Präventionsveranstaltungen z.b. immer an, stellvertretend oder gemeinsam mit ihnen gegen ausgrenzende, übergriffige Lehrer_innen vorzugehen. Allerdings erfahren wir von den Schülern wenig über eindeutig homophobe, antifeministische oder maskulistische Positionen von Lehrer_innen. Sehr wohl gibt es diese Tendenzen, die dann eher sehr subtil geäußert werden. Gerade diese Äußerungen können aber viele Jugendliche massiv beeinflussen, sei es, dass sie diese übernehmen oder dass es sie in ihrer eigenen Haltung und mit ihren eigenen Fragen und Unsicherheiten weiter einschränkt, verunsichert und isoliert. Hier sehen wir unsere Aufgabe, uns bei den Schülern eindeutig zu positionieren und, wenn gewollt, sie bei Beschwerden zu unterstützen.

In den Präventionsveranstaltungen an Schulen, die wir meistens in Kooperation mit einer Fachberatungsstelle für betroffene Mädchen durchführen, ist eine Fortbildungsveranstaltung für die Lehrkräfte verpflichtend, so dass wir mit ihnen an Haltungen und Einstellungen arbeiten können, sie aber auch unsere eindeutige Positionierung zu bestimmten Fragen erfahren.

Auch in der Öffentlichkeitsarbeit unserer Beratungsstelle versuchen wir immer wieder unsere Positionen darzustellen, sei es durch eigene Veröffentlichungen, sei es durch gemeinsame Aktivitäten mit anderen Einrichtungen. Insbesondere die Fachberatungsstellen zu sexueller Gewalt sind in Hamburg sehr gut vernetzt. Weiterhin gibt es eine bundesweite Vernetzungsstruktur von Fachberatungsstellen, die ausschließlich mit betroffenen Jungen und Männern arbeiten. Auch hier gibt es ein großes Interesse und eine große fachlich fundierte Bereitschaft, sich mit Themen wie Geschlecht, Geschlechterkonstruktionen und Rollenbildern auseinanderzusetzen.

Für die Arbeit einer Fachberatungsstelle zu sexueller Gewalt gegen Jungen ist es unabdingbar, sich mit den Ursachen von sexueller Gewalt zu beschäftigen. Wenn wir davon ausgehen, dass bestehende Macht- und Geschlechterverhältnisse zumindest eine Ursache für das Vorkommen sexueller Gewalt in unserer Gesellschaft sind, gehört es zur Präventionsarbeit, auf diese Verhältnisse aufmerksam zu machen und sich mit anderen an einer Veränderung dieser Verhältnisse zu beteiligen. Das beinhaltet zum einen, den Diskurs über Geschlechterkonstruktionen zu führen und sich offensiv für eine Gleichbehandlung von Menschen unterschiedlichster sexueller Orientierungen und Identitäten einzusetzen, zum anderen heißt das auch, jeglicher Form von diskriminierenden Äußerungen und Verhalten entgegenzutreten. Diese Haltung sollte dabei auch explizit im Erscheinungsbild und im Auftreten der Beratungsstelle nach außen und explizit auch für Hilfesuchende sichtbar sein.

Literatur

Bange, Dirk (2007): Sexueller Missbrauch an Jungen, Göttingen: Hogrefe Verlag.

Mosser, Peter (2009): Wege aus dem Dunkelfeld, Wiesbaden: VS Verlag für Sozialwissenschaften.

Brockhaus, Ulrike/Kolshorn, Maren (2002): Feministisches Ursachenverständnis, in: Bange, Dirk/Körner, Wilhelm (Hg.): Handwörterbuch Sexueller Missbrauch, Köttingen: Hogrefe Verlag für Psychologie

Boehme, Ulfert (2000): Die Suche nach Hilfe, in: Lenz, Hans-Joachim (Hg.): Männliche Opfererfahrungen, Problemlagen und Hilfeansätze in der Männerberatung, München: Juventa Verlag.

Fobian, Clemens (2016): Der Weg zum Missbrauch – Die Strategien der Täter_innen, in: standpunkt : sozial 2016/2, Seite 109-115.

Fobian, Clemens (2014): Todesstrafe für Sexualstraftäter, wie Neonazis sexuelle Gewalt instrumentalisieren, Eigendruck: basis & woge e.v.

Fobian, Clemens / Ulfers, Rainer (2005): Homophobie und der Zusammenhang zur sexuellen Gewalt, Eigendruck: basis & woge e.v.

Bittner, Melanie (2011): Geschlechterkonstruktionen und die Darstellung von Lesben, Schwulen, Bisexuellen, Trans* und Inter* (LSBTI) in Schulbüchern, eine gleichstellungsorientierte Analyse im Auftrag der Gewerkschaft Erziehung und Wissenschaft. Eigendruck: GEW.

Meuser, Michael (2010): Geschlecht und Männlichkeit, (3.Auflg.), Wiesbaden: VS Verlag für Sozialwissenschaften.

Männerforschungskolloquium Tübingen (1995): Die Patriarchale Dividende: Profit ohne Ende?, in: Widersprüche Heft 56/57 (1995), 50.

Schlingmann, Thomas (2009): Die gesellschaftliche Bedeutung sexueller Gewalt und ihre Auswirkung auf männliche Opfer, in: Kinderschutz e.V. (Hg.): »es kann sein, was nicht sein darf...« Jungen als Opfer sexualisierter Gewalt, Dokumentation der Fachtagung am 19./20.11.2009 in München, Norderstedt, Books on demand.

Tauwetter e.V. (2015): Wie wir wurden, was wir sind: ein Rückblick auf die ersten Jahre, Eigendruck, 11.

Autor_inneninformationen

Achtelik, Kirsten ist Diplom-Sozialwissenschaftlerin, freie Journalistin und Autorin. Ihre Arbeitsschwerpunkte sind u.a. feministische Theorien und Bewegungen, Schnittstellen mit anderen sozialen Bewegungen v.a. der Behindertenbewegung, Kritik der Gen- und Reproduktionstechnologien. Sie promoviert zum Verhältnis von feministischer, behindertenpolitischer und »Lebensschutz«-Bewegung an der HU-Berlin. www.kirsten-achtelik.net.
Letzte Veröffentlichungen:
Achtelik, Kirsten (2015): Selbstbestimmte Norm. Feminismus, Pränataldiagnostik, Abtreibung. Berlin: Verbrecher Verlag.

Ajanovic, Edma, Dr., hat ihr Studium der Politikwissenschaft an der Universität Wien im Juni 2016 abgeschlossen. In Ihrer Dissertation setzt sie sich mit dem Thema »Rassismus als Wissens- und Machtkomplex. Eine Analyse von gegenwärtigen Artikulationsformen, Praktiken und Intersektionen von Rassismus in Österreich« auseinander. Sie ist externe Lektorin am Institut für Politikwissenschaft der Universität Wien und forscht zu den Themen Rassismus, Rechtspopulismus, Rechtsextremismus und Migration.
Letzte Veröffentlichung:
Ajanovic, Edma/ Sauer, Birgit (2016): Hegemonic Discourse of Difference and Inequality: Right-Wing Organisations in Austria. In: Lazaridis, Gabriella/ Campani, Giovanna/ Benveniste, Annie (Hg.): The Rise of the Far Right in Europe. Populist Shifts and ‚Othering'. London: Pelgrave. 81-108.

Botsch, Gideon, Dr. phil., Politikwissenftler, Privatdozent an der Universität Potsdam, Leiter der Emil Julius Gumbel Forschungsstelle Antisemitismus und Rechtsextremismus des Moses Mendelssohn Zentrums Potsdam.
Letzte Veröffentlichung:

Botsch, Gideon (2017): Wahre Demokratie und Volksgemeinschaft. Ideologie und Programmatik der NPD und ihres rechtsextremen Umfelds (Edition Rechtsextremismus), Wiesbaden: Springer VS.

Culina, Kevin, studiert Soziologie in Frankfurt am Main und Tel Aviv und arbeitet als freier Journalist, u.a. für die Wochenzeitung Jungle World. Neben der kritischen Antisemitismusforschung beschäftigt er sich mit der extremen Rechten in Deutschland, Querfront-Bewegungen und Verschwörungsideologie.

LetzteVeröffentlichung:
Culina, Kevin/Fedders, Jonas (2016): Im Feindbild vereint. Zur Relevanz des Antisemitismus in der Querfront-Zeitschrift Compact. Münster: edition assemblage.

Debus, Katharina, Dipl.-Pol., bei Dissens – Institut für Bildung und Forschung in Forschung und (Fort-)Bildung sowie freiberuflich tätig zu den Themen Geschlechterverhältnisse, geschlechtliche und sexuelle Vielfalt, Sexualpädagogik, schulische, außerschulische und Erwachsenenbildung, Intersektionalität sowie (Anti-)Diskriminierung. Zurzeit Leitung des Projekts Interventionen für geschlechtliche und sexuelle Vielfalt: www.interventionen.dissens.de.

Letzte Veröffentlichung:
Debus, Katharina (2017): Nicht-diskriminierende Sexualpädagogik. In: Scherr, Albert/El Mafaalani, Aladin/Gökcen Yüksel, Emine (Hg.): Handbuch Diskriminierung, Wiesbaden: Springer VS, 811-834.

Fedders, Jonas, B.A., studiert Soziologie in Frankfurt am Main. Seine Arbeits- und Forschungsschwerpunkte liegen im Bereich der kritischen Rassismus- und Antisemitismusforschung sowie in der Soziologie des Nationalsozialismus und der Shoah.

Letzte Veröffentlichung:

Fedders, Jonas (2016): Die Wahlerfolge der »Alternative für Deutschland« im Kontext rassistischer Hegemoniebestrebungen, in Häusler, Alexander (Hg.): Die Alternative für Deutschland. Programmatik, Entwicklung und politische Verortung. Wiesbaden: Springer VS, 163-178.

Fobian, Clemens, Erzieher, Sozialpädagoge, Traumapädagoge (DeGPT/BAG-TP), Systemischer Therapeut i.A., Fachberater bei basispraevent (basis & woge e.V.), Lehrbeauftragter an der Ev. Hochschule des Rauhen Haus und der HAW Hamburg.
Veröffentlichungen:
verschiedene Artikel und Arbeitsmaterialien, zu finden unter www.basispraevent.de.

Goetz, Judith, ist Literatur- und Politikwissenschaftlerin, Mitglied der Forschungsgruppe Ideologien und Politiken der Ungleichheit (www.fipu.at) sowie der LICRA (Liga gegen Rassismus und Antisemitismus); zahlreiche Artikel und Vorträge zu den Themenbereichen Rechtsextremismus, Gedenkpolitik und Gedenkkultur in Österreich sowie zu feministischen/frauenpolitischen Fragestellungen.
Letzte Veröffentlichung:
Goetz, Judith/ Sedlacek, Joseph Maria/ Winkler, Alexander [Hg.innen] (2017): Untergangster des Abendlandes. Ideologie und Rezeption der rechtsextremen ‚Identitären'. Hamburg: marta Press.

Illgner, Johannah Lea, ist Politologin und Ethnologin mit den Forschungsschwerpunkten Geschlechtergerechtigkeit, Antidiskriminierung und Queer-Feminismus. Aktuell ist sie als PR-Beraterin tätig und Geschäftsführerin der politischen Kommunikationsberatungsagentur »Plan W«. Sie ist selbsterklärte Netzfeministin und auch im »Real life« politisch aktiv.
Letzte Veröffentlichung:

Illgner, Johannah/Herning, Lara (2016): »Ja heißt Ja« – Konsensorientierter Ansatz im deutschen Sexualstrafrecht. In: Zeitschrift für Rechtspolitik (ZRP) 2016, 77.

Jauk, Daniela, PhD, ist Soziologin und derzeit am Institut für Erziehungswissenschaften der Universität Graz und als freie Mitarbeiterin am Institut für Männer- und Geschlechterforschung Graz beschäftigt. Sie lehrt und forscht an mehreren österr. Universitäten u.a. in den Bereichen (trans)gender studies, qualitative Methoden und transnationale Feminismen. Mitglied von SWS – Sociologists for Women in Society, der Österreichischen Gesellschaft für Geschlechterforschung (ÖGGF) und des Österreichischen Verbandes Feministischer Wissenschaftler_innen (VFW). Mehr Informationen und Publikationen unter www.danielajauk.com.

Kopke, Christoph, Dr. phil., Politikwissenschaftler. Professor für Politikwissenschaft und Soziologie an der Hochschule für Wirtschaft und Recht Berlin. Zahlreiche Veröffentlichungen vor allem zur Geschichte des Nationalsozialismus und zur extremen Rechten nach 1945.
Letzte Veröffentlichung:
Ahlheim, Klaus / Kopke, Christoph (Hg.) (2017): Handlexikon Rechter Radikalismus. Ulm: klemm + oelschläger.

Krondorfer, Birge, Mag.ª Dr.in, Politische Philosophin und seit Jahrzehnten feministisch Tätige. Lehrbeauftragte verschiedener Universitäten im In- und Ausland, Vortragende und Autorin. Engagiert in der Bildungsstätte Frauenhetz, der Plattform 20000frauen, dem Verband feministischer Wissenschaftler_innen. Redakteurin und Herausgeberin, lebt in Wien.
Letzte Veröffentlichung:
Krondorfer, Birge u.a. (2013): Prekarität und Freiheit? Feministische Wissenschaft, Kulturkritik und Selbstorganisation, Münster: Verlag Westfälische Dampfboot.

Lang, Juliane, arbeitet wissenschaftlich, journalistisch und in der politischen Bildungsarbeit zu Themen rund um Geschlecht und Geschlechterverhältnisse in der extremen Rechten und anderen rechten Bewegungen, ist Mitglied im Forschungsnetzwerk Frauen und Rechtsextremismus (www.frauen-und-rechtsextremismus.de) und Autorin zahlreicher Beiträge zu antifeministischem Denken als Scharnier zwischen extremer Rechter und anderer Teile der Gesellschaft. Sie arbeitet aktuell als wissenschaftliche Mitarbeiterin im Projekt »Krise der Geschlechterverhältnisse? Anti-Feminismus als Krisenphänomen mit gesellschaftsspaltendem Potential« (REVERSE) an der Universität Marburg.
Letzte Veröffentlichung:
Lang, Juliane (2017): »Wider den Genderismus!« Extrem rechte Geschlechterpolitiken. In: Milbradt, Björn/ Biskamp, Floris/ Albrecht, Yvonne/ Kiepe, Lukas (Hg.): Ruck nach rechts? Rechtspopulismus, Rechtsextremismus und die Frage nach Gegenstrategien. Verlag Barbara Budrich, Opladen, Berlin & Toronto, 107-118.

Laumann, Vivien, Dipl.-Psychologin, Mitarbeiterin bei Dissens – Institut für Bildung und Forschung und Projektleiterin im Projekt ,Interventionen für geschlechtliche und sexuelle Vielfalt'. Ihre Arbeitsschwerpunkte sind: geschlechterreflektierte Pädagogik, geschlechtliche und sexuelle Vielfalt, geschlechterreflektierte Neonazismusprävention und Beratung.
Letzte Veröffentlichung:
Laumann, Vivien / Stützel, Kevin (2015): »Dann bin ich ja gar nicht mehr authentisch« Die Gefahr von Verkürzungen in der pädagogischen Rechtsextremismusprävention. In: Hechler, Andreas / Stuve, Olaf (Hg.), Geschlechterreflektierte Pädagogik gegen Rechts. Opladen: Barbara Budrich, 135-150.

Mayer, Stefanie, Dr., Abschluss des Studiums der Politikwissenschaft an der Universität Wien im Februar 2016 (Dissertation »Politik der Differenzen. Ethnisierung, Rassismen und Antirassismus im *weißen* feministischen Aktivismus in Wien«), die Veröffentlichung ist für Frühjahr 2018 geplant. Ihre

Forschungsschwerpunkte umfassen feministische Theorie und Politik sowie kritische Forschung zu Rassismus, Rechtsextremismus und Rechtspopulismus. Seit Herbst 2016 als Lehrende an der FH Campus Wien beschäftigt.
Letzte Veröffentlichung:
Mayer, Stefanie/Sauer, Birgit (2017): »Gender ideology« in Austria: Coalitions around an empty signifier. In: Kuhar, Roman/Paternotte, David (ed.): Anti-Gender Campaigns in Europe. Mobilizing against Equality. Rowman & Littlefield, 23-40.

Peters, Ulrich, lebt als freier Journalist in Berlin. Er ist im Redaktionskollektiv des Antifaschistischen Infoblatt (AIB) aktiv und beschäftigt sich mit unterschiedlichsten Erscheinungsformen der extremen Rechten.
Letzte Veröffentlichung:
Als ein Teil des Herausgeber_innenkollektivs von »Fantifa« (2016): Feminismus in der radikalen Linken – Fantifa. In: Schmidt, Fiona Sara/ Nagel, Torsten/ Engelmann, Jonas (Hg.): Play Gender. Linke Praxis – Feminismus – Kulturarbeit, Mainz: Ventil Verlag, 184-191.

Sauer, Birgit, Dr. phil., ist Universitätsprofessorin am Institut für Politikwissenschaft der Universität Wien. Sie ist Sprecherin des Forschungsverbundes »Gender und Agency« an der Universität Wien. Ihre Forschungsschwerpunkte sind: Critical Governance Studies, feministische Staats-, Demokratie- und Institutionentheorien, Rechtsextremismus und Rechtspopulismus sowie Politik und Emotionen.
Letzte Veröffentlichung:
Sauer, Birgit/ Penz, Otto (2016): Affektives Kapital. Die Ökonomisierung der Gefühle im Arbeitsleben, Frankfurt/M./New York: Campus.

Scambor, Elli, Mag.a, Soziologin, Geschäftsleiterin im Institut für Männer- und Geschlechterforschung (www.genderforschung.at). Forschungsschwerpunkte z.B. Männlichkeiten und Geschlechtergleichstellung, Caring Masculinities, Anti- und profeministische Strömungen der Männerarbeit,

Jungen und Bildung. Lektorin an Universitäten in Graz und an der FH Kärnten. Mitglied der GenderWerkstätte, der Österreichischen Gesellschaft für Geschlechterforschung (ÖGGF) und der Österreichischen Gesellschaft für Soziologie (ÖGS).
Letzte Veröffentlichung:
Scambor, Elli/ Kirchengast, Anna (2014): Zwischen Geschlechterdemokratie und Männerrechtsbewegung. Geschlechterpolitische Zugänge in der österreichischen Männerarbeit. Studie im Auftrag des Land Steiermark. Graz.

Ulfers, Rainer, Sozialpädagoge, Traumapädagoge (DeGPT/BAG-TP), Fachberater bei basis-praevent (basis & woge e.V.), Lehrbeauftragter an der Ev. Hochschule des Rauhen Haus und der HAW Hamburg.
Letzte Veröffentlichung:
Verschiedene Artikel und Arbeitsmaterialien, zu finden unter www.basis-praevent.de.

Wielowiejski, Patrick, M.A., ist Promovend am Institut für Europäische Ethnologie der Humboldt-Universität zu Berlin und Stipendiat der Heinrich-Böll-Stiftung. Er hat Cultural Studies, Gender Studies und Linguistik in London, Berlin und Oslo studiert. In seiner Dissertation widmet er sich dem Phänomen der Homofreundlichkeit im westeuropäischen Rechtspopulismus aus einer queertheoretischen Perspektive. Forschungsschwerpunkte: Gender und Queer Studies, Anthropology of Policy, Neonationalismus.
Letzte Veröffentlichung:
Wielowiejski, Patrick/ Rahn, Lena (2015): Sexualisierte Gewalt und Neonazismus am Beispiel der Kampagne »Todesstrafe gegen Kinderschänder«. In: Hechler, Andreas und Olaf Stuve (Hg.): Geschlechterreflektierte Pädagogik gegen Rechts. Opladen u.a.: Verlag Barbara Budrich, 193-216.

Judith Goetz, Joseph Maria Sedlacek, Alexander Winkler (Hg.):

Untergangster des Abendlandes

Ideologie und Rezeption der rechtsextremen ‚Identitären'

Marta press

Judith Goetz, Joseph Maria Sedlacek, Alexander Winkler (Hg.): **Untergangster des Abendlandes. Ideologie und Rezeption der rechtsextremen 'Identitären'**

Die rechtsextremen 'Identitären' gehören ohne Zweifel zu den wichtigsten Akteur*innen des außerparlamentarischen Rechtsextremismus in Österreich. Ihr „Erfolgsrezept" liegt einerseits darin begründet, sich nach außen hin vom Nationalsozialismus abzugrenzen und so behördlicher Repression nach dem „Verbotsgesetz" aus dem Weg zu gehen und andererseits gesellschaftlich anschlussfähige Konzepte eines modernisierten völkischen Nationalismus zu propagieren. Dabei bedienen sie sich eines Straßenaktivismus, der geschickt mit Social-Media-Tools inszeniert und verbreitet wird.

Bisherige Auseinandersetzungen mit diesem relativ jungen Phänomen übernahmen nicht selten unkritisch Selbstbezeichnungen der 'Identitären' als „weder links noch rechts" oder „Neue Rechte" und ließen dahinter stehende ideologische Denkmuster meist zu kurz kommen.

Der vorliegende Sammelband nimmt daher eine kritische Analyse dieser Selbstinszenierungen vor, indem die hinter dem „'identitären' Denken stehenden Vordenker und Ideologeme wie (Neo-)Rassismus, Antisemitismus und Nationalismus analytisch durchdrungen und mit anderen Formen des Rechtsextremismus in Verbindung gesetzt werden. Ergänzend werden bislang vernachlässigte Themen wie subkulturelle Bezüge der 'Identitären', propagierte Geschlechterbilder, Rhetoriken der Angst sowie ihr Verhältnis zu Islamismus und eurasischer Ideologie ins Zentrum der Analyse gerückt. Dabei wird auch der Frage nachgegangen, wie sich der rechtsextreme Charakter der 'Identitären' begründen lässt und inwiefern von einer modernisierten Form des Rechtsextremismus gesprochen werden kann.

Marta Press, November 2017
436 Seiten
ISBN: 978-3-944442-68-6
20,00 € (D), 20,00 € (AT), 22,00 CHF UVP (CH)